司法崩壊の危機

弁護士と法曹養成のゆくえ

著
鈴木秀幸、武本夕香子、立松 彰
森山文昭、白浜徹朗、打田正俊

花伝社

司法崩壊の危機 ── 弁護士と法曹養成のゆくえ

◆

目　次

はじめに　11

I　法曹（弁護士）人口の在り方

鈴木秀幸

1　弁護士の需給の均衡を保つ必要性（適正弁護士人口論）　18
　（1）司法試験合格者数急増と法曹の質の低下 ……………………… 18
　（2）弁護士人口激増路線の経緯と激増論の社会的責任 …………… 21
　（3）弁護士人口激増と弁護士過剰の弊害 …………………………… 28

2　弁護士の実需と司法試験合格者数の適正な具体的規模（1000人以下）　30
　（1）裁判、刑事捜査関係の弁護士需要の状況 ……………………… 30
　（2）過疎対策、法廷外の弁護士需要の状況 ………………………… 31
　（3）弁護士人口の飽和と大幅過剰の現状 …………………………… 33
　（4）弁護士過剰の基本的な対策（司法試験合格者の大幅減員の必要性）……… 35
　（5）諸外国との比較の在り方 ………………………………………… 37
　（6）失敗の歴史の繰り返し、弁護士の所得の現状と将来 ………… 38
　（7）合格者数、弁護士需給状況に関する会員アンケートの調査結果 ……… 39
　（8）総務省の政策評価にもとづく法務省に対する勧告 …………… 40

3　検討会議中間的取りまとめの「今後の法曹人口の在り方」　40
　（1）司法試験合格者の数値目標撤回と「今後の法曹人口の在り方」の論理と結論　40
　（2）司法審の司法改革基本理念と検討会議の法曹養成理念の違い ………… 41
　（3）委員の法曹人口・活動領域の現状認識と考え方（発言内容）………… 44

4　検討会議取りまとめの法曹人口論に対する基本的批判　47
　（1）非現実的な理念先行の司法改革の失敗 ………………………… 47

（2）弁護士需要の間違った増加予測に対する無検証、無反省 …………… 48
　（3）司法試験合格者数値目標の放棄と危機的事態の放置 ……………… 49
　（4）法曹の質の低下と弁護士過剰の弊害を無視した合格者激増の継続 … 50
　（5）法曹と法曹有資格者の混同 ……………………………………………… 50
　（6）裁判所改革と裁判充実の必要性（弁護士需要との関係）…………… 52
　（7）法科大学院至上主義からの脱却と法曹養成制度再構成の必要性 …… 53

5　日弁連、弁護士会の会内民主制と我が国の法曹制度の危機　55

　（1）日本弁護士連合会の会内民主制の状況 ………………………………… 55
　（2）愛知県弁護士会の1000人以下決議をめぐる会内民主制の状況……… 56
　（3）戦後の司法改革で獲得した法曹制度の危機 …………………………… 57

Ⅱ　法曹有資格者の活動領域の在り方

武本夕香子

1　法曹有資格者の活動領域の在り方について　78

1　司法制度改革審議会意見書と法曹養成制度検討会議の中間的取りまとめ　78

　（1）「弁護士の活動領域の拡大」と「法曹有資格者の活動領域の拡大」………… 78
　（2）法曹に対するニーズに対する認識 ……………………………………… 81

2　弁護士や法曹有資格者に対する社会的ニーズがないこと　83

　（1）弁護士としての本来的業務における活動領域拡大 …………………… 83
　（2）弁護士の本来的業務以外の活動領域拡大について …………………… 96

3　弁護士や法曹有資格者が社会の隅々に配置されるのは良いことか　115

　（1）法曹有資格者に潜む危険 ………………………………………… 115

（2）弁護士としての公益活動の在り方の変容 …………………… 117
　　（3）弁護士の同質性の欠如 …………………………………………… 118
　　（4）弁護士の活動領域の在り方の変容と弁護士自治との関係 …… 118

　4　法曹有資格者の活動領域を広げることのメリット・デメリット　120

 2　**法曹養成制度検討会議の中間的取りまとめについて**　120

　1　法曹養成制度検討会議の中間的取りまとめとその批判的検討　120

　2　中間的取りまとめの批判的検討の概括　132

　3　法科大学院協会のパブコメとその批判的検討　132

Ⅲ　法曹養成制度の在り方

　　　　　　　　　　　　　　　　　　立松　彰・森山文昭・白浜徹朗

 1　法曹養成制度の理念と現状に対する批判的検討　136

　　　　　　　　　　　　　　　　　　　　　　　　　　立松　彰

　1　はじめに　136

　　（1）法科大学院の経営危機 ……………………………………………… 136
　　（2）抜本的見直しに背を向けた「中間的取りまとめ」……………… 136

　2　プロセスとしての法曹養成　137

　　（1）法科大学院至上主義の堅持 ………………………………………… 137
　　（2）「法科大学院教育の成果」とは …………………………………… 138
　　（3）「受験技術優先の傾向」が再現されるか ………………………… 139
　　（4）「改善策」について ………………………………………………… 140
　　（5）「法学未修者教育の充実」について ……………………………… 140

（6）「プロセスとしての法曹養成」の機能不全……………………………… 141
　（7）裁判所の新人弁護士への対応 ……………………………………… 142
　（8）予備試験の人気 ……………………………………………………… 143

3　法曹志望者の減少、法曹の多様性の確保　144

　（1）法曹志望者の激減現象 ……………………………………………… 144
　（2）法曹志願者激減の原因 ……………………………………………… 147
　（3）多様性の喪失化現象 ………………………………………………… 150
　（4）多様性喪失の原因 …………………………………………………… 151

4　法曹養成課程における経済的支援　152

　（1）法科大学院生に対する経済的支援 ………………………………… 152
　（2）修習生に対する経済的支援 ………………………………………… 153
　（3）修習専念義務緩和論の危険性 ……………………………………… 159
　（4）日弁連の法科大学院至上主義と給費制運動とのギャップ ……… 159

5　法科大学院中心主義からの脱却を　161

　（1）『アメリカ・ロースクールの凋落』の衝撃………………………… 161
　（2）特権的な法科大学院出現のおそれ ………………………………… 163
　（3）議論の方向性について ……………………………………………… 163
　（4）検討会議の使命 ……………………………………………………… 163

2　法科大学院の抱える問題点と改革の方向　165

森山文昭

1　はじめに　165

2　法科大学院は本当に必要だったのか——立法事実上の問題点　166

　（1）法曹人口増員論からのアプローチ ………………………………… 167

（2）大学教育論からのアプローチ ……………………………………… 169
　（3）司法研修所廃止論からのアプローチ ……………………………… 171
　（4）まとめ ………………………………………………………………… 172

3　「プロセス教育」の意味するもの——理念上の問題点　173

　（1）プロセス教育論の意味と問題点 …………………………………… 173
　（2）プロセス教育と学生定員の関係 …………………………………… 175
　（3）司法試験の改善 ……………………………………………………… 177

4　アメリカ・ロースクールの模倣による失敗——制度設計上の問題点　179

　（1）未修コースが原則という考え方について ………………………… 179
　（2）未修原則の弊害 ……………………………………………………… 182
　（3）法科大学院修了を司法試験の受験資格要件としたこと ………… 184

5　理想的な法科大学院教育というドグマ——教育方法論に関する問題点　189

　（1）「起案＝答練」のドグマ …………………………………………… 189
　（2）「双方向・多方向」のドグマ ……………………………………… 192
　（3）「幅広い知識と教養」のドグマ——法律基本科目の軽視 ……… 194
　（4）「理論と実務の架橋」のドグマ …………………………………… 196

6　「中間的とりまとめ」の問題点　198

　（1）教育の質の向上、定員・設置数、認証評価 ……………………… 198
　（2）法学未修者の教育 …………………………………………………… 204

7　まとめに代えて　206

3　司法試験・予備試験について　225

森山文昭

1　はじめに　225

2　受験回数制限　225

3　方式・内容、合格基準・合格者決定　229

4　予備試験制度　231

4　司法修習の現状と問題　235

白浜徹朗

1　法科大学院制度が準備される以前の司法修習　235

（1）司法修習とは …………………………………………………………… 235
（2）司法修習制度はどのようにして発足したのか ……………………… 235
（3）いわゆる臨司意見書と司法修習 ……………………………………… 236
（4）実際にどのような修習が行われていたのか ………………………… 236
（5）前期後期の集合修習はどのような機能を有していたのか ………… 238

2　司法修習は法科大学院制度の導入に伴ってどう変化したのか　240

（1）新司法修習 ……………………………………………………………… 240
（2）修習期間の短縮の問題 ………………………………………………… 240
（3）前期修習の廃止の問題 ………………………………………………… 241
（4）選択型実務修習の現状と課題 ………………………………………… 244

3　最高裁の司法修習委員会の議論と法曹養成制度改革について　245

（1）最高裁判所司法修習委員会とは ……………………………………… 245
（2）修習委員会の委員構成など …………………………………………… 246
（3）法科大学院教育における実務教育の問題 …………………………… 246
（4）選択型修習の問題 ……………………………………………………… 248

4　修習の変容　249

（1）石井幹事の発言 ………………………………………………………… 249
　　（2）二瓶幹事の発言 ………………………………………………………… 250
　　（3）升味幹事の発言 ………………………………………………………… 251
　　（4）笠井研修所事務局長の発言 …………………………………………… 253
　　（5）司法修習委員会の役割とは …………………………………………… 255

5　二回試験不合格者の増加問題　255

　　（1）不合格者急増の背景 …………………………………………………… 255
　　（2）期待におよばない法科大学院の教育成果 …………………………… 256
　　（3）法曹養成制度の構造的欠陥 …………………………………………… 257

6　貸与制の問題　257

　　（1）給費制から貸与制へ …………………………………………………… 257
　　（2）貸与制の具体的問題 …………………………………………………… 258
　　（3）貸与制をめぐる議論 …………………………………………………… 258
　　（4）修習生の生活実態 ……………………………………………………… 260
　　（5）修習専念義務の問題 …………………………………………………… 261
　　（6）貸与制導入に伴って負のスパイラルが発生している問題 ………… 262

7　就職難の問題　262

8　修習辞退者の急増問題　264

9　修習を担う側の問題点──指導担当弁護士確保すら困難な状況の出現　264

　　（1）修習指導担当弁護士の不足 …………………………………………… 264
　　（2）負担に耐えられない単位会の出現と支部修習問題 ………………… 265

10　司法修習に人材を送り出す機関としての法科大学院の問題　266

11　司法修習にはどのような改善が求められているのか　272

12　中間的とりまとめの問題点　274

13　最後に　281

Ⅳ　法曹養成制度検討会議に対する私のパブリックコメント

打田正俊

1　検討会議の構成について　284

2　もともと深刻な弁護士不足などなかった　285

3　法曹激増政策の目的　286

4　潜在的需要などはない　287

5　法曹有資格者の活動領域のあり方　288

6　法曹養成の理念　288

7　7〜8割の合格率はなぜ必要か　289

8　共通到達度確認試験　290

9　法科大学院修了を司法試験の受験要件から除外すべきである　291

10　予備試験　292

11 給費制復活問題 293

12 各委員の意見の検討 294

13 結論 303

資料編 305

あとがき 327

はじめに

　我が国の弁護士人口は、2007年3月末の2万3119人で飽和状態となり、2008年3月末の2万5041人で明らかに過剰状態になった。それを裏付ける現象と資料は数多くある。2013年3月末の3万3624人で、既に1万人程度の余剰人員を抱えていることになる。弁護士の所得は、1999年と比較して半減し、医師の3分の1、大企業の従業員以下、公務員並みになり、更に悪化する。弁護士業界の大不況により、当然、司法修習生の弁護修習と就職の受け入れが一層厳しくなる。司法試験の合格レベルが低下して容易に合格できるようになったにもかかわらず、法科大学院の志願者は激減し、法学部まで不人気になっている。法曹養成をめぐる一連の負の連鎖が止まらない。

　質の問題としては、弁護士過剰の弊害及び法曹になる者の質の低下が生じている。弁護士過剰の中で、食うために無理なことを行い、それによって生じる質（倫理）の低下が一番深刻である。経済の問題としては、大学生と法科大学院生が多額な借金を抱えた状態で、司法修習生の給費制が廃止され、就職条件が悪化し、開業しても経済力が半分程度に落ちている。

　以上の現状は、自然に生じたことではない。2002年3月に閣議決定された司法制度改革推進計画（司法試験合格者年間3000人）にもとづく弁護士激増及び法科大学院制度のためである。司法修習修了者が1500人になった2006年（59期）以後の6年間で、一気に深刻な事態となった。しかし、このようなことは、司法改革が議論されている時期、即ち20年近く前から予想され、多くの者が警告していた。しかも、今後も司法試験年間合格者2000人程度が続くならば、弁護士人口が8万人に達する。

　法曹養成制度検討会議（座長・佐々木毅）は、2012年8月から2013年4月まで審議を行い（1回2時間、12回）、4月に中間的取りまとめを行った。検討会議の委員の多くは、弁護士の需給状況及び法曹養成に関す

る現状認識が甚だしく不十分で、危機感を欠いている。検討会議は、弁護士過剰の弊害、司法試験合格レベルの低下による司法修習生の質の低下、修習生活上の窮状と就職環境の悪化、法科大学院志願者の激減と質の低下と偏りなど、一連の負の連鎖に対し、必要とされる関心を寄せていない。加えて、法科大学院志願者の激減の根本的な原因が何か、法曹有資格者の活動領域拡大の問題性、法科大学院制度の過重な負担及び司法修習の空洞化について、ほとんど正しい見識を持ち合わせていない。

　この検討会議は、2012年8月20日に法曹養成制度関係閣僚会議と同時にその下に設置された合議制の審議機関であるが、検討会議発足までの6年間の動きが錯綜しているので、その流れを少し説明する必要がある。

　2007年の初めから、各地の弁護士会で「合格者3000人の見直し決議」が出され、早々と就職難が発生し、続いて「1000人決議」や「1500人決議」が出された。これは、2008年秋のリーマンショックより前のことである。司法改革の推進側も、法曹の過剰と法科大学院志願者の減少が放っておけない状態となり、2009年になって研究会や検討会を発足させた。まず、2010年2月に「法曹養成に関する研究会」(佐藤幸治、佐々木毅、他3名)が法務大臣に対して、「法曹養成制度に関する意見書」を提出した。この意見書は、「法曹像をこれまでの『国内訴訟担当者』から『課題解決者』へ転換し、法曹の活動分野を拡大するとともに、養成制度を改革する必要がある」と提言し、大量の法曹有資格者を濫造して余剰人員は法曹以外の仕事に就けばいいとする究極の積極的弁護士大過剰論を唱えた。何故、そんなことをするのか。それが「法の支配」の正体(狙い)のようであるが、それでは法曹の資格と信用が暴落する。

　また、法務省と文部科学省が、2009年に法曹養成制度に関する検討ワーキングチームを発足させ、2010年7月に法曹養成の「検討結果」をまとめた。この研究会とワーキングチームが審議機関の設置を求めた形で、2011年5月に、「法曹の養成に関するフォーラム」(座長・佐々木毅)が内閣府に設置され、翌年5月に「論点整理(取りまとめ)」を作成した。これを引き継ぐ形で2012年8月に法曹養成制度検討会議が発足したという経緯である。

以上の動きとは別に、総務省が、2010年に、法科大学院の政策評価をする研究会を発足させ、研究報告書を発表し、2011年1月から詳細な調査を行い、2012年4月20日、豊富な量と優れた質の検討により法曹人口政策の転換を勧告する評価書を発表した。

　日弁連はと言えば、やっと2009年3月に、法曹人口5万人を撤回しないと言いつつ、合格者の現状維持（年間2100〜2200人）の提言を行い、2012年3月に年間1500人への減員と検証による更なる減員を提言した。しかし、年間1500人では毎年1000人の過剰を累積させる。それを続ければ2050年頃に弁護士人口6万3000人になる。加えて、同年7月に法科大学院について完全擁護の立場の提言を採択している。しかし、数多く行われてきた弁護士対象のアンケート調査によれば、「合格者1000人以下」、「法科大学院廃止」又は「資格制限撤廃」の回答が圧倒的に多い。日弁連は、弁護士の需給状況の現場を一番知る専門家の代表として、現場の正しい情報を提供する社会的責任があるが、それを置き去りにしてきた。

　以上の経緯で最後に登場した法曹養成制度検討会議は、法曹人口と法曹養成について正しい現状認識を持ち、優れた見識を示し、将来を予測し、現状を打開する方策を提言する必要があった。しかし、検討会議の審議は、法務省と文科省の主導であること及び委員の多くがフォーラムから引き継がれていることからして、それができなかった。司法改革を賛美し、法科大学院制度を擁護し、これまでと同様に弁護士需要が増大するという説を唱え、弁護士過剰と法科大学院志願者の激減については、法曹有資格者の活動領域拡大と合格率の問題にすり替えた。司法改革の失敗の隠蔽と言わざるを得ない。志願者激減について、その根本的な原因及び法科大学院制度自体の問題に入り込まず、校数と定員を削減するだけで、逆に、法科大学院が生き残るために、予備試験には受験資格や合格枠などを新たに設けて合格者増加に歯止めをかけようとしている。取りまとめは、深刻な現状を打開する処方箋になっていない。有為な人材の法曹の敬遠、弁護士過剰の弊害の深刻化、法学部と法科大学院の二重構造の時間的経済的な無駄、研究者の自分の研究と研究者養成の困難性などが、何一つ解決されず放置

されたままである。法曹有資格者の活動領域拡大の強調と予備試験合格者数拡大の歯止め策は、司法の衰退と有能な人材の不公正な排除をもたらすが、それでいいのであろうか。

　本書では、Ⅰ章において、弁護士人口を適正規模に保つ政策の必要性を述べ、激増から適正人口に転換させるために、合格者数を年間1000人以下にしなければならないことを裏付ける資料と数値を示した。委員の発言を読むと、現状認識を欠くことがはっきりと分かる。質の低下及び弁護士過剰の弊害に関心がない。弁護士の経済的基盤という重要な問題を、事務方の官僚と、司法問題を考える資質と素養に欠ける委員に委ねたのでは、弁護士の独立と自立及び司法が崩壊する。財源不足と弁護士不足を混同した議論を続けていては、社会的損失を大きくするばかりである。弁護士会の会内民主制及びTPPによる法曹制度と司法権の危機についても触れた。
　Ⅱ章では、弁護士としての本来的業務に対する社会的ニーズがないこと及び弁護士の本来の業務以外にも法曹有資格者の活動領域拡大の社会的ニーズがないこと、将来的に法曹有資格者が社会に拡散したとしても社会的ニーズに呼応した結果ではないために、法曹有資格者の活動領域拡大に伴う問題や弊害が生じることを論じた。次に、法曹養成制度検討会議の取りまとめの「法曹有資格者の活動領域の在り方」に対する批判的検討を行い、最後に、法科大学院協会の意見書に対する批判的検討を加えた。
　Ⅲ章－1では、法科大学院は、「プロセスとしての法曹養成制度」という理念に基づいて創設されたが、志願者の大幅な減少等により危機的状況にあることを指摘した。その主な原因は、弁護士の職業的魅力の低下や法科大学院制度そのものの障壁性にある。「法科大学院－司法試験－司法修習」という教育プロセスが機能不全に陥っている。現状を改善するためには、「法科大学院を中核とする法曹養成制度」の抜本的な見直しが必要である。給費制の復活に向けた運動のためにも必要である。
　Ⅲ章－2では、法科大学院設立の経過を遡り、果たして法科大学院が必要なものであったのかどうか、立法事実上の問題点から検討した。そして、法科大学院が抱える問題点について、理念、制度、教育の各側面から全面

的に分析し、今後の改革の方向性について考えるべき視点を提供した。

Ⅲ章-4では、法科大学院が、司法修習に優秀な人材を送り出すことに失敗している上に、需要を無視した過剰な数の供給がなされ、就職難が発生し、司法修習にも多大な悪影響を与えていることを指摘した。修習期間が短縮されている中、修習指導を受け持つ弁護士の確保が困難となり、司法修習のOJT機能は大きく減退している。法科大学院制度は経済的負担を重くした。その上に貸与制が強行され、更に就職難であることから、法曹になることを諦めて修習を辞退する者が増加している。司法修習生の数を大胆に減らし、給費制も復活させて、法科大学院を中心とした法曹養成制度を改め、修習期間を長くして充実させる改革を行うことが急務である。

Ⅳ章では、取りまとめは、法科大学院の生き残りのみを唯一の目的とするものであることを指摘した。法科大学院が生き残るためには、司法審の意見書の権威は守らなければならないし、潜在的な法曹需要はいずれ顕在化すると言い張らなければならない。予備試験ルートが広がれば、法科大学院は消滅に向かうから、バイパスを狭めて細いルートにしなければならない。弁護士が世にあふれていても気にしている暇はないし、修習生の給費制も法科大学院に対する補助削減に結びつく畏れから、反対する。当面の生き残りが問題だから、将来の法曹の在り方などは構っていられない。このような視点で取りまとめを読むと、統一的に矛盾なく理解ができる。

本書で取り上げた問題の重要性は、司法が独立した精神と論理を保持し、正義と人権を尊重する文化の領域にとどまり続けることの価値の大きさである。懸命な努力により獲得された戦後の司法改革が、昭和40年代以後の逆行の時代において発展を抑えられ、それが長く続いた。そして、1990年前後から司法改革の時代となった。しかし、この司法改革は、民主制の形式を整えようとしたが、効率と利便を優先させ、権利救済の拡充に必要な改革を欠く一方で、貴重な戦後の司法改革の成果を次々と奪い、司法の土台を崩すものであった。我々は、この司法改革を根本的に問い直し、戦前の歴史、戦後の司法改革、逆行の時代の戦いを学び直さなければならない。その時、官僚司法を批判してきた日弁連司法問題対策委員会、適正人

口論を唱えてきた法曹養成委員会、法科大学院に反対した法曹養成センターの弁護士の活躍と、勇気を持って官僚司法と司法改革批判の研究と発言を続け、新自由主義と司法改革との関係について論陣を張り、法曹一元の真の姿を示し研究者養成の危機を訴え続けた多くの専門家の優れた業績に出合い、改めて貴重な視座を得ることになるであろう。先輩達が築き上げてきた司法の精神と文化を、次の世代に少しでも伝えられればと思う。

　司法の危機は、国民の生活や人権に直結する問題である。弁護士と日弁連は、この司法崩壊の危機を直視し、正しい現状認識と予見を共有し、それを社会に発信する必要がある。報道機関には、法曹養成と弁護士事務所の現場で何が起きているか国民に正しく伝えることを、政府と政治家には、現在起きている事態を認識して、司法の危機を回避する措置を緊急に講じることを求め、研究者には、法科大学院制度から脱却し、学問の領域で十分に活躍ができる制度を政府に要求することを望み、国民には、司法のゆくえに関心を持っていただくことを願う。

2013年5月
鈴木秀幸

Ⅰ　法曹（弁護士）人口の在り方

　　　　　　　　　　　　　　　　　　　　　　　　　鈴木秀幸

1 弁護士の需給の均衡を保つ必要性（適正弁護士人口論）

（1）司法試験合格者数急増と法曹の質の低下

　司法試験の年間合格者数は、臨時司法制度調査会の意見書が発表された1964年から1990年までの約25年間、年間500人程度であったが、1991年から100人程度の規模の増員が繰り返され、1999年（〜2001年）には年間1000人となった。2001年6月に司法制度改革審議会意見書が発表され、この意見に沿って小泉内閣が、2002年3月の閣議で、2010年頃に年間3000人に増員して2018年頃に法曹人口を5万人にすることを目標に掲げ、そのために2002年に1200人、2004年に1500人に増員することを決定した。その通り実行に移され、2007年以後これまでは年間2000〜2200人に増員された。しかし、2012年においても年間2044人でとどまり、3000人目標の達成はおよそ無理な状況にある（図表1-1、1-2）。

　この司法試験の合格者激増に伴って、司法修習修了試験（二回試験）の不合格者が多くなり（2006年〜2008年に100人を超える）、2008年に最高裁判所が修習生の質の低下を懸念する文書（最高裁事務総局平成20年5月23日「最近の司法修習生の状況について」、同年7月15日「新60期司法修習生考試における不可答案の概要」）を公表するなど司法修習生の質の低下が問題とされるようになった。その後、二回試験不合格者が減少しているが、それは試験内容を変更し、合格基準を下げるなど合格させる対策によるところが大きい。しかし、質の低下の根本的な原因は、合格者を従前の何倍と多くするために司法試験の合格ラインを著しく下げたことである。そのために、合格者の上位と下位の点差が大きく広がった[1]。もはや、司法試験は、レベルの高い資格試験と言えなくなっている。

　司法試験の合格レベルを下げて合格者数を増加させるのであれば、これまでより長い期間、十分に充実した教育をすべきであったが、逆に、敗戦直後に改革された2年間の司法修習期間が、1998年4月入所の53期800人から1年半に短縮され、2006年11月修習開始の新60期1000人から1年に短縮されてしまった。加えて、2007年以後年々就職難がひどくな

図表 1-1　司法修習修了者進路別人数

修習修了年度（期）	修了者数	裁判官	検察官	弁護士	その他
1949（1）	134	72	44	18	
1950（2）	240	106	54	78	2
1955（7）	236	67	59	109	1
1960（12）	291	81	44	166	
1965（17）	441	72	52	316	1
1970（22）	512	64	38	405	5
1975（27）	543	84	38	416	5
1976（28）	537	79	74	376	
1977（29）	487	72	50	363	
1978（30）	463	78	58	325	
1979（31）	465	64	49	350	
1980（32）	454	64	50	336	
1981（33）	484	61	38	378	
1982（34）	499	62	53	383	
1983（35）	483	58	53	370	
1984（36）	436	58	50	325	
1985（37）	447	52	49	343	
1986（38）	450	70	34	342	
1987（39）	448	62	37	347	
1988（40）	482	73	41	367	
1989（41）	470	58	51	360	
1990（42）	489	81	28	376	
1991（43）	506	96	46	359	
1992（44）	508	65	50	378	
1993（45）	506	98	49	356	
1994（46）	594	104	75	406	
1995（47）	633	99	86	438	
1996（48）	699	99	71	521	
1997（49）	720	102	70	543	
1998（50）	726	93	73	553	
1999（51）	729	97	72	549	
2000（52）	742	87	69	579	
2000（53）	788	82	74	625	
2001（54）	975	112	76	771	
2002（55）	988	106	75	799	
2003（56）	1,005	101	75	822	
2004（57）	1,178	109	77	983	
2005（58）	1,187	124	96	954	
2006（59）	1,477	115	87	1,223	
2007（60）	2,376	118	113	2,043	
2008（61）	2,340	99	93	2,026	
2009（62）	2,346	106	78	1,978	
2010（63）	2,144	102	70	1,714	
2011（64）	2,152	98	70	1,853	
2012（65）	2,080	92	72	1,781	

(注) 2011 年及び 2012 年の弁護士は翌年 3 月末日現在の登録者数

図表 1-2 司法試験合格者数と法曹人口

	司法試験合格者					修習修了者		弁護士	裁判官	検察官
	旧試験		新試験		旧・新合計	旧・新試験				
	期	人数	期	人数		期	人数			
1946								5,737	1,232	668
1950	5	269				2	240	5,827	1,533	930
1955	10	264				7	236	5,899	1,597	1,000
1960	15	345				12	291	6,321	1,687	1,044
1965	20	526				17	441	7,082	1,760	1,077
1970	25	507				22	512	8,478	1,838	1,132
1975	30	472				27	543	10,115	1,905	1,132
1980	35	486				32	454	11,441	1,956	1,173
1981	36	446				33	484	11,621	1,970	1,173
1982	37	457				34	499	11,888	1,976	1,173
1983	38	448				35	483	12,132	1,983	1,173
1984	39	453				36	436	12,377	1,992	1,173
1985	40	486				37	447	12,604	2,001	1,173
1990	45	499				42	489	13,800	2,017	1,173
1995	50	738				47	633	15,108	2,058	1,229
1996	51	734				48	699	15,456	2,073	1,270
1997	52	746				49	720	15,866	2,093	1,301
1998	53	812				50	726	16,305	2,113	1,325
1999	54	1,000				51	729	16,731	2,143	1,363
2000	55	994				52	742	17,126	2,213	1,375
2000	—	—				53	788	—	—	—
2001	56	990				54	975	18,243	2,243	1,443
2002	57	1,183				55	988	18,838	2,288	1,484
2003	58	1,170				56	1,005	19,508	2,333	1,521
2004	59	1,483				57	1,178	20,224	2,385	1,563
2005	60	1,464				58	1,187	21,185	2,460	1,627
2006	61	549	60	1,009	1,558	59	1,477	22,021	2,535	1,648
2007	62	248	61	1,851	2,099	60	2,376	23,119	2,610	1,667
2008	63	144	62	2,065	2,209	61	2,340	25,041	2,685	1,739
2009	64	92	63	2,043	2,135	62	2,346	26,930	2,760	1,779
2010	65	59	64	2,074	2,133	63	2,144	28,789	2,805	1,806
2011	—	0	65	2,063	2,063	64	2,152	30,485	2,850	1,816
2012	—	0	66	2,044	2,044	65	2,080	32,088	2,880	1,810
2013	—	0						33,624		1,822

(注)
1 弁護士数及び検察官数は3月末日現在のもの
2 裁判官数は、各年4月現在のもの
3 裁判官と検察官の数は1990年までは定員、1995年以降は実数

り、オン・ザ・ジョブトレーニング（OJT）の機会が失われる人が出るようになった。司法修習生が弁護士になるための日本弁護士連合会への一括登録日の未登録者が、2007年以後年々増加し[2]、2012年12月の未登録者は4人に1人以上の546人にのぼった（修習修了者2080人の26.3％）。これまでは、12月の未登録者の多くが翌年1月末頃までに登録を終えるが、2013年2月1日現在の新65期の未登録者は267人であった。

　また、弁護士登録をしても、従来の勤務弁護士の形態でない不安定な就労の弁護士や、事務員を減らして弁護士を雇ったために弁護士が事務員を兼ねることなどが増加している。弁護士を諦めて法曹以外の職に就く者が年間100人程度まで出現するような状況にある。弁護士登録をしても正規に就職ができず、「ノキ弁」（軒先弁護士）、「即独」（即時に独立した弁護士）と呼ばれる形態や自宅事務所の弁護士が非常に増えている。司法試験及び二回試験の合格ラインが低下し、そのうえ修習期間の半減及びOJT不足が生じ、知識・技能等を修得することが困難になっている。

　そこで、総務省は、2012年4月20日、法曹人口及び法曹養成制度改革に関する政策評価において、「現状では2000人規模の増員ペース（年間合格者数）を吸収する需要は顕在化しておらず、現在の需要規模と増員ペースの下、弁護士の供給過多となり、新人弁護士の就職難や即独、ノキ弁が発生・増加し、OJT不足による質の低下などの課題が指摘される状況となっている」と指摘している（政策評価書120頁）。この政策評価では、弁護士の供給過多による実務経験を積む機会の不足による質の低下などを理由に、年間合格者数の目標値の検討を求めたのである。

（2）弁護士人口激増路線の経緯と激増論の社会的責任

1）この弁護士増員政策によって、弁護士人口は、2000年3月31日に1万7126人であったのが、2013年3月31日に3万3624人と13年間で96.3％とほぼ2倍に激増した。

　なぜこのようになったのか。ここで、この2001年6月の司法審意見書が作られるまでの約15年間の司法試験合格者及び弁護士増加の政策形成の経緯の概略をたどってみる[3]（後掲の図表1-3）。そうすると合格者1000

人から 3000 人への激増が、何等の客観的裏付けも合理的理由もなく、弁護士適正人口という考え方を放擲し、全く政治的に決定されたことがよくわかる。また、司法改革時代の歴史認識においては、司法改革の反対者を批判した者が、不都合な事実を意図的に触れてこなかったことがわかる。以上の2つの理由から、やや多く史実を並べて判断材料を提供する。

　法務省は、合格者数について 1981 年から年間 450 人前後に削減する政策をとっていた。ところが、1985 年の日米プラザ合意以後、経済の国際化と内需拡大バブルにより、渉外事務所の需要増大による任官希望者不足が生じた。そのために急遽、1987 年 3 月、合格者の若年化と合格者増員を打ち出す目的で、学者の大御所、司法と大蔵の元官僚及び大物財界人などの委員を中心とした法務省主導の法曹基本問題懇談会を発足させた。これは、1975 年から法曹三者協議会で審議することになっていたのを覆す方法であった。法務省は、この懇談会の冒頭から、強く弁護士と日弁連を批判するキャンペーンを張り、1 年後の 1988 年 3 月に、弁護士不足と合格者の高齢化を強調して、合格者増員と若年化を図る意見をとりまとめた。しかし、1990 年 8 月にはバブル景気が崩壊して、翌年春の任官者の不足は解消していた。それにもかかわらず、1991 年 6 月、マスコミと消費者団体の幹部、市場調査機関役員、及び法務省寄りの学者を委員に入れた法曹養成制度等改革協議会を発足させた。有識者を委員とする審議会方式は問題があるうえ、委員選任で法務省に主導権を握られることに抵抗せず、弁護士委員も中坊路線の支持者が多く、一般会員及び国民の意識と大きなギャップがあった。協議会は、丙案回避を人質に、全く客観的な根拠なく、規制緩和の利用者側の都合を優先させる議論が大勢を占める形となった。日弁連が劣勢に追い込まれた後、法務省が、1994 年 11 月、任官希望者が任官採用者より何倍も多くなっているのに、「2000 年から 2005 年に 1000 名から 1500 名、1500 名まで修習 1 年、2006 年以後に 1500 名以上。2000 名から 3000 名では修習短縮・給費制廃止」を提案した。同じ頃、改革協の法曹以外の委員がまとまって、ロースクール的制度と合格者 1500 ～ 3000 人を提案した。これは同年 12 月 21 日の日弁連臨時総会の少し前のことであった。中坊の協調的司法改革路線が、この結果を生んだ。

この時期、既に1994年6月に経済同友会が規制緩和・事後救済型社会を主張する意見書を発表していた。1989年から日本に対し規制緩和の経済構造改革を要求していた米国が、1994年の対日年次改革要望書で合格者倍増、1996年約1500人、1999年2000人以上、2000年法曹人口フランス並、2001年3000人と次々と要求を拡大させていた。政府の行政改革委員会の規制緩和小委員会が1995年11月に中期的に1500人程度とする意見を発表し、自由民主党も1997年6月に司法制度特別調査会を発足させて、同年11月に法曹人口大幅増員とロースクール導入を提言し、1998年6月に司法制度の審議会を設置することを政府に要望した。同年11月に大学審議会がロースクール構想を検討する必要があると答申した。そして、1999年7月に司法制度改革審議会が発足し、2年後の2001年6月に合格者3000人とする意見書をまとめ、政府に提言した。

2）このように、法務省が主導したうえ、利用者優先の規制緩和政策で加速された司法試験合格者増員と法曹養成の変更の動きに対して、第一段階の日弁連の対応は、1988年に発足した藤井英男会長の日弁連執行部が、多くの会員の意見に沿って、官僚司法を批判し、若手優遇策に反対し、司法基盤整備、判検増員、執務環境の改善と並行して700人まで漸増する方針で臨んでいた。

　ところが、次の1990年に発足した中坊公平会長の日弁連執行部は、受けのいい危険な言葉を並び立て、司法問題に関する従来の日弁連の路線を強引に転換させていった。反対派の弁護士を非難して内部対立を大きくさせながら、在野法曹として戦うことを放棄して、法務省、最高裁及び司法界以外の外部団体と手を組み協調することを重視する路線を敷いた。一般会員に対し、ギルドの利益を守ろうとする姿勢では市民の支持が得られないとして、弁護士側の自己改革の必要性を唱え、顔を外に向け、執行部としては、弁護士需給の全体の調査を全くしていないのに、それを行ってきた日弁連の専門委員会の意見を否定した。日弁連の法曹人口と法曹養成の専門委員会である法曹養成委員会は、法曹養成制度等改革協議会で審議が進められる中で、単位会と会員に対する2度の照会とアンケート調査を行い、それに基づいて、1994年6月に、裁判官増員や司法基盤整備が伴わ

ないで司法試験の合格者ばかりを増やすことになるとして反対する意見書をまとめ、日弁連執行部に提出した。

ところが、日弁連執行部と司法改革推進派の人々は、会員の方に顔を向けず外部に向け、客観的な需給の資料と会員の多数の意思を無視し、無条件で司法試験の合格者年間1000人以上のお任せの増員政策に同意する方針をとった。この会内民主制を無視した執行部の独走に対し、会員の有志が日弁連全会員にアンケート調査を実施したところ、37%の高い回収率で、執行部の方針に反対77.1%、賛成16.5%であった。そこで、法曹養成委員会の委員を中心として全国の弁護士有志約1200人が臨時総会招集請求を行い、1994年12月の日弁連臨時総会の最後の段階で、5年間司法試験合格者数を800人にし、その間に弁護士需要と司法基盤の整備の状況を検証して計画を作成する旨の関連決議を満場一致で採択した。

ところがその後、再び日弁連執行部が、800人の関連決議を守らず、臨時総会を繰り返し、有利な立場を利用して、会内民主制を形骸化させ、多くの会員の反対を押し切って行った。1995年11月に合格者1000人案、鬼追明夫会長の1997年10月に修習1年6ヶ月案を決議し、揚げ句の果てに、法曹一元のチャンスだとして会員を騙し続け（全く見込みなく、既に否定されていた）、久保井一匡会長の2000年11月に、全く客観的な根拠がないのに、事実上の合格者3000人容認案を決議した。この時、1990年の日弁連第一次司法改革宣言及び1999年の司法審あての国民署名用紙に掲げた6項目の要求のほとんどが実現される見込みがなく、制度変更されても評価できるものでないまま、合格者大増員を承諾したのである。

3）このような日弁連執行部の合格者大量増員の協調路線に対し、1996年の日弁連の司法シンポジウムの基調報告において、全国の詳細な資料とアンケートにもとづいて、司法基盤の整備と同時に漸増させる方法をとらずに弁護士を増加させるならば、必ず弁護士の冬の時代が来ると強く指摘がなされた。上記の1994年12月の関連決議にもとづいて発足した日弁連の司法基盤改革人口問題基本計画等協議会では、1998年2月に、合格者1000人と1500人の二つの意見に分かれた。「自己改革」という弁護士にのみ犠牲を強いる司法改革を強引に推進したのは、主に日弁連執行部、日

弁連司法改革推進本部委員及び東京・大阪の大派閥の幹部の弁護士達であった。司法問題についても、国民の要求に従うべきだとする司法の独立と専門性を忘れた民主主義が唱えられ、自主独立であるべき弁護士が打算で変節していった。これでは、弁護士制度を守ることができない。

4）その後、更に司法改革推進派が前のめりになって、日弁連執行部側の文献にも記載されているように[4]、1998年10月、10年前の総会で合格者増員大反対の決議をしていた自由法曹団が、総会で正式に弁護士の大幅増大を認めるという方針転換を行い、それに続いて、日弁連司法改革実現本部の弁護士人口チームが、会員の意見を聞かず、知らぬ間に、1999年8月、合格者1500人、他から1500人以上の要求があればそれも十分に検討すべきであるという激増を受け入れる方針を決定し、司法審での2000年2月の中坊委員の全く間違った根拠にもとづく法曹人口5万人レポートと同年8月の空想にもとづく合格者年間3000人提唱をサポートした。司法審では、この2000年8月に、年間3000人説（中坊、佐藤、消費者、労組）が年間1500～2000人説（裁判官出身者、学者、経済界）を押し切った。このような経緯があるために、裁判官から弁護士の大増員は日弁連が言い出したことで裁判所には責任がないと言われてしまうのである。

5）これに対し弁護士の多くは、1990年代の「司法改革」問題が議論された当時から、合格者が1000人を超えれば司法修習が短縮され、給費制が廃止され、弁護士の需給のバランスが崩れてしまうことを強く指摘していた。また、弁護士という職業の魅力の低下と就職難及び資格取得までの時間と費用負担の重さから、有為な人材が法曹を敬遠し、法曹が変質し、司法機能が低下すると指摘していた。

　日弁連は、弁護士の需給の現場で、過不足を一番に知り得る立場にあり、そのために、常に正確な情報を提供する社会的責任がある。ところが、日弁連執行部は、ギルドだと批判されることを恐れ、司法改革推進派は自らの大増員路線を実現するために、需要の全体状況の調査をせず、外部に間違った情報を提供し、政治的な妥協を続け、社会的責任を全く果たさなかった。日弁連は、社会に混乱と大きな損害を与えたことを認め、反省し、総括をしなければならない。

図表1-3　司法試験合格者増員と法曹養成制度改変の経緯の年表

1946	裁判所法改正
1949	弁護士法制定
1962 9	内閣・臨時司法制度調査会発足
1964 8	臨時司法制度調査会意見書発表
1967 5	日弁連・臨司意見書批判採択
1967	自由民主党・青法協攻撃、偏向判決批判
1970	最高裁・青法協攻撃
1971	裁判官再任拒否、新任拒否、修習生罷免
1973 12	日弁連第1回司法シンポジウム
1974 6	日弁連・司法問題対策委員会発足
1975	法曹三者協議会発足
1986 9	第11回司法シンポジウム
1987 3	法務省・法曹基本問題懇談会発足
1987 4	日弁連・法曹養成問題委員会発足
1988 3	法曹基本問題懇談会意見書発表
4	藤井英男日弁連会長就任、事務総長大石隆久
1989	日米構造協議
1990 4	中坊公平日弁連会長就任、事務総長井田恵子
10	法曹三者協議会で司法試験制度改革に関する基本合意 (1991年600人翌年から700人、条件付丙案)
1991 6	法曹養成等改革協議会発足
1993	日米包括経済協議
1994 6	経済同友会「現代日本の病理と処方」
10	法曹人口問題を考える日弁連有志の会発足
11.15	米国の対日年次改革要望書(合格者倍増)要求(~2008)
12	政府・行政改革委員会
12.21	法曹人口と養成制度に関する日弁連臨時総会(第1回) 臨時総会請求の会員有志議案と日弁連執行部議案が対決 (5年間800人の関連決議採択)
1995 11.2	法曹人口等の日弁連臨時総会(第2回) (修習期間2年堅持して1999年から1000人)
11.13	改革協意見書(中期的に1500人、修習期間短縮)
11.22	米国の対日年次改革要望書(合格者1000人)
1996 4	日弁連・司法基盤改革人口問題基本計画等協議会発足
11.15	米国の対日年次改革要望書(約1500人)
11.29	第16回司法シンポジウム「法曹のあり方と法曹人口」
1997 10.15	法曹人口等の日弁連臨時総会(第3回) 請求側の修習2年堅持案と1998年から1000人修習1年6か月の執行部案と対決
11	法曹三者協議(1000人、中期的1500人、期間1年半)
11.7	米国の対日年次改革要望書(1998年4月1日から1500人以上)
12	行政改革会議の「最終報告」
1998 2	日弁連基盤協(A案1000人、B案1500人)
10.7	米国の対日年次改革要望書(遅くとも2000年4月1日から1500人以上)
11.6	第17回司法シンポジウム「法曹一元の実現に向けて」
1999 7.27	司法制度改革審議会第1回会合
10.6	米国の対日年次改革要望書(1998年4月1日から2000人以上)
2000 5	法科大学院構想に関する検討会議発足(日弁連参加)

	8	司法審で中坊委員 3000 人提言、法科大学院構想採択、久保井日弁連会長容認
	10.12	米国の対日年次改革要望書（自民党司法制度調査会提言のフランス並み）
	11.1	法曹人口等日弁連臨時総会（第 4 回）
		「国民が必要とする数を質を維持しながら確保するように努める」として事実上 3000 人以上の増員と法科大学院容認案可決
	12	日弁連・法科大学院設立運営協力センター発足
2001	6.12	司法審意見書、2003 年に法科大学院設立、2010 年頃 3000 人
	6	米国の中間報告「2010 年頃までに 3000 人をアメリカに約束」
	10.14	米国の対日年次改革要望書（3000 人）
2002	3.19	司法制度改革推進計画の閣議決定
2003	7	裁判の迅速化に関する法律制定
2007	2.13	愛知県弁護士会、3000 人増員計画の見直し意見書
	7	京都弁護士会意見書「3000 人を見直し」
	9.4	鳩山法相、閣議後の記者会見で「3000 人は多すぎる」
	10	現行 60 期司法修習の修了
	10.12	中国弁連定期総会「司法試験合格者数を適正水準まで削減を求める決議」
	10.19	中部弁連定期総会「3000 人見直し決議」
	11	新 60 期司法修習の修了（2 期分の就職問題発生）
	12.15	埼玉弁護士会総会「調査・検証が完了まで 1000 名の決議」
2008	1.25	鳩山法相、記者会見で 3000 人閣議決定の見直し
	2.23	仙台弁護士会「年間 3000 人の変更を求める決議」
	3	日弁連法的ニーズ法曹人口調査検討 PT 報告書
	3.25	政府規制改革計画改定で前倒しと更なる増員の文言削除
	5.15	千葉県弁護士会定期総会「当面 1500 人決議」
	7.4	東北弁連定期総会、「3000 人程度とする政策の変更を求める決議」
	7.10	兵庫県弁護士会、3000 人即時見直し緊急提言
	7.18	日弁連理事会、緊急提言と法曹人口問題検討会議発足
	8.6	大阪弁護士会臨時総会「合格者数の適正化を求める決議」
	8.8	愛媛弁護士会臨時総会「3000 人見直し決議」
	11.14	四国弁連「3000 人見直し決議」
	12.26	群馬弁護士会「1500 人決議」
2009	1.13	東京弁護士会意見書「2100～2500 人」
	2.27	山形県弁護士会決議「当面 1500 人決議」
	2.27	金沢弁護士会会長「3000 人見直し声明」
	3.18	日弁連理事会、法曹人口 5 万人、2100～2200 人提言
	5.23	埼玉弁護士会「4～5 年かけて年間 1000 人決議」
	5.30	栃木県弁護士会「当面 1000 人程度に減少」
	6.17	千葉県弁護士会「日弁連の 3 月の提言を批判する決議」
	10.16	中部弁連定期大会「早期に 1000 人に削減決議」
2010	3.23	兵庫県弁護士会「1000 人決議」
	4	宇都宮健児日弁連会長就任、事務総長海渡雄一
	5	日弁連・法曹人口政策会議発足
	11.19	新潟県弁護士会「当面 1500 人決議」
	11.20	長野県弁護士会「4 万人達成後 1000 人決議」
2011	2.10	横浜弁護士会「当面 1500 人決議」
	2.10	千葉県弁護士会「1000 人以下決議」
	3	日弁連「まずは 1500 人にまで減員し、更なる減員は検証」
	3.27	日弁連理事会「相当数減員」
	3.31	第一東京「1500 人が多数意見だが、当面 2000 人」
	5	内閣・法曹の養成に関するフォーラム発足

	6.3	静岡県弁護士会「1500人以下決議」
	6.5	法曹人口問題全国会議発足（弁護士の有志）
	9.14	大分県弁護士会「1000人決議」
	10.4	沖縄弁護士会「1500人以下決議」
	11.14	四国弁連「早期に1000人決議」
		日米経済協調対話
	11.29	札幌弁護士会「段階的に1000人決議」
2012	2.10	佐賀県弁護士会「早急に1000人決議」
	3	日弁連「法曹人口政策に関する提言」
	4	総務省　法曹人口及び法曹養成制度の改革に関する政策評価
	5	法曹養成フォーラム「論点整理取りまとめ」
	6	愛知県弁護士会「受験資格の撤廃決議」
	7	日弁連司法改革実施対策WG「これからの司法像に関する基本的提言」
	7	日弁連「法科大学院制度の改善に関する具体的提言」
	7	日弁連、法曹養成制度改革実現本部設置
	8	法曹養成制度関係閣僚会議、法曹養成制度検討会議発足（第1回）
2013	1.18	九州弁護士連合会「第8回法曹養成制度検討会議に関する声明」
	2.8	千葉県弁護士会「法科大学院を中核とする法曹養成制度」の見直しを求める決議 （受験資格の撤廃、修習期間2年復活、給費制復活）
	2.25	九州弁護士連合会「第10回法曹養成制度検討会議に関する声明」
	2.23	埼玉弁護士会「法曹養成に関する決議」 （受験資格の撤廃、受験回数制限の撤廃、給費制の復活）
	2.23	仙台弁護士会「法曹の質を維持するために司法試験合格者数の減員を求める決議」
	2.26	宮崎県弁護士会「司法試験合格者数の適正化を求める意見書」 （3000人の閣議決定を見直し、漸増へ修正）
	3.18	愛知県弁護士会「適正な司法試験合格者数に関する決議」（1000人以下）
	3.27	札幌弁護士会「法曹養成制度の抜本的改革を求める決議」 （受験資格の撤廃、前期修習など修習期間と給費制の復活）
	4.12	法曹養成制度検討会議が中間的取りまとめを公示
	4.25	静岡県弁護士会「法曹養成制度検討会議の中間的取りまとめに対する会長声明」
	4.26	京都弁護士会「『法曹養成制度検討会議・中間的取りまとめ』に関する会長声明」
	5.7	第二東京弁護士会「『法曹養成制度検討会議・中間的取りまとめ』に関する会長声明」
	5.8	広島弁護士会、栃木県弁護士会　パブコメ提出
	5.9	千葉県弁護士会　会長声明、大阪弁護士会　パブコメ提出
	5.10	愛知県弁護士会意見書、沖縄弁護士会　パブコメ提出
	5.13	札幌弁護士会、第一東京弁護士会、長野県弁護士会、長崎県弁護士会、福岡県弁護士会、金沢弁護士会、山梨県弁護士会　パブコメ提出

（3）弁護士人口激増と弁護士過剰の弊害

1）司法審意見書を受けた小泉内閣の2002年3月の閣議決定を経て、実施のため多くの手続がとられ、2004年に74校の法科大学院が開校した。2005年に小泉内閣の規制改革・民間開放推進会議が合格者3000人の前倒しと合格者9000人を提言し、それが閣議決定されるという無責任な状況であった[5]。

このようにして、司法修習修了者が2006年9月に1500人となり、弁護

士大増員時代に入ったが、幸いに過払金返還と資金調達・企業買収の業務のバブル期で、弁護士過剰が緩和されていた。しかし、弁護士人口は、2007年3月末日の2万3119人で飽和状態になっており、2008年3月末日に2万5000人を超えてはっきりと過剰状態になった。2008年秋にリーマンショックに端を発した国際金融危機と言われる不況に入り、受け入れ容量の限界を超えた。2009年以後、上記の二つのバブルが消え、顧客の基盤が十分な事務所以外、弁護士の仕事が減少傾向を強め、弁護士が過当競争にさらされることになり、弁護士の仕事と収入が大幅に減少していった。2004年～2006年が1500人、2007年に2000人、2008年に2200人余で止まり、その後は増加させられず、およそ合格者3000人時代を迎えられる状況ではなかった。

2）司法試験合格者数は、深刻な弁護士過剰の弊害の問題を十分に考えたうえで判断されなければならない。弁護士の経済基盤が崩されると、いくら理想の法曹像を議論していても、実際には、プロフェッションとしての弁護士の専門性、倫理性、教養と見識の劣化をもたらし、公益活動を担当したり、法制度の改変に積極的に対応する余裕を奪われる。そればかりか、売上げ確保の目的で、「需要の掘り起こし」が推奨され、事件漁りと無用な訴訟への誘導を行うようになる。弁護士が依頼者への従属を強め、社会正義や相手方の人権を無視し、依頼者の利益ばかりを追求する傾向を強めることになる。弁護士の職務の適正さと独立性を失い、職業的魅力を大幅に低下させる。このようなことになれば、国民が適正な法制度のもとで適正な法的サービスを受けられなくなるにとどまらず、訴訟社会の被害者になりかねない。更に、法律事務所の経営悪化によって、利用者に高額な弁護士報酬を請求したり、弁護士の経済的破綻により、預り金が返せなくなるなどの被害が生じる。

　これらの弁護士過剰の弊害は、性質上表面化しにくいことであるが、報道される弁護士の大きな不祥事だけでも急増する傾向にあり、弁護士は社会的信用を失う事態にある。裁判所と検察庁が弁護士より優位に立ち、司法界は再び官尊民卑の状況になり、国民の人権擁護が劣勢に立たされ、更には法曹一元制の実現をますます遠くする。合格者と弁護士の激増は、弁

護士だけではなく、裁判にも大きな影響を与え、我が国の司法と国民の権利と生活に重大な影響を及ぼし、司法の衰退というべき事態となる。

　このように合格者激増を中止すべき最も根本的な理由は、OJT機会の不足問題ではなく、合格者削減対策しかない弁護士過剰の弊害である。

3）もともと、国民にとって良い弁護士制度はどのようなものなのか。利用者としては、司法の独立及び弁護士の職務の独立と適正さが保証されたなかで、知らない弁護士に当たっても安心して任せられる頼りになる弁護士制度である。また、一般国民としては、不当な裁判の相手方とされることがないことである。更に、権力なき人々にとっては、権力から監督や支配を受けず権力に対峙して権力の濫用を抑制する社会的責務を果たせる弁護士制度である。加えて、国民にとって極めて貴重なことは、法律の改変及び法的救済について、弁護士会が独立した専門家集団として国民のために意見を述べ、組織的な救済活動をすることができる体質と力量のある弁護士制度である。

　そのため、弁護士には、裁判官と検事を含む公務員、学者及び医師などと違って経済的な保障制度がない以上、需給の適切なバランスを保つ政策がとられ、普通に働いておれば経済的自立が可能な制度的保障が必要である。この政策は、弁護士に対し厳格な試験と研修という高いリスクと負担を負わせ、国民と利用者に対して、弁護士の品質保証に必要なコストを負担させることになる。このようにして初めて、弁護士は、プロフェッションとして専門能力を発揮し、公共性と批判の精神を保持して社会に発言し、理性と知性をもって知識人としての役割を果たし続け、また、後進を養成することが可能になる。

2　弁護士の実需と司法試験合格者数の適正な具体的規模（1000人以下）

（1）裁判、刑事捜査関係の弁護士需要の状況

1）司法審意見書を受けた小泉内閣の前記の2002年3月の合格者3000人の閣議決定は、当然ながら、これまでの法曹人口では法的需要に対応する

ことができていないことを理由にしていた。しかし、事実は全く反対で、短期間で弁護士業界は大不況に陥った。

　2003年と2012年を比較してみると、弁護士人口（毎年3月末）が1万9508人から3万2088人と64％増加した。それにもかかわらず、裁判所の全事件数は、破産事件の事件番号の振り方の変更など統計処理上のこともあるが、611万5202件から379万7946件（2011年405万9773件）と38％減、民事・行政事件は352万500件から170万7569件（2011年217万9351件）と51％減、刑事事件は163万6719件から109万7168件（2011年110万4130件）と33％減である。この減少傾向は今後も続くと思われる。

　普通の弁護士の需要の一番の指標となる地裁民事第一審通常訴訟事件（ワ号）は、ピークの2009年の23万5508件から2012年に16万1312件（2011年は19万6380件）に大幅に減少し、過払金事件を除くと10万件を下回り、弁護士人口8500人〜1万人の1970年代前半に戻る件数である。専門分野の裁判事件も、労働事件が少し増加しただけで減少している。破産事件（既済）も2003年25万4761件から2012年9万2552件（2011年11万477件）に激減している。

2）このように、司法救済を求めて国民が裁判を利用することが増加しない原因は、費用がかかることのほか、裁判官と検察官の人数が抑制されて不足が常態化していること及び裁判が権利と被害の救済に消極的であること（いわゆる費用対効果が悪い）に加え、裁判などを好まない国民性のほか幾つかの原因がある。権利救済が不十分で、利用価値が低い裁判では、裁判も弁護士需要も増加しないのである。なお、幾つかの調査の結果、弁護士へのアクセス障害を原因とする意見は、意外なほど低率であった。犯罪捜査も国民の被害救済に不十分で、弁護士需要に結びつかず、犯罪により生じた損害が回復されず、泣き寝入りに終わることが多い。

（2）過疎対策、法廷外の弁護士需要の状況

1）過疎地域に法律相談センターが144箇所設置され、日弁連のひまわり基金法律事務所（公設事務所と呼ばれるが、国や地方自治体の施設ではな

い）は、これまで112箇所に設置され、そのうち41事務所が定着し、2事務所が廃止され、現在69事務所である。弁護士ゼロ支部は無くなり、ワン支部も1箇所に過ぎない。今後、過払金返還事件が少なくなり、赤字のセンター及び事務所が増加するであろう。これとは別に、国の日本司法支援センターの司法過疎地域事務所が32箇所設置されている。

　法律相談は、無料の日本司法支援センターにおいて増加する一方、弁護士会の有料法律相談は、ピークの2003年の約25万件から2011年の約10万件と40％にまで激減している（『弁護士白書』）。予約の相談者が少なくなり、予約が全くない場合も多く、弁護士の派遣キャンセルが相次いでいる。そのために各地の相談センターは大幅な赤字に転落している。顧問先を持つ弁護士は、1990年の85.7％から2009年の63.5％に減少し、顧問料も減額している。

　我が国の弁護士が海外に展開する必要性が盛んに唱えられているが、国内経済の空洞化が言われて久しく、既に企業の海外移転は目新しいことではない。渉外・企業法務系の法律事務所の弁護士数はそれほど増えず、所属する弁護士の数は1684人（2011年4月）に過ぎず、増加率は弁護士全体の平均よりやや低く、リーマンショック以後はリストラを行い、新規採用も半減し年間100人程度という有様である。

　経営及び財政を悪化させている企業、国及び地方自治体が、法学部出身者と競合する新規の弁護士を毎年数多く採用する余地はない。企業内弁護士の総数は2001年64人から2012年771人、任期付公務員は2012年6月、国の行政機関89人、地方自治体106人にとどまっている。弁護士の供給量が年間1800人を越えている中、需要拡大は追いついていないし、弁護士の仕事が税金徴収などでは、法の支配と距離がある。任期終了後の就職にも困る。

　弁護士を志望したがそれが叶えられなくて企業や自治体等に就職するのは、明らかに弁護士が過剰であることを意味する。そして、もし経営者の意向に忠実な企業内弁護士が増加し、日弁連の選挙や意思決定に影響力を持つようになるなら、司法のあり方を変質させる重大な問題となる。

2）もともと、1990年代に「二割司法」と称し、弁護士が大幅に不足し

ていると言い、経済界と市民のために「大きい司法」という司法改革が唱えられたが、当時から、大きな潜在的需要を裏付ける資料は全くなく、むしろそれを否定するものばかりであった[6]。

長年、司法の現場におれば、我が国の弁護士の活動領域は限定的で、数十年来拡大せず、むしろ狭まっていることがよく分かる。交通事故の損害賠償事件は大半が保険会社の業務となり、不動産賃貸借の紛争も激減している。土地の区画整理や土地バブルの需要も過去のことである。国内経済の空洞化が止まらない。相続の紛争も少子化傾向と信託銀行や税理士が需要に応えている。税理士が相続、商事、金銭等の問題に幅広く助言を与え、司法書士も法律相談及び簡易裁判所の代理でかなり弁護士業務に進出している。日本の社会構造においては、弁護士の業務が訴訟事件中心となり、しかも訴訟を好まない国民性から、弁護士の需要が限定的になるのは当然のことである。

それにもかかわらず、弁護士激増政策がとられたのは、謀略と無責任、善意と熱狂と暴走によると言うほかない。また、今回の弁護士の活動領域拡大の強調も、弁護士大量増員をするための作為的な口実であるとしか思えない。

（3）弁護士人口の飽和と大幅過剰の現状

1）戦前の歴史及び戦後の司法改革以後の経験からして、司法試験合格者数は、国費による充実した統一司法修習とOJTが可能で、かつ、弁護士過剰による社会的な弊害が生じない程度の適正規模を維持することが必要であるとしてきたが、司法改革により、それを崩す弁護士急増政策がとられた。前記の通り、司法試験合格者が1990年まで年間500人であったところ、1999年に年間1000人、2007年以後年間2000人〜2200人と激増される中で、司法修習期間が1998年の53期800人の時から2年が1年半になり、2006年の法科大学院修了者から1年に短縮され、2011年11月から給費制も廃止された。

2）このような弁護士の大幅な増員政策については、1990年以後の司法改革の議論のときから、会員の多くが反対し、研究者も批判していた。

2006年10月に初めて1500人規模の司法修習修了者が輩出されることを経験して、早くも2007年2月に愛知県弁護士会が「3000人見直し」決議を行い、2007年度には京都弁護士会、中国弁連、中弁連、仙台弁護士会が同様の意見書や決議を採択し、埼玉弁護士会が「1000人」決議をした（図表1-3）。日弁連の2000年の総会決議にもとづいて発足した日弁連の調査機関である法的ニーズ・法曹人口調査PT（2000年の日弁連総会決議にもとづいて発足した弁護士業務総合推進センター内に設置）でさえ、2008年3月の報告書において、主に2006年までの諸データにもとづき、今後5年間で需要が飛躍的に増大する見込みはなく、ましてや、10年後に5万人の弁護士人口を吸収するニーズを予測できないとした。この報告書は、実質上、2007年3月末日の弁護士2万3000人程度で飽和状態にあることを裏付ける内容であった。この時期は、いわゆる就職難が心配された「2007年問題」の発生する少し前のことである。そして、旧60期の2007年9月と新60期の同年12月の一括登録日の未登録者が70人と32人となり、翌2008年3月末日に弁護士人口が2万5000人に達した。

3）2008年度に入って、10の弁護士会及びブロック会が3000人計画の見直しや1500人の決議をした。既にこの時期に、国選弁護事件ですら事件数より受任希望者の方が多くなり、法テラス及び弁護士会の法律相談の需要に対して弁護士不足は無くなり、弁護士ゼロ地域も無くなり、ワン地域も極めて少なくなっていた。むしろ、弁護士の仕事と収入が減少し、弁護士の需給バランスが崩れ、弁護士過剰に陥る状況になっていた。遅くとも、この2008年に、日弁連も国も「3000人見直し」に取り組み、日弁連は1500人以下の減員を提言すべきであった。

4）2009年度以後、合格者1000人決議が埼玉、栃木県、中部弁護士会連合会、兵庫県、長野県、千葉県、大分県、四国弁連、札幌、佐賀県で行われた。2013年3月末日の弁護士3万3624人が大幅に過剰であることは、司法の現場に居る者の共通の認識である。このまま合格者2000人が続くと、毎年1450人程度（修習生2000人－任官者など200人＝弁護士新規参入1800人＋退官者（途中で弁護士登録）150人－撤退500人）の余剰人口を累積させて行くことになるのである。

(4) 弁護士過剰の基本的な対策（司法試験合格者の大幅減員の必要性）
1) これまで、弁護士過剰の対策として盛んに業務拡大が追求されてきたが、全体としては効果が現れていない。多額の宣伝費を使ったパイの奪い合いが行われているだけである。そのため、為すべき対策は、早期に司法試験の合格者数を1000人以下にすること（及び過疎対策として有効な刑事国選弁護と扶助の報酬を2～3倍に増加すること）である。この規模の合格者にとどめることが、適正な弁護士人口政策への転換の唯一の方策である。

念のために、司法試験合格者数の変動と弁護士人口の関係をみておくと、1964年から1990年まで500人であったから、1000人に減員しても、今後約23年間は毎年500人ずつ増加し、将来弁護士は約4万6000人（裁判官と検察官を含む法曹人口は5万人突破）になる（図表1-4）。

これに対して、合格者が年間1500人であれば、毎年の増加は2倍の1000人となり、弁護士は将来約6万3000人になる（年間2000人であれば毎年1500人ずつ増加し、弁護士が約8万人になる）。合格者年間1500人は、将来、弁護士人口5万人をはるかに超えるレベルであるから、仮に年間1500人に減員されたとしても、弁護士過剰の対策としては極めて限られた効果しかない。我が国において、とても5万人以上の人数が正常に職業として弁護士業を成り立たせることは不可能であるから、年間1500人への減員策は、年間2000人と比較して五十歩百歩の違いでしかなく、1500人程度の減員策では、弁護士過剰の著しい弊害を避けることができない、そのことを日弁連は、はっきりと言うべきである。

2) 要するに、年間1000人以下、それも500人に近い合格者に制限しなければ、法曹の質の低下及び弁護士過剰の弊害が避けられず、弁護士の職業的魅力が大幅に低下することが明らかである。政治家、地方議会、有識者、利用者及び法曹養成制度検討会議の委員の一部から、合格者を適正規模に減員すべきであるとする意見や1000人程度にすべきであるという意見が出されるようになってきた。しかし、弁護士集団こそ、一番に弁護士過剰の実態と弊害を、隠すことなく各方面に繰り返し説明し、合格者1500人の減員程度ではとても弁護士過剰による社会的弊害を回避するこ

図表1-4 弁護士人口将来予測

2012年及び2013年まで、司法試験合格者数が年2000人（修習修了者が2014年10月まで年2000人）で、その後に減員され、裁判官と検察官合計5000人と仮定した。生存率については、29歳と74歳の中間の52歳の生存率の概数を採用した。

1. 2014年から司法試験合格者800人
    均衡時：800人×45年間（29歳から74歳）×0.93（生存率の概数）
         ＝3万3480人－5000人（裁判官と検察官の数）＝2万8480人
    ピーク時：2001年10月からの800人超過分1万2136人を加算し、4万0616人
2. 2014年から司法試験合格者1000人
    均衡時：1000人×45年間×0.93－5000人＝3万6850人
    ピーク時：2004年10月からの1000人超過分9532人を加算し、4万6382人
3. 2014年から司法試験合格者1500人
    均衡時：1500人×45年間×0.93－5000人＝5万7775人
    ピーク時：2007年12月からの1500人超過分4975人を加算し、6万2750人
4. 2014年から司法試験合格者2000人
    均衡時：2000人×45年間×0.93－5000人＝7万8700人
    ピーク時：2000人超過分1255人を加算し、7万9955人

司法試験合格者数別の超過人数の計算

2014年からの司法試験合格者数	800人	1000人	1500人	2000人
	超過人数			
2001年10月	200			
2002年10月	200			
2003年10月	200			
2004年10月	400	200		
2005年10月	400	200		
2006年10月	700	500		
2007年10月	700	500		
2007年12月	1200	1000	1000	500
2008年10月12月	1350	1350	850	350
2009年10月12月	1550	1350	850	350
2010年10月12月	1350	1150	650	150
2011年10月12月	1200	1000	500	
2012年12月	1200	1000	500	
2013年12月	1200	1000	500	
2014年12月	1200	1000	500	
合計（人）	1万3050	1万0250	5350	1350
合計×0.93（生存率）	1万2136	9532	4975	1255

とができない、1000人以下にすべきであると指摘する責任がある。

　日弁連は、法務省とともに、これまでの無謀な司法改革の責任を負う立場にあるが、不都合な事実を語らず、誠実な総括を怠り、責任問題に触れない。この態度は世間に通用するものではない。2000年に合格者3000人を主張した時のような、弁護士需要に関する誤情報を世に発信し続けることをやめ、謝罪し、訂正しなければならない。

（5）諸外国との比較の在り方

　弁護士人口の適正規模を考える場合には、我が国に総計百数十万人に達する法学部修了者（年間概ね4万人、22～72歳の累計で約200万人）が世の中にあふれ、総計22万1924人にもおよぶ弁護士の隣接業種（公認会計士を含め7種）の専門家が存在し[7]、しかもそれぞれが大変に過剰状態であることを十分に考慮しなければならない。

　我が国の法曹は、2012年3月末日ないし4月1日に弁護士3万2088人、裁判官2880人、検察官1810人（2012年11月の65期修習修了者2080人から裁判官92人、検察官72人採用）であり、裁判所予算は2006年3331億円から2013年2988億円と著しく減少している。そのために、裁判官と弁護士の割合は、1965年頃まで1対4であったのが、現在、1対12までに拡大し、数年後には1対15になる。これは、弁護士需要がないことのはっきりした証拠である。この数値こそ、世界の先進国の中で最悪である。我が国における「小さい裁判所」は、改善される見込みはなく、今後も悪化するばかりであると思われる。

　弁護士が少ないことを外国と比較するならば、まずは各国の弁護士と裁判官の割合、司法関連予算及び裁判の機能などを比較すべきである。そうすれば、我が国の司法で最も大きな問題は、裁判官数と司法予算が少なく、裁判所の判断が権利の救済に極めて消極的なことだということが分かる。司法審のように、これらの事実を無視して弁護士人口のみを外国と比較するのは、全く間違った手法である。弁護士人口の増加だけでは「大きな司法」にならないことは、余りにもはっきりしている。まして、権利救済に不熱心な我が国の裁判所に「頼りがいのある司法」「司法国家」など到底

期待できない。

（6）失敗の歴史の繰り返し、弁護士の所得の現状と将来

1）大幅な弁護士過剰政策という失敗は、我が国の弁護士の歴史において2度目である。大正後期から昭和初期にかけて9年間で弁護士が約3000人から約6500人に増加され、1929年（昭和4年）に全国の会員を対象にアンケート調査を行ったところ、回答率約65％で、純収入で生活費を賄えないとする回答が約6割（4167人のうち2436人）に達していることが分かった。これは、弁護士の職業としての崩壊であり、信用を失墜させ、全く力を失っていったのである（『講座現代の弁護士』日本評論社）。

　この昭和の初期から数えて約80年後に、戦後の司法改革により獲得した国費による2年間の統一司法修習制度及び自立して弁護士法第1条の弁護士の使命を果たすことを期待した弁護士制度などの輝かしい成果を失い、再び弁護士層が急激に経済的基盤を喪失させられることになった。これが、今回の「司法改革」という政策の「成果」である。

2）日弁連の10年毎の調査によれば、弁護士の年間所得（中央値）は、1999年の約1300万円から10年後の2009年の約900万円（過払金等の事件の所得を除くと約750万円）と大幅に減少している。この事実は、需要がないことの何よりの証拠である。また、国税庁統計年報の弁護士の所得に関する資料によれば、年間所得（中央値）が概算で2008年900万円、2009年800万円、2010年700万円、2011年650万円と減少している。当然、2012年も下り坂を続け、大不況である。このような事態が続くならば、次の日弁連の調査のある2019年度より前に年間所得（中央値）が医師の3分の1以下、公務員以下の500万円程度、又はそれ以下にまで減少する可能性が十分にある[8]。

　既に、所得が70万円以下の者が、上記の国税庁の資料によれば、2008年に2661人（申告人員全体の11.3％）であったが、2009年に4920人（同19.3％）、2010年に5818人（同22％）である[8]。これは、勤務弁護士採用などで事務所を拡大して経費が増加した事務所が急激に売上げを減少させたこと及び新規参入弁護士の収入が極めて少ないことなどが主な原因と

言われている。また、同統計によると、2008年は100万円以下が2879人（12％）、100万超〜500万円以下が4684人（20％）、2011年はそれぞれ6009人（22％）、5208人（19％）と非常に悪化している。昭和の初期以降と同様に、事務所維持費と生活費を確保することが困難な時代が来ることが予想される。

3）以上の状況に加え、少子高齢化及び人口減少の問題を考えねばならない。もともと、1990年代に拡充された高度専門職業人養成制度は、教育機関にとって少子化対策の意味もあり、法科大学院構想もその流れの中にあった。18歳の人口は、1992年度の約205万人から2012年度の約120万人に減少（40％減）している。総人口と高齢化は、2010年1億2800万人、高齢化率24.1％から2060年8674万人、同40％と大きく変化する。

更に、九州弁護士会連合会の2013年2月25日付の「第10回法曹養成制度検討会議に関する声明」が指摘しているように、我が国の国民所得、国家財政、事業所数、GDP、貿易収支、経営収入、海外の事業活動など、経済的基盤が縮小している問題も考慮しなければならない。

客観的なデータ（資料編に掲載した「数字で見る弁護士業界の大不況」）にもとづいて、適正な弁護士人口を考える必要がある。

(7) 合格者数、弁護士需給状況に関する会員アンケートの調査結果

2012年1月の愛知県弁護士会の全会員対象のアンケート調査（回収率30％）では、適正な合格者数の設問について、年間1000人以下への減員の回答65.5％、年間1500人に減員し更なる減員は検証しながらの回答27.4％、仕事量の設問について、減少61.9％、増加41％、愛知県の弁護士の充足状況の設問について、過剰78.9％、不足0.6％という結果であった。

また、2012年10月の中部弁護士会連合会の全会員対象のアンケート調査（回収率20％）では、合格者数の設問について、年間1000人以下へ減員の回答の合計は76％（500人12％、800人16％、1000人48％）、年間1500人に減員14％、年間2000人3％、仕事量の設問に減少62％、増加8％（少し増加6％、大幅増加2％）、所属弁護士会の弁護士の充足状況の設問に過剰79％（少し過剰44％、大変過剰35％）、適正9％、不足1％、

という結果であった。このように、弁護士の仕事量が減少し、弁護士過剰の状況が深刻になっている。

(8) 総務省の政策評価にもとづく法務省に対する勧告

総務省は、前記の政策評価において、「審議会意見において法曹人口拡大の根拠とされた、法曹・法的サービスへの需要や対処の必要性について、国際化・専門化の進展に伴う新たな分野での動向、地域的偏在の是正、社会生活上の医師としての法曹の役割の増大（法廷外の活動領域の拡大）等の観点で、2001年から今日までの各指標の推移を調べたところ、同審議会で予見したほどの需要の拡大や顕在化を確認することはできなかった」とし（政策評価117頁）、法務省に対し、「司法試験の合格者数に関する年間数値目標については、これまでの達成状況との乖離が大きく、また、法曹・法的サービスへの需要の拡大・顕在化も限定的であることから、これまで及び今後の弁護士の活動領域の拡大状況、法曹需要の動向、法科大学院における質の向上の状況等を踏まえつつ、速やかに検討すること」と勧告している（政策評価書357頁）。

3　検討会議中間的取りまとめの「今後の法曹人口の在り方」

2013年4月12日に公示された法曹養成制度検討会議の取りまとめは、第2項でこのテーマを扱っている。その理論と結論、司法審の理念との比較及び各委員の意見を紹介したうえで、批判的検討をする。

(1) 司法試験合格者の数値目標撤回と「今後の法曹人口の在り方」の論理と結論

1）3000人数値目標の撤回

イ　司法制度改革審議会意見書は、法曹需要が国民生活の様々な場面に量的に拡大するとともに、質的にますます多様化、高度化することが予想され、大幅な法曹人口の増加を図ることが喫緊の課題であるとした。司法審の3000人という数値目標はこの喫緊課題を早期に達成すべきであるとし

て掲げられた目標であったことから、検討会議としては肯定的に評価する。
ロ　もとより、司法試験合格者は、試験委員会において、必要な学識・能力があるかの観点で適正に合格判定されるものである。
ハ　この合格者増員により、過疎対策が可能となり、アクセスも改善され、法曹が自治体、企業、海外展開の領域に拡大する足掛かりを得るという成果を上げたから、合格者増員は正しかった。
ニ　しかし、3000人の目標を掲げていることは、現在、法曹養成制度が多くの課題を抱えていること、2000〜2100人に合格者がとどまっていること、民事裁判や法律相談が増加していないこと、法廷以外の分野への進出も限定的であること、就職難で未登録者が増加していることなどから、現時点においては現実性を欠く。
ホ　将来、再び現実性が出てくる可能性を否定するものではない。
ヘ　そこで、新たな数値目標を設けることについては、設けるべきとの考え方もあるが、法曹人口を早期に大幅に図る必要が現状ではなくなったので、当面、設けない（適正な弁護士人口論を採用することを打ち出さず、数値目標を掲げない）。
2）今後の法曹人口
イ　今後の法曹人口については、司法改革後も日本社会を取り巻く環境は変化を続けていて、より多様化、複雑化する中、法曹需要は今後も増加すると予想されるので、全体としての法曹人口を引き続き増加させる必要があることに変わりはない。
ロ　今後の法曹人口の在り方については、①法曹有資格者の活動領域の拡大状況、②法曹に対する需要、③司法アクセスの進展状況、④法曹養成制度の整備状況の４点を勘案しながら、その都度検討を行う必要がある。

（2）司法審の司法改革基本理念と検討会議の法曹養成理念の違い
1）司法審の意見書の基本理念と法曹人口
　司法審意見書（2001年6月）は、司法改革の目的を、「国民に身近で利用しやすく、その期待に応えうる司法制度の実現」であるとして、次のように述べている。

イ 「今般の司法制度改革の基本理念と方向」として、司法制度改革の根本的課題は「法の精神、法の支配がこの国の血肉と化し、『この国のかたち』となるために、一体何をなさなければならないのか」

ロ 「統治客体意識から脱却し、自律的でかつ社会的責任を負った統治主体として、互いに協力しながら自由で公正な社会の構築に参画し、……今般の司法制度改革は、これら諸々の改革を憲法のよって立つ基本理念の一つである『法の支配』の下に有機的に結び合わせようとするものであり、まさに『この国のかたち』の再構築に関わる一連の諸改革の『最後のかなめ』として位置付けられるべきものである」

ハ 「法の下ではいかなる者も平等・対等であるという法の支配の理念は、すべての国民を平等・対等の地位に置き、公平な第三者が適正な手続を経て公正かつ透明な法的ルール・原理に基づいて判断を示すという司法の在り方において最も顕著に現れていると言える」「法曹はいわば『国民の社会生活上の医師』の役割を果たすべき存在である。法曹が、個人や企業等の諸活動に関連する個々の問題について、法的助言を含む適切な法的サービスを提供することによりそれらの活動が法的ルールに従って行われるよう助力し、紛争の発生を未然に防止するとともに、更に紛争が発生した場合には、これについて法的ルールの下で適正・迅速かつ実効的な解決・救済を図ってその役割を果たすことへの期待は飛躍的に増大するであろう」

ニ 「『法の支配』こそ、わが国が、規制緩和を推進し、行政の不透明な事前規制を廃して事後監視・救済型社会への転換を図り、国際社会の信頼を得て繁栄を追求していく上でも、欠かすことのできない基盤をなすものである」

ホ 「今後、国民生活の様々な場面における法曹需要は、量的に増大するとともに、質的にますます多様化、高度化することが予想される。その要因として、経済・金融の国際化の進展や人権、環境問題等の地球的課題や国際犯罪等への対処、知的財産権、医療過誤、労働関係等の専門的知見を要する法的紛争の増加、『法の支配』を全国あまねく実現する前提となる弁護士人口の地域的偏在の是正（いわゆる「ゼロ・ワン地域」の解消）の必要性、社会経済や国民意識の変化を背景とする『国民の社会生活上の医

師』としての法曹の役割の増大など、枚挙に暇がない。これらの諸要因への対応のためにも、法曹人口の大幅な増加を図ることが喫緊の課題である。司法試験合格者数を法曹三者間の協議で決定することを当然とするかのごとき発想は既に過去のものであり、国民が必要とする質と量の法曹の確保・向上こそが本質的な課題である」

ヘ 「2004年からの学生受入れを目指す法科大学院を含む新たな法曹養成制度の整備の状況等を見定めながら、新制度への完全な切替えが予定される2010年ころには新司法試験の合格者数を年間3000人とすることを目指すべきである。このような法曹人口増加の経過を辿るとすれば、おおむね2018年ころまでには、実働法曹人口は5万人規模に達することが見込まれる。なお、実際に社会の様々な分野で活躍する法曹の数は社会の要請に基づいて市場原理によって決定されるものであり、新司法試験の合格者数を年間3000人とすることは、あくまで『計画的にできるだけ早期に』達成すべき目標であって、上限を意味するものではないことに留意する必要がある」

ト そして、司法審意見書は、法科大学院の教育理念について、「法科大学院における法曹養成教育の在り方は、理論的教育と実務的教育を架橋するものとして、公平性、開放性、多様性を旨としつつ、以下の基本的理念を統合的に実現するものでなければならない」と述べ、法科大学院の教育理念という言葉を使用している。

2）検討会議取りまとめの法曹養成理念

　このような司法審意見の理念に対し、検討会議においては、これよりも狭い範囲で司法改革の理念が語られている。即ち、委員の井上正仁氏、鎌田薫氏、伊藤鉄男氏、田中康郎氏、久保潔氏は、「質・量ともに豊かな法曹を養成するとの理念」が司法改革の理念であったと発言し、検討会議の取りまとめは、「質・量ともに豊かな法曹を養成するという司法制度改革の理念」「プロセスとしての法曹養成の理念」という理念にとどめている。取りまとめは、司法審意見書に繰り返し述べられている「司法制度改革の基本理念」「法の支配の理念」「事後監視・救済型社会」という言葉を登場させず、「司法改革」自体の理念を素通りしている。

このことは、司法審と検討会議の置かれた状況が違うからであろうが、問題は、その後、国民の平等・対等の状況は悪化し、「事後監視・救済型社会」での司法による十分な救済が実現しておらず、むしろ遠ざかり、深刻な格差社会が進んだ今の事態に触れていないことである。また、司法審意見書が「枚挙に暇がない」と表現した法曹の需要は、拡大せず、弁護士過剰と裁判所予算縮小により司法の土台が崩壊の危機にあることである。

(3) 委員の法曹人口・活動領域の現状認識と考え方（発言内容）

1）弁護士の需給のアンバランスの現状認識と危機感を欠く委員の構成

　検討会議の有識者とされる委員は、①佐々木毅（座長、政治学者）、②井上正仁（司法審委員だった政治学者）、③鎌田薫（法科大学院協会理事長、早大総長）、④伊藤鉄男（元検事、大手渉外事務所に就職）、⑤田中康郎（刑事畑の元裁判官、法科大学院に就職）、⑥久保潔（読売）、⑦岡田ヒロミ（行政サイドの消費者相談員幹部）、⑧南雲弘行（連合幹部）、⑨翁百合（経済研究所）、⑩宮脇淳（北海道大学公共政策大学院長）、⑪山口義行（経済学者）、⑫清原慶子（三鷹市長）、⑬丸島俊介（司法改革推進派弁護士）、⑭萩原敏孝（小松製作所顧問）、⑮田島良昭（社会福祉法人理事長）、⑯国分正一（医師）、⑰和田吉弘（弁護士）の17名である。総入れ替えが期待されていたのに、13名は検討会議の前身の法曹の養成に関するフォーラムの委員で、⑫⑮⑯⑰の4名が新たに選任された委員である。

　各人の弁護士人口論は、弁護士制度と司法像から出てくるものであるが、この17名の委員が、法曹人口について検討会議でどのような発言をしたのか、その内容を具体的に知る必要がある。検討会議の性格及び考え方を正確に理解するうえで不可欠なことである。また、司法審が、なぜ、「法曹人口を法曹三者間の協議で決定することが当然であるかの如き発想は、既に過去のものであり、法曹三者で決定する時代ではなく利用者である国民が決定する時代である」としたのか、なぜ、弁護士人口論が大きく深く対立するのかを知るのに各委員の発言は大いに役立つ。そのため、短時間で一覧できるように各委員の法曹人口と活動領域に関する重要な発言を表にまとめてみた（本文末尾に掲載）。

この検討会議における各委員の発言及び意見書をもとにする限り、①から⑧の委員は、法曹志願者が激減し有為な人材が集まらないこと、法曹の質の劣化、就職難、弁護士過剰による過当競争、法律事務所の経営悪化及びそれらが生む弊害について、正しい現状認識、将来予測、危機感などをほとんど持ち合わせていない。司法改革という名の弁護士改革の更なる進行を唱えている。⑨ないし⑫の委員は、司法改革の現実に対して、経済合理性から問題点の指摘を行っているが、無理からぬことではあるが、それ以上ではなく、法曹養成と司法の現場について理解が十分でないのか、弁護士激増と現実の司法基盤整備の見込みとの関係への踏み込みが不足して、現実対応の処方箋になっていない。⑬の弁護士委員は、以前より相当に現実を見られるようになっているが、司法改革推進派という立場から、司法改革正当化及び法科大学院絶対擁護については、同委員が他を批判した「宙に浮いた議論」から自らが脱却できていない。

　以上の①ないし⑬の合計 13 名の委員の意見は、現実を伴わない観念的な世界での物言いにより、実際に生じている矛盾、破綻、弊害にほとんど目を閉じている。権力と無知、熱狂と暴走を利用した「司法改革」によって、司法の土台が崩されているという事実認識を全く欠いている。その結果、適正な弁護士人口政策を唱える委員が少数にとどまる。多数の委員は、法律事務所の経済は念頭になく、法科大学院制度の抱える根本的な問題に誠実に取り組もうとしているようには思えない。そして、ほとんどの委員が、これまでも指摘されてきた法科大学院至上主義に陥っている。

　司法試験の合格率を高くすれば、法科大学院志願者の減少に歯止めがかかるとする考え方がその典型であるが、運転免許制度や教員免許制度などと違って、法科大学院で高額な学費と生活費が要る制度である以上、そのような結果にはならない。賛成はしないが、高い合格率を要求するならば、その前に、低下した法科大学院の入学者の質を、医学部の入学者並みに、飛躍的に高めなければならない。この合格率を問題とする考えは、教育機関の経営などの都合を優先させる資格取得をめぐる教育産業の論理であり、法曹の質の確保という国民が安心できる資格制度を犠牲にするものである。志願者減少の根本的な原因は、合格率の低迷や就職難ではない。資格取得

の経費の高額化と資格の価値の低下とが矛盾する関係にあるのに、これを無視して法科大学院を創設し、弁護士が大量増員され、法律事務所の経営が悪化したことによる。未だに、その認識を欠いている。弁護士の需給の均衡を保つことをしなければ、法曹の質も保てない関係にある。

　更に、研究者養成と実務家養成とが両立困難な関係にあることも、考えていない。

2）司法改革の目的は何か

　①から⑧の委員の発言からすると、司法改革の主な目的が、弁護士を大量生産し、そのために法科大学院をつくり、弁護士に対する適正なコストの負担を軽減し、思うように都合良く弁護士を使うことのように思える。また、法曹資格を法曹の職域ではない人にも与えることがいいことだとしている。加えて、それ以上に、戦後の司法改革により獲得された弁護士制度に敵意を抱き、その職業的地位の格下げを狙っているとしか思えない発言も窺える。戦前のように弁護士を弱体化させ、統制することを狙っているとさえ疑われる。

　司法改革という名の弁護士改革が唱えられて25年が経ち、その破綻的な結果に直面して、この司法改革が、司法と弁護士のあり方を理解せず、弁護士に対して、利用者側の身勝手で非現実的な要求を突きつけ、それを多数と権力で押し通した無謀・無責任な計画であったことが、はっきりしてきた。

　このような「現実離れした理想を説いていた司法制度改革審議会意見書」（和田委員の意見書）により、弁護士破壊を狙った、まさに空想的と言うべき需要のでっち上げによる弁護士大増員政策が行われた。この政策による破綻的現実に対し、適切な打開策を打ち立てる必要のあった検討会議であるが、残念ながら、断固として官僚司法と新自由主義に抗して、このような深刻な課題を審議する資質や素養のある委員が選任されることは、極めて難しいことである。それでも、総務省が法務省に対し勧告を行い、宇都宮会長時代の日弁連が推薦した4名の委員が、反論、異論を述べる状況まできた。司法制度改革審議会よりましであったが、それだけ現実がひどいということである。

「独立の司法と法曹」と「自治の弁護士会」の命運を、行政優位の中で司法官僚が委員選任権を持つような審議会に委ね続けてよいとは思えない。この審議会方式は、司法の独立と弁護士の活動基盤を危うくし、裁判所及び検察の改革という真の司法改革を期待できるものではないことに気づくべきである。

3）痛めつけられた法曹と法曹の卵の仕返し

　司法改革により、「多くは法科大学院の修了生でもある司法修習生をこれだけ痛めつけることを是としながら、法科大学院への志願者の減少を食い止めようとしても、それは無理があろう」（検討会議の和田委員の意見書）。今の制度で、志願者の減少を食い止めようとしたり、法曹の質を高めようとしたり、弁護士を懸命に組織の中に売り込もうとすることには無理があり、より良い司法を築くことにはならない。むしろ、今後は、利用者が弁護士及び司法から「痛めつけられる」事態に出くわすことの方が、懸念される。

4　検討会議取りまとめの法曹人口論に対する基本的批判

(1) 非現実的な理念先行の司法改革の失敗

　法曹養成制度検討会議取りまとめは、法曹が国家社会の様々な分野において幅広く厚い層をなして活躍することが、21世紀の我が国に強く求められ、それが国民の生活に不可欠であるとする理念（司法審は、これを「法の支配の理念」と称している）を唱える司法制度改革審議会意見書を支持する立場をとっていると思われる。しかし、この理念と我が国の実際の社会の間には大きな乖離があるために、高度な専門性を備えた資格者の供給と実際の需要との間で適正な均衡を保つ政策をとる必要があり、この法曹人口政策においては、法学部修了者及び弁護士の隣接業種の専門家の極めて多数の存在を十分に考慮しなければならないが、司法審意見書はそのような観点を欠落させていた。そのために、司法改革以後、これらの司法の土台というべきものが大きく崩れた。今、その修復が喫緊の課題である。

ところが、検討会議取りまとめは、「質・量ともに豊かな法曹を養成するという司法制度改革の理念の実現」が困難になっていることを理由に、法曹養成について対策を考えなければならないとしているだけである。しかし、司法改革による深刻な影響は、弁護士、司法及び大学にまで及んでいる。法科大学院制度は、我が国の法学部制度、司法修習制度及び研究者養成などと整合しないもので、法学教育、法学研究、研究者養成を困難にしている。

司法改革の最大の目的は、弁護士の大量増員であり、弁護士不足を強調し、弁護士バッシングを繰り返しながら、規制緩和と市場原理主義にもとづいて、弁護士の間の激しい競争によって質が向上すると言い、また、弁護士があらゆる分野に進出して業務を拡大することが「法の支配」を行き渡らせることだと言って、弁護士激増策を推し進めてきた。しかし、今でさえも、大規模、二代目、高額な宣伝を行う等の法律事務所が顧客獲得に有利で、悪貨が良貨を駆逐すると言われているほど、弁護士の間は自由競争の状態にあるが、弁護士の仕事の多くは、裁判及び捜査と切り離しては考えられず、裁判所や捜査機関の事件が多くなり容量が大きくならない限り、大幅に需要が増加することはない。また、司法の分野では、競争によって質が向上することよりも、過当競争による弊害の方が大きくなる。更に、弁護士過剰は、「法の支配」に役立たないばかりか、むしろ法の誤用、悪用に加担するという弊害が大きいことを考えねばならない。

そのために、我々は、この弁護士の需給の均衡の回復を求めるだけではなく、司法改革で唱えられた理念自体の根本的な見直しを要求しなければならない。

（2）弁護士需要の間違った増加予測に対する無検証、無反省

司法審意見が、「社会がより多様化複雑化する中、法曹に対する需要は今後も増加していくことが予想される」との推測のもとに大幅な法曹人口増加を喫緊の課題であるとしたことは、大きな間違いであった。司法審意見書の2001年以後も、さして弁護士に対する需要拡大はなく、弁護士が大幅な過剰状態になった。遅くとも、2007年3月の弁護士2万3000人時

点で飽和状態となり、既に2008年3月の2万5000人で過剰状態になったと考えるべきである。

　取りまとめは、この無謀な増員計画の間違いについて、その原因を検証しようとせず、誠実な総括も反省も一切示さず、逆に、この早期達成を喫緊課題とした大幅増員政策をとったことについて、過疎対策、アクセス改善、活動領域拡大の足掛かりの成果だと言って正当化している。しかし、今後も需要が増加する見込みはなく、法曹に対するニーズが増えるとする取りまとめの記述は、司法審に続く二度目のデマと言うべきレベルの虚偽である。法曹の増加（供給）が需要を顕在化させるという説も唱えられた。しかし、これももはや全く説得力を失い、完全に間違いであったことが実証されている。

　そこで、取りまとめは、活動領域について「広がりがいまだ限定的」、「関係機関、団体が連携して有資格者の活動領域の開拓に積極的に取り組むことが重要である」と述べているが、既にこの需要を否定する調査結果が多くあり、再び同じ誤りを犯すことになる。専門家に対する需要は、費用支払の根拠、支払の意思及び財源が無ければ拡大しないというのが実際である。また、弁護士需要の分野で現在残っている需要は、多くが無償又はそれに近い法的サービスを求める需要であり、その対策は、弁護士の数の増加ではなく、財源を振り向けることである。

（3）司法試験合格者数値目標の放棄と危機的事態の放置

　3000人目標について、現時点で掲げ続けることが「現実性を欠く」と述べているが、司法審意見書が発表された2001年当時においても、需要拡大の根拠及び財源的裏付けはなく、無謀・無責任な数値目標であった。検討会議取りまとめの「現実性を欠く」という程度の表現では、済まされない。責任や反省が感じられない。

　そして、3000人目標は撤廃するが、新たに数値目標を設けずに、「その度検討する」と述べている。事件数及び法律相談など弁護士の仕事と収入が著しく減少しており、司法修習生の就職難も年々厳しくなっている。需給の均衡を保った適正な弁護士人口を維持するためには、少なくとも合

格者年間1000人以下の方向性を明示すべきである（1000人合格でも毎年500人増加し、将来、法曹人口は5万人以上になる）。

　要するに、検討会議取りまとめが、合格者1000人以下の方向性を明確にしなければ、法曹の職業としての精神的・経済的魅力（法曹資格の価値）が低下し、そのために法曹志願者が激減し、出身階層が偏るという事態に歯止めをかけることができない。

（4）法曹の質の低下と弁護士過剰の弊害を無視した合格者激増の継続

　このままでは志願者が減少し、出身階層が偏り、有為な人材がますます司法に来なくなり、法曹の質が著しく低下し、弁護士が過当競争により、独立して職務を適正に行うことが困難となる。司法の機能を弱め、国民の権利と生活に重大な影響を及ぼす。検討会議は、これらの極めて重要な点を全く議論していない。委員には、法曹志願者の激減、就職難及び法律事務所の経営破綻に対する現状認識と危機感が不足し、委員によっては全く欠如している。このように、法曹の質の低下と弁護士過剰の弊害を無視すれば、必然的に弁護士増加一点張りの提言となる。

　しかし、これらの問題の方が、重大かつ喫緊の課題である。検討会議は、これらの危機的現状に十分な関心を寄せていないため、上記の通り、新しく数値目標を設定せず、「その都度検討する」と述べ、政策的提言を放棄して、この問題を、もともと「司法改革政策」の責任を最も負わなければならない法務省及び文科省の官僚に任せてしまうという無責任な方法をとった。

　本当に法曹を増員し、司法の充実と拡大をしようとするならば、必ず財源の手当てが必要であるが、法科大学院及び司法支援センターの年間合計300億円程度の財政以外には、全く確保されていなかった。司法審と同様、再び、検討会議の学者、司法官僚及び消費者らの議論は、弁護士に支払う資金不足と本当の弁護士不足を区別せず、経済抜きの議論をしている。

（5）法曹と法曹有資格者の混同

　検討会議取りまとめは、「法曹有資格者」と「法曹」という二つの言葉

図表 1-5　裁判所予算

	予算額（千円）	対国家予算比（%）		予算額（千円）	対国家予算比（%）
1947	533,007	0.25	1980	180,102,206	0.41
1948	2,001,189	0.42	1981	188,054,299	0.40
1949	4,212,688	0.57	1982	198,193,026	0.42
1950	4,834,316	0.73	1983	199,650,892	0.39
1951	5,874,139	0.74	1984	209,544,522	0.41
1952	7,062,681	0.76	1985	218,392,283	0.42
1953	8,268,128	0.80	1986	229,790,264	0.42
1954	8,697,255	0.87	1987	235,547,066	0.42
1955	9,176,320	0.93	1988	240,847,032	0.42
1956	9,503,619	0.87	1989	248,841,410	0.41
1957	10,670,796	0.90	1990	257,403,727	0.39
1958	11,129,033	0.83	1991	267,512,060	0.38
1959	12,433,933	0.82	1992	277,672,580	0.38
1960	13,833,933	0.78	1993	283,898,974	0.39
1961	16,958,927	0.80	1994	288,319,798	0.39
1962	18,636,205	0.73	1995	295,047,940	0.42
1963	21,196,372	0.69	1996	305,285,978	0.41
1964	23,959,742	0.71	1997	310,787,900	0.40
1965	27,827,303	0.74	1998	310,228,613	0.40
1966	31,557,261	0.70	1999	318,406,357	0.39
1967	34,345,463	0.66	2000	318,655,895	0.38
1968	37,781,954	0.64	2001	319,785,378	0.39
1969	42,385,868	0.61	2002	317,103,560	0.39
1970	48,894,810	0.60	2003	317,831,163	0.39
1971	58,997,770	0.61	2004	315,627,056	0.38
1972	70,457,925	0.58	2005	325,948,805	0.40
1973	84,833,891	0.56	2006	333,106,391	0.42
1974	91,440,440	0.48	2007	330,394,123	0.40
1975	123,644,701	0.59	2008	327,580,849	0.39
1976	137,159,931	0.56	2009	324,732,707	0.37
1977	147,806,170	0.50	2010	323,178,496	0.35
1978	162,246,822	0.47	2011	320,021,993	0.35
1979	173,764,198	0.44	2012	315,029,000	0.35
			2013	298,878,000	0.32

を使い、前者を優先させて意見書の第1項に位置づけ、それらの領域の需要は大きく、この領域への進出が無条件で良いことのように提言している。しかし、それらの需要を裏付ける根拠はなく、かつ、もしそれが大きく進んだ場合に、我が国の法曹に大きな質的変化をもたらし、司法の機能を低下させる問題について議論をしていない。

　取りまとめは、大量の司法試験合格者を続けて法科大学院制度の存続を図ろうとするために、企業における法務従事者として、法曹という同じ名称を付した資格の取得者（「法曹有資格者」）を配置することにより、法曹の活動領域が拡大されると言う。しかし、これは法曹資格の拡張（水増しの量産）と表現されるべきことで、司法の法曹が活動領域を拡大することではない。また、組織の中で法務などに従事する者と独立して職務を行う法曹とは仕事の性質や内容が大きく異なるために、両者を混同させるような大学院での広い領域の一括養成や社会での人材配置を行うことは適当ではない。学生と補助金を確保するのに懸命な教育機関（ないし、そこで職を得る者）の目的や利益には合致するかもしれないが、そのような養成制度は従来からの厳格な法曹養成のレベルを著しく低下させ、国が責任をもって法曹養成を行う制度を後退させ（給費制の復活を一層困難にする）、更には法曹を変質させ地位を低め、司法の独立性を危うくし、衰退させ、国民の信頼を失わせることになる。

　取りまとめは、法テラス常勤、企業内、地方自治体、海外での活動領域の拡大に取り組むべきであると述べているが、司法修習修了生年間約1800人もの供給に対し、それを吸収するだけの規模では全くない。雇う側には財源不足の問題があり、雇われる側の立場も、多くが期限付きであるために不安定である。もともと、法学部の教育課程で対応し、法学部修了者が担う分野である。これまで法学部修了者が平均年間約4万人合計約200万人も社会に輩出され、実社会において適材適所に役割を分担してきた。それで十分足りてきたことである。

（6）裁判所改革と裁判充実の必要性（弁護士需要との関係）

　司法拡充のためには財政的裏付けが必要であるが、取りまとめは、それ

を全く議論していない。裁判官や検察官の執務環境は悪化し、採用数も減少傾向に転じ、司法予算は1割も減少している（図表1-5）。

検討会議取りまとめは、裁判所改革と裁判充実に全く触れられてない。裁判が被害救済に不十分で利用価値が低いままでは、弁護士需要は増加しない。裁判所の都合のみを優先させ、審理の迅速化ばかりを図るのは、裁判所の利用を遠ざけるばかりである。

具体的に、主尋問軽減のための陳述書の拡大的利用、反対尋問の負担軽減のための尋問調書制度の新設、民事審判制度の導入及び本人訴訟における弁護士強制の導入などは、裁判所都合の省力・迅速化を目的とするもので、今以上に裁判の形骸化と裁判回避をもたらすことになる[9]。

（7）法科大学院至上主義からの脱却と法曹養成制度再構成の必要性

1）法科大学院構想は、司法改革の議論において、1994年の終わり頃、改革協のいわゆる外部委員により、にわかにロースクール的制度が唱えられ、1998年以後、本格的な議論が開始されて約2年という短期間で、司法審が事実上導入を決めた[10]。この法科大学院構想は、もともと弁護士の大量増員策を将来的にも固定化し、かつ、統一、公平、平等な司法試験、司法修習制度を変更ないし廃止するための仕掛けであることが疑われ、更には、法学部及び法学研究者養成に著しい変更と犠牲を強いることが十分に予想された。

成文法の文化で法学部のある我が国において、法学部のうえに時間も金もかかる法科大学院を上乗せする制度は，制度設計上のミスである。法曹資格は、門戸を広げ、国家試験の司法試験によって公正に資格付与者を厳選すれば足り、医師資格のように6年間の医学部と8～9割合格の国家試験によって資格を取得するような制度にすべきではない。

なお、日本と似通った法文化の韓国は、司法修習制度を廃止し、法曹一元に移行するのと引き換えに、2009年3月に法学専門大学院を創設した。2012年1月の弁護士試験に合格した第一期生約1500人からひどい就職難で、多くの困難に直面している[11]。

2）司法改革により、法学部の志願者が減少し、優秀な法学部生が法科大

学院を志望しなくなり、有為な人材が司法を敬遠するようになった。法科大学院入学者は、法曹及び弁護士隣接業種などの子弟の比率が高くなり、幅広く優秀な人材を求めるという当初の目的と逆の結果に陥っている。司法試験を不公平な制度に改悪したことになり、法曹が富裕層出身者に偏り、世襲の傾向を強めている。合格者数を増加させることで表面上は自由競争、市場原理を進めたかのように見えるが、実際は資金力と看板がものを言う業界となり、司法が多様性と批判精神を失い、経済主義に陥り、司法ではない普通の業界になって行く。

　法科大学院の志願者は、2003 年大学入試センター試験受験者 3 万 9350 人を中心に約 5 万人であったが、年々減少し、2012 年度において、入学者は前年より 470 人少ない 3150 人に減少し、適性試験受験者は前年より 1400 人少ない 5801 人で、2013 年度は入学者は 2698 人である。2 年後には、志願者が 4000 人以下、入学者が 2000 人以下、非法学部出身者又は社会人の割合が 25% 以下に減少することが予想される[12]。その後、一層低いレベルで均衡し、入学者数が下げ止まるが、入学者の質の問題が大きくなり、結局、司法改革の狙いがどこにあったのかが、はっきりと見えてくる。我が国の弁護士が、弁護士法第 1 条の弁護士の使命に対するこだわりを捨て、仕事のみに専念し、日弁連が、司法、行政、立法に異議を述べず、協力する体質を強めて行くことになる。

3）我が国の大学の法学部修了者がそのままでは司法試験を受験できない制度は、法学部の教育課程を否定するようなもので、余りに不合理な制度である。司法試験における受験資格要件を撤廃すべきである。議論をしている間に、事実が先行する。不合理なことは、長持ちしない。2009 年の政府の規制改革会議は、「予備試験合格者と法科大学院修了者の合格率を均衡させる」と提言しているが、逆に、取りまとめは、経済的な事情ではない予備試験受験者が多いので、将来見直しを検討すると述べている。

　新司法試験受験者が、2011 年 8765 人（合格者 2063 人）、2012 年 8387 人（合格者 2044 人）、2013 年 7653 人と減少しているのに対して、予備試験の受験者は、2011 年 6477 人（出願者 8971 人）で合格者が 116 人、そのうち 85 人が 2012 年の司法試験短答式試験に受験して 84 人（1 人途中

退席）が合格し、最終合格は58人であった。合格率は約68％にのぼり、全体の合格率約25％より極めて高い。

　合格率均衡の観点からすると、予備試験合格者を3倍程度に拡大させないと不公平であったことになる。2012年度に予備試験受験者が7183人（出願者9118人）にやや増加し、合格者が219人と増加している。更に、2013年度の出願者は1万1255人と大幅に増加した。試験は、5月19日からである。予備試験の合格者数を500～1000人に拡大しなければ、合格率が均衡しないであろう。もともと司法試験は、法科大学院に行かなくても、合格できる力をつけられる試験である。ましてや、人気が落ちた2000人時代では、昔の短答式試験の2000人の合格者のレベル以下となり、容易に合格できるレベルに落ちる。法科大学院経由は、もっと程度が低い。なお、本試験がある以上、予備試験を簡略化すべきである（早い時期に短期間で実施し、司法試験を少しずらし、同じ年度に司法試験を受験できるようにするなど）。

5　日弁連、弁護士会の会内民主制と我が国の法曹制度の危機

（1）日本弁護士連合会の会内民主制の状況

　司法改革の司法試験合格者の大量増員によって弁護士間の経済的格差が著しく拡大し、日弁連において、大都市の大きい派閥による支配の政治が改革されず、むしろ独走する中で、会員が単位会及びその連合体である日弁連から離れる傾向にあり、多くの無関心層と亀裂が生じ、2012年度の日弁連会長選挙では、最多得票者が3分の1を越える単位会で最多得票者になれなかった。そのために、投票が3回行われる一方で、投票率が低下して遂に約51％（3回目の選挙）にまで落ち込んだ。日弁連執行部派は司法改革を批判され、選挙に苦労したため、2013年度の日弁連執行部において、突如として、日弁連会長選挙の3分の1要件を撤廃することを企てたが、41単位会が反対し、2013年1月にこの企ては失敗に終わった[13]。

　司法改革以後、日弁連執行部は、会員の意思を尊重せず、利益も守ろうとせず、会員の経済力の低下に関心を寄せてこなかった。そのうえ、会員

の負担を増大させてきた。そのために会員に対する求心力が低下したが、それは、自然の成り行きである。国民の人権を擁護し如何なる権力にも対峙すべく認められた弁護士自治を空洞化させ、自治組織としての日弁連と単位会の存在意義を低下させている。権力と癒着し独立性を失った専門家は、国民にとって極めて有害な存在であるが、今、弁護士の大不況時代に入り、不祥事が多発し、弁護士が内外から統制を受けることが心配されるような事態が生じ、日弁連は、正義と人権擁護のために多くの会員に支えられた民主的な自治組織であり続けることが難しくなっている。

（２）愛知県弁護士会の1000人以下決議をめぐる会内民主制の状況

　中部弁護士会連合会は、2009年10月の定期総会において、「早期に1000人に削減することを求める決議」を行っているが、愛知県弁護士会として、2013年3月18日開催の臨時総会（会長・纐纈和義）において、人権侵犯救済申立事件の人権調査室を継続する議案とともに、前記の会員アンケートの合格者1000人以下の回答が76％という調査結果を踏まえ、「現在の事態が更に進展することを食い止めるためには、このような状況を座視することはできない。速やかに司法試験合格者数を年間1000人以下に減少させるべきである」とする「適正な司法試験合格者数に関する決議」を採択した。本人出席154名と代理出席121名の合計275名、反対18名（そのうち2名分の委任状が逆に行使された）、棄権5名、圧倒的多数の可決であった。しかし、会員約1600人の自治組織としては参加者が少ない。しかも、歴代の会長及び将来の会長候補者らの欠席及び反対が目立った[14]。弁護士会の会員に対する求心力が失われる中で、弁護士会の最重要の役職に就き、東京で日弁連政治に関わる層と一般会員の乖離が、東京・大阪のように大きくなったのではないかと危惧される状態にある。

　この件だけではなく、近年、若手の弁護士が、事件が拾えることに結び付く委員会以外にほとんど顔を出さない状況であるという理事者の声を聞かされる。

（3）戦後の司法改革で獲得した法曹制度の危機

　1980年代後半の経済の国際化と内需拡大のバブル景気によって金満感覚になった我が国は、調子に乗って規制緩和をしてリゾートとゴルフ場の開発に狂奔する傍ら、弁護士を濫造しようとした。ゴルフ場は、昭和の終りから平成の初めのバブル経済で急増したが、2倍にならずに多くが破綻した。ところが、弁護士人口は、合格者数年間3000人計画では、将来的に7倍程度増加してしまう。我が国は、戦前の体験と反省に基づいて戦後すぐに日本国憲法を制定し、この憲法の人権規定を担保するために、裁判官と弁護士の独立を保障する制度を作るなど戦後の一連の司法改革を行ったが、現在の無謀な改革は、貴重な戦後の司法改革を大きく後退させる。

　果たして今後、国民各層から、志が高く優秀でやさしい人材の多くが、この司法に来るのであろうか。憲法と人権と法律学の世界に興味を抱き、経済的な心配をせずに法学部（と法科大学院）で充実した教育を受け、公平・公正な司法試験に挑戦し、国費による十分な統一修習を受けることができ、そして、自主・独立性が保障され、国民の人権と社会正義に役立つ法曹として、自分の人生を送ることができる制度を復活させなければならない。再び、そのような時代を迎えるためには、余りにも厳しい局面に立たされている。

　折しも、環太平洋戦略的経済連携協定（TPP）への参加により、外からの圧力を利用して適正な法曹人口、法曹養成制度が一層崩される可能性があり、また、弁護士自治と国家の司法権に制限が加えられるという問題が生じる[15]。ところが、この事態に対し、日弁連執行部には全く危機感がなく、他の業界と違って、政府に対して全くTPPに関する要望を提出していない。

　法曹資格者の大量増員、法曹養成制度の改悪という司法改革に加えて、投資利益などを優先させるための国際協定によって、戦後の司法改革とその司法を担ってきた法曹制度の土台が崩され、弁護士と単位会及びその連合体の日弁連が危ない状態にあると考えねばならない。

　今の局面を正しく理解し、我が国の司法と弁護士制度及び国民のために、賢明な対応をしなければならない。

【参考・検討会議委員の法曹人口・活動領域に関する発言内容の要旨】

1　佐々木　毅　前学習院大法学部教授・検討会議座長・法曹フォーラム座長

2　井上正仁　早稲田大学大学院法務研究科教授・法科大学院協会副理事長・
　　　　　　　前東大大学院法学政治学研究科教授・司法制度改革審議会委員

(2回) 司法審意見書の3000人案は数値的シミュレーションを行っていないことは事実です。国内外の紛争が増加、専門的な能力、経験を備えた法曹、外国と交渉できる力のある法曹が不足。弁護士過疎の問題もある。潜在するニーズを汲み上げるルートや弁護士の努力が必要。従来の仕事の枠やその延長では汲み上げられない。大きな方向では需要は増えて行くであろうから1000人（1999年）1500人（司法審意見書より前に閣議決定）と来て「それよりは更に需要が伸びるだろう」ということで3000人で一応の落着を見せた。当時の現状は法曹人口が余りに少ないので、取りあえず3000人まで計画的に増やすということだった。資格試験である。人為的に合格を削り本来資格を与えてよい人に資格を与えないという議論が通るのか。現状2000人しか受かっていないからと言って、3000人という目標自体を下げる理屈に納得がいかない。

(10回) 司法審が掲げた国民にあまねく十分にサービスを提供するため、質量ともに豊かな法曹を輩出するという理念は否定されていない。3000人目標を堅持するのも理由のないことではない。司法試験の在り方に問題がある。それでも2000人は学力があるとして合格してきたから、この現実を軽視すべきではない。人為的に合格者数の上限を設定することは資格試験に反する。1500〜1000人は多くの人が納得できる数値であるのかは極めて疑わしい。これから法的ニーズと弁護士業務を結びつけたり、職域拡大になる具体的な施策を講じて行けばいい。500人に戻さない限りは増えるし、仮に飽和状態なら即独、ノキ弁が出るなら、手取り足取りではなく、法曹三者とLSが協力してOJTを組織的に行うべきである。志願者が減少しているのは合格率の問題が大きな要素である。7〜8割の合格率は一人歩きする危険な面がある。合格者数は減少させず、まず定員の管理を適正化したうえで、適正な司法試験をして、実力がなければ合格者が減り実力があれば増えると考えればいい。合格者を減らすのではなく、母数である定員の管理を適正化する。

(11回) 新たな政策目標が必要というのは、国分委員の通りである。数字を示すのは、資格試験であるために制約があるというのは丸島委員の通りである。資格試験であるため制約がある。3000人目標は、そこまで高めることで試験委員会をしば

るものではなかった。2000人強が合格している現実を踏まえ、これを事実の問題として出発点にすべきである。合格している人が数字で切られて法曹資格を得られないのは問題である。就職難で下方修正すべきという意見は不適切である。入学者減、教育力の問題、定員削減、司法試験の問題を先行して考え、その後に人口の在り方を検討するのが筋である。ＬＳの問題は、あと数年間で改善が進むが、司法試験の問題の在り方を含めて考えてもらいたい。

3　鎌田　薫　早稲田大学総長・法学学術院教授・法科大学院協会理事長
（1回）法科大学院では、法律を作ることも学ぶ。学生のインターンシップ派遣先を多くしてきた。

（2回）海外の企業との契約交渉で先方は弁護士資格を持っている。日本の第一審の民事事件で双方に弁護士がついているのが30％しかない。法科大学院の付設法律事務所をやっていると司法へのアクセス障害が極めて広範に存在することを実感する。従来型の弁護士像から、様々なニーズにこたえ得る弁護士像を新たに構築していく。弁護士とは別に、法科大学院修了者、法務博士の役割ということを考えることが現実的かもしれない。

（10回）司法審では、これからの社会を見据えて法曹の姿の転換を目指すという大きな理念で語られたことを考えなければいけない。努力が足りない段階で3000人の看板を下ろさず理念を堅持する。経営的に成り立つかどうかを抜きにすれば法的サービスが必要な部分に全く行き届いていない。早稲田の付設事務所に法テラスでも受けてもらえない相談や少額事件がくる。立法担当者は有資格者が望ましい。議員スタッフもアメリカのようでない。従来型の法廷弁護士がステータスを保つという次元で考えるのはいかがか。アメリカ、ドイツは人口比10倍。ドイツでは法曹有資格者がいろいろな職業に就く、1万円でも事件をやる弁護士やタクシーの運転手もいる。弁護士像をどう想定するかで議論の内容が変わる。部分的なつまみ食いをする議論は適切ではない。現状を前提にして合格者数だけを取り上げて議論するのは後ろ向きの議論である。アメリカ・ドイツはあらゆる分野で弁護士の肩書をもって仕事をしている。弁護士を特別扱いしたうえで、何人が適当かを議論している。ドイツは弁護士資格のない法学士は基本的に存在しないという前提である。どのような弁護士像をこれからの弁護士像として想定するかという問題である。

（11回）国の役割、国の省庁の領域の記載がないのはおかしい。アメリカ型法曹ではなく、頂点に立つ位置にある法曹の在り方を議論してきた方向にあるが、司法試験不合格者の処遇と隣接職種との関係も重要で、この点を議論しないと若者を誘因することが難しい。もともとLS制度に反対で、批判も理解しているが、新

しい法曹を出している。就職できる人数だけ合格させるという発想は資格試験ではなく、就職試験である。同じ能力の人が就職状況で不合格になることや経済状況に合わせてLSの定員を削ることは妥当でない。悪意を持ってみると、弁護士の既得権益を守るために合格者数を減らすべきだとみられかねない。そのように見られない説明や理由づけが必要である。

(12回) 議論が入り口を狭くする方向に行っているが、元々の改革の理念は出口をもっと広げることであった。パブコメを踏まえ、積極的に拡大を実行する方向の記述に改めて行くことを期待する。

優れた法律事務家に期待される役割が広範囲に存在し、拡大しつつあり、それを法曹資格が担う方向を目指すべき。3000人の数値目標は取下げなければならない。根拠が本当にあるのか疑問。

4 伊藤鉄男 弁護士（元次長検事、西村あさひ法律事務所）

(2回) 司法審の3000人の旗を降ろすべきではない。資格試験である。司法審意見書に書いてある理念「21世紀の日本の姿、法曹の役割、弁護士の役割」にしっかり書いてある。削減論は弁護士が食っていけないという理由であり、司法審の理念に全く勝てない。職業選択の自由がある。一定のレベルに達したら合格にする。社会は弁護士の数が増えて喜んでいる。困っているのは一部の弁護士。普通の人は非常に利益を受けられるようになった。競争すればいいサービスになるに決まっているのが世の中の当然のこと。法曹になって5年で見直しは早すぎる。職域拡大の議論が出ているが、弁護士本来の業務が世の中の人に役立ってきたのか、理解されてきたのか。弁護士の業務は「寿司屋の時価」で商売をしていて、金の話をするときのお客さんの顔がなじめなかったので検事になった。オレオレ詐欺は弁護士に相談しておれば発生しないが、相談できない、助けてもらえない。サービスに対して金を払う教育が行われれば、弁護士がもう少し増えても十分やっていける。

(10回) 国民が必要とする質量の法曹を確保するという理念をおろすべきではない。2000人は、教育が3000人を生み出す力がなかっただけである。2000人で推移しているので、これが現実的な数字。統廃合して累積7〜8割の合格率とすれば、落ち着いて勉強できるし志願者も出てくる。弁護士は努力不足である。今までのような良い生活では国民は納得しない。需要は、弁護士を必要とするところは沢山ある。

(11回) 法テラスの問題を記載して頂きよかった。再犯防止活動について財政的裏付けのある形でやることを明示すべきである。第1回目は全国に旧司法試験組が散らばっていて、どのLSも7〜8割が合格した。一定の質を保った学生がいな

くなったら1割未満となった。

5　田中康郎　明大法科大学院法務研究科教授（元札幌高裁長官、刑事畑）

（2回）法科大学院志願者が減少しているが、そのことをもって法曹養成制度が崩壊しつつあるという意見は性急な考え方である。8年余で結論は出せない。就職難は大変深刻な問題と受け止めている。その状況について統計的なものが議論の前提として必要。

（10回）特に法廷法律家からの脱皮が、3000人目標の議論に結びついた。司法審の基本理念、考え方の方向性は間違っていなかった。2000人で就職難については深刻に受け止めている。きちんとした施策がとられてこなかったことを踏まえると今後の需要動向は変わり得る。需要拡大の可能性を示唆するデータやヒアリングも検討で現れている。3000人という数値は大いに歴史的役割を果たした。理念の重さとして受け止めなければならない。ゼロワン地域の解決は法曹人口の拡大があってこそできた。人口拡大が従来の活動枠を超えて行く。人為的な法曹人口の削減は旧制度への政策転換になるので、一国の教育制度の在り方としては好ましくない。司法試験の合否は適正な判定により合格者を出している。当面、現状の合格者数を前提にすべきである。司法改革の理念を踏まえて、現在の司法試験制度の下で2000人強の受験者に資格を与えている現状は、国の教育制度の在り方として尊重すべきである。

（11回）3000人の復活の可能性の記載については、3000人は司法制度改革の理念がつまったもので、重く受け止めるべきであり、余事記載ではない。3000人撤廃は当面差し控えるということであれば、異論はない。現在の2000人合格規模を前提にせず、削減したところを出発点とする意見は、司法試験委員会の適正な合格判定に対し生産調整することになり合理性を欠く。

6　久保　潔　元読売新聞東京本社論説副委員長

（2回）社会人志願者の大幅減少は深刻に思う。現実論としては2000～1500人に抑え、今の社会の状況に合うように調整すべき。法曹人口の増加ペースと社会の受入態勢の間にタイムラグがあるが、それを解消するのは短時日では難しい。司法審の見込み違いで済ましてしまうと何も前に進まない。潜在的な未開拓の法曹需要は多いので、あらゆる努力を続ける必要がある。3000人はシンボルとして掲げておく。

（10回）どの分野でも目立った需要の増大が見られない。しかし、見込み違いを決めつけるのではなく、10年間の潜在需要の掘り起こしの努力不足があったと見るべきである。弁護士側からの危機意識はよく分かるが、国民側から見るととても供給過剰と言えない。法テラス、公設事務所の相談件数の増加は一つの方向を示

している。アクセス向上に努力すれば、需要喚起、潜在需要の掘り起こしにつながる。

（11回）3000人を取下げることは、全体の現状認識については賛成であるが、司法改革の象徴的な数字であった3000人を取下げ、その都度検討するというのでは、社会生活上の医師という高い理想はどこへ行ったのか。国民は肩すかしを食った印象を受ける。3000人に代わる新たな方向性、具体的な方策を明確にすべきである。今後とも、司法改革の取り組みを強化し、質量ともに豊かな法曹を生み出すという理念の下、改めて法曹人口の増加、多様性の確保、LSの改革、プロセスとしての法曹養成をやって行くことを書き込むべきである。

（12回）意見交換会では、これまでの延長の印象を受け、弱い。活動領域拡充推進の組織を作り、取り組むという文言を入れてはどうか。

7　岡田ヒロミ　消費生活専門相談員

（2回）東京では、各消費者センターにおいてアドバイザーとして弁護士と契約できるが、地方へ行くと詳しい弁護士がいない。多数の国民が法律問題を抱えながら弁護士にたどり着けない。弁護士が余っているとは考えられない。国民の多くは弁護士は敷居が高いという認識であり、弁護士側が国民に自ら近づく努力が不足している。

（10回）意見書は2030年で5万人、今のペースだと2033年に5万人。LSの入学者が3000人で2000人合格だと、利用する側としては、質が懸念される。現状ではLSに人気が出ない。LSは入学者を増やし、司法試験合格者を増やすことが必要。今までのような収入はないが、いい仕事をしたいと思う人が目指すLSや司法試験制度にすべきである。給費制は反対だが、研修所を充実させることに国民は反対しない。就職難であっても力のある有資格者は自立できる。

（11回）人口は、委員から出ている意見と同じだから意見を述べない。未修者教育をしっかり考えて欲しい。統廃合では、在学生のモチベーションが保持できない。

（12回）領域拡大は重要である。内閣府に本部や事務局を置くべき。関係省庁も協力する。

（12回意見書）未修者と既修者が混在するコースはやめるべきである。

8　南雲弘行　日本労働組合総連合会事務局長

（1回）「社会の様々な分野で活動する解決者」ということで法曹を目指すことを忘れてはならない。全国で労働審判制度が可能であれば、法曹人材の活躍の場の拡大になる。労働事件の法律扶助の必要性が高くなっている。

（2回）国民の法的サービスへのニーズが多様化、高度化、国際化している。それをきめ細かく把握、分析し、議論を深める必要がある。労働分野については法曹に

対する潜在的ニーズが大変に大きい。
 (10回) 国をはじめとする関係機関がどれだけ努力してきたのか、見つめ直す必要がある。様々な課題が置き去りになっている。この状態で目標人数だけ絞り国を支える法曹人材を志す者の意欲をそいでしまうことは、あってはならない。常設会議と政治的リーダーシップが法曹の職業としての魅力を向上させ、国民のニーズに対応する法曹の質・量を確保することになる。
 (11回) 活動領域の中で国が何をすべきかという論点が抜けている。法曹養成制度について、課題解決について常設機関が必要で、政治的なリーダーシップが必要である。法曹を目指す人を増加させ、その大半を合格させるために何をすべきかの議論が先である。先に出口の議論をするのには、違和感がある。
 (12回意見書) 司法の制度的基盤の整備やその財源の裏付けを検討するべきである。

9　翁　百合　株式会社日本総合研究所理事
 (2回) グローバル化に関しては、国がどのようにリーガルな人材を育てていくかの成長戦略なしには語れない。アンケートをとり、企業のニーズに合った人材を育てる制度を考えねばならない。国際比較も見直す必要がある。
 (11回) 法曹人口の書き方はこれでよい。数値目標は定めないでいい。2000人前後で考え、法曹の質の確保に重点を置くべきである。累積7～8割をもう少し上げるべき。

10　宮脇　淳　北海道大学公共政策大学院長
 (2回) 地方自治体のニーズはかなりある。任期付採用は法律相談的にとどまる。政策形成のプロセスに関与する行動がとられていない。田島委員指摘のように、ニーズに結びつく施策が必要である。しかし、財政コストの問題が出てくる。
 (10回) 2000人を確保するために、当面必要な施策を積極的に講じて行くべきである。地方自治体に極めて高い潜在的ニーズが存在する。施策を講ずべき。政府機関、社会福祉等の地域の公的領域も同様である。民間企業、国際展開など法廷で活動する法曹以外に拡大する取り組みが進まなかったことを反省して、議論を再スタートすべきである。
 (11回) 潜在的需要がある云々は10年前も同じ議論がされた。それを具体化するための制度設計の仕組みを議論する場を作り、国の役割を書き込まないと、また失われた10年になる。国分委員に賛成。その都度検討するといっても物差しが提示されていないと、その都度結論の中身が変わる。
 (12回) 政府においてきちっと考えていただいたことを書き込むこと。

11　山口義行　立教大学経済学部教授
 (1回) グローバル化への対応、顧客側に立ったきめ細かいサービスについては、問

題はマーケットの話で、企業が負担するかどうか。市場を作り出すという発想が必要。そのためには海外展開に伴う必要なコストの中に最初から組み込まれるようにするしかない。ニーズがあると言いながら、マーケットにならないのは、弁護士でなければいけないというハードルがあって、その間にもう一人法律の専門家としての職種の一定の能力を認定された人達が役割を果たす方法がいい。

（10回）2000人でも供給過剰なら司法審の目標は撤回すべき。領域拡大にどのように取り組むかであるが、アメリカのようにあらゆる分野に進出する社会をめざすべきではない。日本の法文化、社会制度は一朝一夕に変わらない。法曹有資格者とコーディネーター的法律職を併存させる方法をとる。分野別認定の仕組みを作り、弁護士とパートナーを組む。

12　清原慶子　三鷹市長

（1回）都道府県47、市は810、自治体1700、ごく一部に特定任期付職員を採用しているにすぎない。行財政改革推進中で困難であることと相互の情報不足が原因である。

（2回）高齢化、少子化による新たな需要が生まれる。より専門性の高い弁護士が必要。専門職として質を確保しつつ量を確保するための現状の値が2000〜2100人くらいであった。その値を極端に減らすことは難しい。しかし、今後は計画行政の観点から見直す必要がある。法科大学院の修了生は法曹資格者ではないが、社会的評価を与えるべきであろう。法科大学院制度を肯定的に評価する。

（10回）安心して法曹を目指せるようなメッセージを送る必要がある。3000人を見直し、法科大学院の総定員を適切に再設定する。合格者数は現在の2000人を下回ることが想定される。現在の2000人で潜在的需要の少なさや就職難から2000人より少なくする方向性も検討課題とされる。

（11回）活動領域について、検討した具体的事例を記載してはどうか。活動領域の方向性が拡充されないと就職難も改善されない。領域拡大のための実施組織、検証する体制が必要であることを明示すべき。3000人としたから、短期間に2000人にできた。就職難だから3000人を見直すことに賛成する。活動領域の拡大状況、需要をみながら、その都度検討することはいい。しかし、目安がないと計画が難しい。検討する組織を設置すべき。緩やかな増加ペース又は状況を考えながら、適正さを常に考えていくという現実路線を明示し、パブコメをすべきである。LSについて到達度試験を設けたのは非常に重要。国の財源的裏付けに基づき整備する必要がある。

（12回）厳しい司法試験を2000人前後の方が合格されるのは極めて意義がある。活動領域について困難を極めているなら、その拡大が第一に重要である。国民の皆

様から、更にこれまで気付かなかった分野について積極的に提案をいただき、最後取りまとめに生かす。

　活動領域拡充について政府がきちんと責任を持つこと。仮称「法曹養成制度改革推進会議」の組織の設置を含めて欲しい。減らしますではなく、現状の2000人前後は尊重する。

（12回意見書）国が率先して改革推進の姿勢を示し、かつ自治体に財政を含む支援をする必要がある。活動領域拡大の検討を継続するシステムを提案することが重要である。現在の合格者数にこだわらず、急激な増加ペースを緩和し、現実の要素を勘案しながら着実に増員をはかる趣旨を明確にし、検討組織を設置する必要がある。実施体制、検証体制が重要である。

13　丸島俊介　弁護士・司法制度改革審議会事務局員

（1回）不足が指摘された分野については、既に多くの弁護士が一生懸命取り組んでいる。その取組との関係で今の課題を克服するには、頑張れだけでは済まない。仕組みと裏打ちの制度、財政措置が必要。組織内外の連携の仕組みとボランティアで終わらせない財政的な措置が必要である。最終的には裁判となるので、裁判制度の整備と充実が必要。

（2回）司法審は、社会構造全体の転換をさせる一環としての司法改革であった。5万人の目標は司法機能の強化と役割の拡大をしていこうという中での議論である。各方面から5万人程度という意見があった。3000人目標は具体的な需要の積み重ねではなかった。スピーディに進めるべきだという認識があった。しかし、無条件ではなく、「法曹養成制度の整備状況等を見定めながら」2010年頃に3000人、2018年頃に5万人という意見であった。制度的基盤の充実などの課題と一体的に改革を進めることが重要なファクターであった。その後10年間、弁護士会を含め関係機関が大変な努力をしてきた。この20年の間に弁護士の姿や活動は劇的に変わった。国民が利用しやすい仕組みを検討する必要がある。人口問題の中で、司法改革全体を混乱させる方向に向かうわけにはいかない。法科大学院の質を確保しつつ再編成し、そこから再スタートして行くべき。3000名という政府目標がある限りは一旦到達した2000名から下げられないのだろうが、全体として法曹志願者が減少し、法曹を目指す全体の層が薄くなってきている。2000名を維持することには無理がある。

（10回）法曹人口政策については高い理念があった。一方で批判的な意見が多いのも事実。各政党の意見を聞くが、現状に対し極めて厳しい批判がかなりある。理念をもった人達が、現状を解決する道筋を提起しなければ、理念が理念としての信頼を失う。今の事態だ。国や社会の在り方を大きく変えるということで、司

法改革が位置づけられた。人口をめぐる法曹養成の局面での現在の議論は小さい。社会全体を変えると面が欠けていた。3000名が一人歩きするのは、不適当な議論だ。今の局面は、この状況でどういう政策を出すか問われている。2000人が続いているが、この人数自体何らかの根拠があるわけではない。2000人を所与の前提として試験委員を縛ることは適当でない。試験委員会は適正厳正な合否判断を行う。LSの定員数で適正規模をはかる。LSの定員の在り方を毎年どう決めていくかの仕組みを打ち出すべき。新しい弁護士のモデルは10年、20年かかる作業。法曹像の転換を前提に議論しても、宙に浮いた議論になる。少額事件は訴額が90万から140万になったこともあるが、この10年で弁護士受任事件が2〜3万件から10万件となった。簡裁事件への弁護士関与が大きく拡大している。意欲をもった学生を精選して法科大学院に入れ、教える側も精選する必要がある。今の問題状況を率直に見つめて、一旦全体を引き締めて、司法改革全体をどう前進させるのかということを発信すべきである。

(11回) 活動領域の議論は、10年経っても同じような議論をしている。領域拡大の議論をするための組織と仕組みや財政的措置を検討することを書き込む必要がある。司法機能の強化のために何が必要かの議論の方向性を明確にすべき。

　ペースの問題であり、漸増ペースに切り替えることを明示すべきである。司法改革は、司法の機能を強化し、役割を拡大し、日本社会のありようを見直すというのがスタートで、それを担う法曹の質量の拡大という話であった。この視点を今回も書き込むべきである。将来の3000人の現実性の記載は、余事記載である。3000人が現実的でない理由として書かれていることは、2000人でもなかなか困難という理由にもなっている。少なくとも2000人が目標というのは、検討結果から無理であろう。LS、予備試験の定員管理をきちっとしたうえで、高い合格率を確保すれば、自ずから司法試験合格者の数が出てくる。

(12回) 司法の機能を強化し、必要な権利救済をする。国際特許紛争で日本の裁判所が救済が不十分で外国の裁判所を利用する傾向にある。

　2000名合格と言ってみたところで現状はもっと先に行ってしまっている。結論として数値目標の記述は、まとめのようにならざるを得ない。

(12回意見書) ①司法審意見書は制度的・人的・国民的基盤に関わる諸改革が一体的に具体化される必要があるとしている。②法曹有資格者の活動領域の拡充が強調されているが、法曹の活動の基本的部分である司法の領域に全く言及がない。司法の強化、拡大を明記すべきである。裁判制度を整備・改善すること、それに必要な制度的・財政的措置を講ずべきであることを明記すべきである。③活動領域拡大のため、国が常設の推進機関を設置すべきであることを明記すべきであ

る。④需要増加が予見されるので法曹人口を増加させるという記載だけでは、司法審意見書とほぼ同旨であり、この10年余の状況を踏まえた内容になっていない。アクセス拡充や裁判制度の整備充実など様々な仕組みや司法機能強化策を伴わない限り、人口増加だけではミスマッチや矛盾が生じる。⑤「司法・法曹への需要」が「法曹への需要」という表現に変えられているが、元に戻すべきである。⑥需要と増員の関連について、今後とも丁寧な検証と在り方の検討が必要である。「法曹人口増加のペースを急増から漸増に転換させていくことが適切である」と修文すべきである。将来3000人が再び現実性が出てくることを否定しない旨の記述部分は余事記載で、削除すべきである。

14　萩原敏孝　株式会社小松製作所特別顧問

（1回）2010年の有資格者採用調査で938社中、是非採用3％、できれば採用したい8％、応募があれば検討40％。毎年企業10数社のブースを出すが、法律事務所のブースより来る人が少ない。法律事務所に行けない者が企業に来ると思える。7～8年かけて資格を取った者に企業に就職する意欲を持てというのは簡単ではない。最初から企業法務を希望する者がたくさんになる制度設計が必要。

（2回意見書）司法審は、定性的な予測に基づき目標値を定めたことが原因で、需要数値を積み上げた定量的な予測が不十分だった。2000人でも過剰感は否めない。需要を掘り起こすほどの法化社会への変化がなかった。企業内弁護士が今後長期にわたり増加し続けるとは考えられない。中小企業も将来にわたって継続増加するとは考えにくい。裁判官、検察官、官公庁、地方自治体も急速な受け入れ拡大は期待できない。合格者数を現状より削減することが妥当である。活動領域別に可能な限り定量的な需要予測を行い、合理的数値を算出すべきである。

（10回）3000人は平成22年の予定であった。その時期なのに、現在、体をなさない。とりあえず白紙に戻すべき。合格者数は相当数現状より削減してスタートすべき。今のままだと志願者の意欲をそぐ。数百人レベル減らして対応すべき。LSの定員は2200～2300人くらいになるのでは。例えば1700人でも10年で1万人増える。今の増加ペースで企業が受け入れを続けられるかも議論になっている。

（11回）沢山の人と同じ意見で、国の役割を書くべきである。活動領域の問題は、法曹有資格者の意識と本当にニーズがあるところのミスマッチが本質である。意識改革と書くだけではなく、どのような教育と施策で振り向けて行くのかを検討すべきである。現状の合格者のレベルを念頭に、今後も全体としての法曹人口を目指す趣旨に読める。2000～2100人の現状でも就職難の実態がある。相当程度減らした人数を設定し、そこから考えていく方向もある。そのことを明記したうえパブコメを行い、最終的取りまとめの参考にしたらどうか。「その都度検討」

では、いつのことか、当面どうするのかの問題が欠落している。
（12回）言葉ばかりである。推進するための具体的な方策が必要だと思う。

15　田島良昭　社会福祉法人南高愛隣会理事長

（1回）罪を犯した障害者、高齢者の福祉、再犯防止に法曹の力が必要。行政の力をあてにできなくなっている。福祉サービス2万社は顧問弁護士がいない。福祉の窓口にトラブルの相談が寄せられるが、法律に詳しい職員はほとんどいない。

（2回）司法審の3000人がどこから出てきたのか。数字の裏付けがないのに法曹養成の仕組みが変えられている。仕事につながるような仕組みが作られていない。市場原理に任せれば済むという話ではない。政府が、ニーズに応えられるいろいろな施策に取り組んできたのか。福祉、医療のニーズにつながるための検討委員会を作って欲しい。

（10回）最初から3000人は疑問。明確な根拠が示されていなかった。なぜ2100人かも分からない。修習に入っても就職がないから万歳と言えない。修習も国家が責任をもってやらず、ちゃらんぽらんになっている。福祉の世界で怒り狂うような判決が出ている。理想をなくせというのではなく、現実的に具体的な目標を出すべき。理念には反対しないが、崇高な理念に基づいて10年やってきた過程で矛盾や課題が出てきて、それをどうするかという問題認識である。例えば、1000人に減少させても10年で1万人弁護士は増える。相当なニーズで隅々まで法の光が届くのではないか。合格者数を少々減らし質を高める作業をしても、理念を潰すことにはならない。定員数は教育上大事。そこで学べば7～8割合格するのでなければ詐欺だ。

（11回）再犯防止のための弁護士活動を、報酬支払の対象とすべきである。実のある検討をしないと領域拡大につながらない。具体策を作るべきである。

（12回）領域拡大の実行は政府の責任である。具体的にどこが責任を持ってこの事業を実施するのかを決めないと前に進めない。

16　国分正一　医師・東北大学名誉教授

（1回）医師は国民医療費38兆円。法曹の問題において、何らかの国全体としての経営、経済的、お金の面での裏打ちがないと間口は広がらない。開業医ではなく、病院が専門家を育てる。専門がわからない。医学のように臨床的な分化があり、教育を受けていればプライドを持って企業に行ける。

（2回）国民医療費38兆円が8000人の卒業生のほぼ全員が合格する医師国家試験に合格することを保証している。事件に費やすことができる金の額で弁護士数が決まる。そういう需要が急激には伸びなかった。法科大学院の設立目的が司法試験合格だけでないのなら仕組みを変えることが必要。新しい分野を開拓するのは大

学院の中で行わなければならない。領域の拡大に応じて少しずつ増やしていくというのが現実的である。

- （10回）孟子「恒産無くして恒心有る者は、ただ士のみ能くするを為す」。就職難、年収減少を事実と認めれば「恒心有る」を弁護士に求めるのは酷。司法改革の傷とともに合併症を超えて致命的な状況が生じている。団体の機能さえ損なわれる状況にあり危惧している。政策的に供給を急増させて需要喚起を狙うことは間違った手法である。3000人は現在、絵に描いた餅。今食べることができる餅をどうつくるかを考えるしかない。実効性があるのは、共通的到達度試験である。現役合格率9割以上を目指さないと意味がない。就職難の処置として国立のLSで非常勤の若手教官を取り入れたらどうか。
- （11回）検討会議で検討したことを「さらに改めて検討」「さらに見直しを促進」とあり、検討会議で何をしていたのかと言われることを危惧する。萩原委員と同じ視点で、LS側の目安がなくなるから、数字は出すべきである。2000人前後で出発して、そこから状況に応じて増減させるということを残しながら、2000人前後の表現はどうか。
- （12回意見書）修習生の経済的支援の在り方を事実上先送りした形になっている。司法試験に通ったものを、親に頼る子供ではなく、大人として自立できるようにすべきである。「必要な経済的支援の措置を検討する必要がある」と修正すべきである。大規模校、中規模校の定員削減も明記すべきである。予備試験制度は法科大学院制度の充実に伴って廃止に向かうべきものであることを明記すべきである。先端的分野を学ぶ機会を提供する仕組みを構築すべきであると修正すべきである。

17　和田吉弘　弁護士

- （1回）弁護士の志望者の多くは組織外で仕事をしたいと思っているのではないか。地方自治体や会社で働くのであれば大学卒で組織に就職すればいい。
- （2回意見書）厳しい就職難は、まさに社会の要請に基づく市場原理によって生じている。飽和状態であることを端的に示す。法科大学院志願者の激減により現在の法曹養成制度が崩壊しつつある。有為な人材が集まらない状態である。弁護士という職業の経済的な価値の低下が志願者の激減の理由の一つ。合格率を上げて合格者を増やした場合に、更に価値が低下し、志願者が更に減少する。合格率を上げれば志願者が集まるという主張は、弁護士という職業の経済的価値について、いかに数を増やしても低下しないという経済原則を無視した考え方である。医師と同様に、社会の需要に見合った数に絞る必要がある。需要拡大の努力をしても直ちには需要の顕著な増大を見込めない。意見書が正しい予測を前提としていな

かったことから、平成13年当時の1000人に戻すべきである。1000人合格でも現在3万7000人から毎年500人ずつ増え、平成50年代に5万人を突破する。法科大学院よりも、司法の機能低下を回避することの方が大切である。問題を先送りせずに抜本的な改革を検討すべきである。

(10回) 現在、飽和状態を越えている。未登録者が年々増加しているのだから1500人でも多すぎることが明らかである。少なくとも需要の認識を誤った改革審の意見書の平成13年の1000人にひとまず戻すべきである。LS修了を受験資格要件とする合理性はない。従来の法学部とは別に学部で法曹養成する方法がいい。10校で定員100か、20校で定員100名。この学部が法曹養成の中核となる（第5回の意見書）。このままでは誰でもなれる職業になるが、誰でもがなりたいと思う職業ではなくなる。今後更に志願者が減り、集まる人の資質が低下する。自民党の河井議員が以前「司法の崩壊」という本を書いたが、司法の質が低下する。日本と日本の国民のため、現状に大きな危機感を持つべきである。

　医師と違い弁護士には保険制度がない。弁護士も霞を食べて生きているわけではない。多大な金と時間のかかるLS制度のもとで、タクシーの運転手もやれると言っても、法曹志願者は絶対に増えない。

(11回意見書) ①需給の関係において供給が需要を顕在化するという主張は説得力を失っている。顕在化しなければ需要がないと同じ。②保険制度のない状況で弁護士が生活しながら扱うことができる需要は限定的となる。③弁護士として食べていける状況でなければ、その場において弁護士としての職業は存立しえない。投資に見合う仕事があることを実際に示すべきである。④企業・行政が毎年数百人も吸収することはない。⑤OJTの不十分は、国民に迷惑をかけることである。OJTは、法曹養成の重要なプロセスである。⑥法曹資格を取得しても生活の保証がされないのであれば、多大な時間と費用をかけて法科大学院に行かない。⑦法科大学院教育により多数の優秀な法曹が輩出されたとは言えない。⑧法廷外の活動も裁判と深く関連している。法廷弁護士としての基礎知識さえ不十分な者は法曹と言えない。⑨広く資格を与えれば「良い人材とは言えない人材」が入りやすくなる。⑩法科大学院教育で税務、特許、登記、労務、外国人登録などの技能を修得できない。弁護士と隣接職種との関係の検討なしに、職域拡大を言うべきでない。有力な反対説があれば、両論併記するか、一定程度触れるべきである。

(12回意見書) ①弁護士供給過多で就職難が深刻化しており、それが大きな一因で志願者が激減している。②司法審意見書と現状は大きく乖離している。多大な費用と時間をかけるに見合う魅力が弁護士という職業に無くなりつつあることが志願者激減の大きな理由である。③法曹人口増加によって法曹需要が顕在化する

という主張は、もはや説得力を欠く。④弁護士が生活を維持しながら扱うことができる需要に限らざるを得ない。弁護士の大幅増員以外のことを先ず考えるべきである。⑤有為な人材を確保するには飽和状態の解消が不可欠である。合格率を高くすれば更に弁護士の職業としての魅力を失わせ、有為な人材が集まりにくい。⑥法科大学院生、司法修習生をこれだけ痛めつけておいて、法科大学院への志願者の減少を食い止めようとしても無理である。⑦司法審意見書は、法曹需要が顕著に増大すること及び法科大学院に十分な教育力があることを前提にして年間3000人とする現実離れした理想を説いた。従って、この意見書に現状の問題を解決する手がかりを求めても無理である。

橋本副孝　オブザーバー　日弁連副会長、第二東京会長・日弁連法曹養成制度改革実現本部委員

（2回）司法改革の理念は、現在でも日弁連の施策の基本。必要な法曹人口の増員には対応する。問題視していることは、急激な増加が司法基盤整備及び法曹養成の成熟度とのバランスを欠き、実際の法的需要を大きく上回っている。日弁連は2012年3月に需要とバランスがとれた漸増政策としてまず1500人という提案をした。実際の法的需要を非常に上回っていること。誰がどこで、どういう人材をどの程度必要とするかの具体的分析が必要。事件は労働事件が年間700件増えただけ、他は増えていない。法テラスの代理援助も全国で年間11万件しかない。弁護士会は10年で30億円を越える過疎対策をしてきた。ところが裁判所や検察庁の支部がない。地方公共団体に雇っていただくなりの手当てが必要。企業内弁護士も毎年数百人を雇っていただく規模に到底なりそうにない。現実の需要を考えるべき。アクセス障害と弁護士人口が少ないことが直結する議論があるが、大きな誤解がある。海外での活動も、法科大学院でしっかり教育を受けるなどのプロセスがないと需要が増えない。経済的な裏付けを持った制度的方策が必要。司法基盤の整備、特殊な技能の修得プロセスの整備が必要。法曹界の魅力が薄れ、有為な人材を集める基盤が脆弱になっている。OJTを与える側の人数が非常に少ない。

（10回）資料6-1「法曹人口問題に関する資料説明と日弁連の考え方、2013年3月14日」を用意したのでここでは簡略に申し上げる。適性志願者は当初の6分の1。65期の平成24年12月20日の未登録数546名、約1ヶ月後298名。64期のノキ弁は約160人と推定、即独は、1年未満の弁護士のみの事務所も含め平成24年10月で134人、合計294人。65期は、平成25年1月で未登録363名、「ノキ弁」「即独」123人（資料6-1の1項で、①2000年予測の需要大幅増加は未だ十分に顕在化していないし、今後飛躍的に顕在化する状況もうかがわれない。②需要の

増加は、単に法曹人口を増加させただけでは達成できない。③人を選んだ教育が必要で、計画的にやるべき。④需要の顕在化には経済的裏付けを持った制度的方策、司法基盤の整備、拡大が必要だが、今後容易に整備される状況にない。⑤合格者急増は、需要と供給にアンバランスを生じさせ、就職難、OJT機会不足、法曹志願者減少という弊害を生じさせている）

A　内閣官房副長官　竹歳　誠　世耕弘成
B　総務副大臣　大島　敦　坂本哲志
C　法務大臣政務官・松野信夫　法務副大臣・後藤茂之
　（2回）（松野）3000人は見直してしかるべき。現実を踏まえねばならない。裁判官、検察官は大幅に増えていない。余りに市場原理に委ねることはいかがなものか。制度設計が必要である。2000人が現実の数字。法曹人口に見合うだけの仕事が確保できるのか。需要についてはシミュレーションが必要である。
D　財務副大臣　藤田幸久　武正公一　山口俊一
　（1回）（藤田）立法、政党、政策秘書、海外、自治体、企業、NPO。NPOは弁護士を雇う財源がない。
　（2回）（藤田）就職難については、計画行政を考える必要がある。国としての計画行政と国の在り方、ニーズを満たす形で各士業の試験、就職、大学の在り方を一度整理すべき、弁護士以外の分野のことも考える必要がある。
　（11回）（山田）修習生は専念義務があり、アルバイトがダメだが、さらに検討すべきである。
E　文部科学副大臣　高井美穂　笠　浩史　谷川弥一
　（1回）（高井）一定の成果を上げつつ、深刻な課題を抱える一部の法科大学院への対応が必要。法科大学院修了生という法務博士に、卒業した後のキャリアパスをしっかり作っていってあげる必要性がある。
F　経済産業大臣政務官・中根康浩、岸本周平　経済産業副大臣・赤羽一嘉

注
1　2011年の新司法試験の結果（法務省大臣官房人事課発表）によれば、満点が1575点の試験で、平均点が738.91点である。最高点1159.30点、100番992点、500番892点、1000番839点、2000番768点。2063番765点が合格ラインであった。合格ラインは、平均点より約26点上回るだけで、100番とは227点と極めて大きく、500番とも127点と開きが大きい。100番と1000番の点差は153点もある。以前と比較して相当に程度が低いことは歴然たる事実である。「資格試験」と言うのに、現状の合格ラインは低すぎて、もはや資格試験と言い難い。裁判官になるには、合格者500人時代には、「成績が平均以上」、近頃は「300番以内」とされている。非公式に、最高裁は300番以下は使えないと説明している。成績300番以内と司法試験合格者2000人との間に、少なくとも1700人もの修習生が存在する。しかも、修習期間が1年に短縮されている。これでは、法曹の質が保てない。
2　2007年10月と12月の60期103人修習修了者の3.3％、61期122人5.1％、62期184人6.7％、63期258人11.0％、64期464人20.1％。
3　『司法改革の失敗』（鈴木秀幸他著、2012年、花伝社）の20〜84頁に詳述。
4　『法と実務9──司法改革の軌跡と展望』（2013.5.6日弁連法務研究財団編、商事法務）。『司法改革の失敗』の161〜163頁の注39〜注41。1994年12月から2000年11月の法曹人口・法曹養成問題の4回の日弁連臨時総会において、執行部案を支持する発言をした者の多くは、自由法曹団員であった。

　　日弁連は、弁護士の需給の現場を一番知る専門家を代表する立場にあるから、需給状況につき社会に正しい情報を発信する社会的責任がある。ところが、1990年代、中坊氏以後の日弁連執行部は、現場の本当の需給状況を十分に調査して知らせることをしなかった。逆に、大量の弁護士受け入れが可能であるという間違った情報を流して、現在の弁護士の危機の原因を作った。この事実は、争う余地がない。そのことを反省し、責任を明らかにする必要がある。しかし、『司法改革の軌跡と展望』を執筆した司法改革推進論者達は、司法改革失敗の原因を、増員に消極的な反対派に日弁連が足を引っ張られて孤立し、失敗し、大増員されてしまったという。弁護士は孤立を恐れていてはいけないが、司法改革は、彼らが願った通り、合格者3000人計画となり、法科大学院を勝ち取った。それが破綻した。これは失敗で、改革推進派の責任ではないのか。根拠のない大増員要求に対して、日弁連の専門委員会、司法シンポ実行委員会、弁護士の有志が需給調査をしたうえで反対した。もともと、中坊路線は、会内民主制を軽視し、反対派を孤立させるために、有識者審議会という罠を選択し、そこの有識者とマスコミとの関係ばかりを優先させ、マスコミを使って弁護士バッシングをさせ、政治的になり、専門家として地道に果たすべき、実際の需要状況を知らせ

る責任を置き去りにした。一般会員は、適正弁護士人口論に立って漸増策を望んだ。それを、ギルドの利益を守ろうとする主張だとして批判し、遂に合格者3000人計画を唱えたのは、日弁連の司法改革推進派の弁護士達であった。

5 「格差社会に目をつぶり、聖域なき構造改革を唱える小泉内閣時代の2005年に、新自由主義的な司法改革論が究極の姿を現したというべきことがあった。内閣府に置かれた規制改革・民間開放推進会議（議長・宮内義彦オリックス会長）の司法改革問題の専門ワーキンググループ（座長・鈴木良男旭リサーチセンター社長）が、2005年7月、法務省に対して司法試験合格者3000人の前倒しを要求し、合格者年間9000人案を提案し、この要求と提案がそのまま上記の推進会議の答申とされた（ただし9000人という具体的数値は削除して）。それをそのまま、2006年3月に「規制改革・民間開放推進3ヶ年計画」として閣議決定している。規制改革イデオロギーが、弁護士制度を破壊し、資格制度自体を大きく変容させることを狙ったものであることがよく分かる。2007年3月から2008年3月まで、規制改革会議の答申とそれを受けた閣議決定が繰り返された。そしてこの流れが、2010年2月の法曹養成に関する研究会の提言、更に2011年5月の法曹の養成に関するフォーラムと続いている。」（『司法改革の失敗』86～87頁）

6 弁護士需要に関する1990年代からのアンケート調査一覧
　　1993年　　　　法曹養成等改革協議会アンケート調査
　　1994年6月　　日弁連法曹養成問題委員会意見書（1990年12月と1992年3月の全国会員アンケート）
　　　　　　　　　法律扶助の各種調査
　　1996年11月　　第16回司法シンポジウム報告書
　　1998年2月　　日弁連司法基盤改革人口問題基本計画等協議会意見書
　　1999年9月　　名古屋弁護士会「徹底討論『日本の司法』パートⅠ弁護士人口問題と法曹養成制度」
　　2000年　　　　司法制度改革審議会「民事訴訟利用者調査」報告書
　　2006年　　　　村山眞維・村松良之編「紛争行動調査基本集計書」
　　2006年10月　　日弁連の組織内弁護士採用動向調査結果
　　2006年12月　　日弁連の「中小企業ニーズ調査」（他の調査2007年5月）
　　2007年　　　　日弁連の5万人対象の調査
　　2008年3月　　日弁連法的ニーズ・法曹人口調査PT報告
　　2010年4月　　日弁連の地方自治体への調査
　　2010年　　　　日弁連の弁護士業務の「実態調査報告書2010」

7 2012年弁理士9145人、司法書士2万0670人、税理士7万2635人、行政書士4万

Ⅰ 法曹（弁護士）人口の在り方　75

2177 人、土地家屋調査士 1 万 7328 人、社労士 3 万 6850 人、会計士 2 万 3119 人の合計 22 万 1924 人。アメリカとドイツは税理士制度がある。会計士を弁護士隣接業種から除くこともある。日本とフランスを比較した場合、弁護士及び隣接業士 1 人当りの国民人口は、日本がフランスより弁護士がずっと多いことになる。

8　『司法改革の失敗』117 ～ 121 頁に詳細。毎日新聞 2013 年 5 月 9 日朝刊。『NIBEN Frontier』2012.6 月号。

9　日弁連は 2013 年 1 月 24 日、「民事司法を利用しやすくする懇談会」（議長・片山善博慶大教授）を設立した。目的として、「関係機関に対し民事司法改革諸課題について問題提起及び提言を行うことを含め、改革の実現に向けた取組をすることを目的とする」と定められている。裁判の合理化、迅速化に歯止めをかけ、裁判官の独立、司法の権利擁護機能の拡大・強化の取り組みでなければならない。

10　『司法改革の失敗』262 ～ 265 頁に詳述。

11　韓国は 2009 年 3 月に 25 校、定員合計 2000 人の 3 年制の法学専門大学院を創設した。既に第 5 期生約 2000 人まで入学している。1 期生が 2012 年 1 月に弁護士試験を受けて同年 2 月末に卒業した。同年 3 月末発表で 1451 人が合格した。採用規模は約 500 人程度で約 1000 人が失業者になる恐れがあると報じられていた。加えて、従来の司法修習制度の修了者が約 800 人いる。今後、この制度の者が漸減され、2020 年 1 月 300 人で終わる。詳しくは、「韓国の法曹養成事情」（鈴木秀幸、『法と民主主義』2012 年 7 月号、日本民主法律家協会）を参照されたい。

12　未修者コースにおいても、法学部出身者の割合が 70％を越える（入学者全体では 87％）。法学未修者は法学部に入る方が合理的である。2011 年度の新司法試験の合格者は 2063 人であった。未修者コース出身者の合格者は 881 人で、そのうち法学部出身者が 621 人、非法学部出身者が 260 人であった。既修者コース出身者の合格者は 1182 人で、そのうち法学部出身者 1068 人、非法学部出身者が 114 人であった。非法学部出身者は合計 374 人で、2063 人に対し 18.1％の割合である。（法務省のホームページ　http://www.moj.go.jp/content/000071648.pdf）

13　「日弁連会長選挙制度に関する意見書」（平成 24 年 12 月 7 日、愛知県弁護士会司法問題対策委員会）、弁護士有志による「日弁連会長選挙制度のアンケート結果と選挙制度のあり方について」及びアンケート結果の図表を本書の資料編に掲載。

14　愛知県弁護士会の臨時総会の合格者 1000 人以下決議に、1990 年代の司法改革時代の弁護士会長 10 名が 1 人も出席せず、2000 年以後の会長 12 名のうち、反対が 6 名、欠席が 3 名である。2013 年の会長及びその後の会長候補者 3 名が棄権した。

15　「環太平洋戦略的経済連携協定（TPP）の司法分野に関する意見書」（平成 25 年 5 月 10 日、愛知県弁護士会司法問題対策委員会）を本書の資料編に掲載。

Ⅱ　法曹有資格者の活動領域の在り方

武本夕香子

1 法曹有資格者の活動領域の在り方について

1 司法制度改革審議会意見書と法曹養成制度検討会議の中間的取りまとめ

　2001年6月12日に公表された司法制度改革審議会意見書には「今後は、弁護士が、個人や法人の代理人、弁護人としての活動にとどまらず、社会のニーズに積極的に対応し、公的機関、国際機関、非営利団体（NPO）、民間企業、労働組合など社会の隅々に進出して多様な機能を発揮し、法の支配の理念の下、その健全な運営に貢献することが期待される」と記載されている。

　2013年4月12日に公表された法曹養成制度検討会議の中間的取りまとめにも、「法曹有資格者の活動領域の拡大の状況や法曹に対する需要の現状及びこれまでの取り組みの状況等を検討し、そこで明らかになった課題を整理しつつ、弁護士の地域的偏在の解消等そのニーズに即した活動領域の在り方や、弁護士を始めとする法曹有資格者の需要が見込まれる官公庁、企業、海外展開等への活動領域拡大のための方策についての検討する必要がある」と記載されており、法曹有資格者に対する社会的ニーズがあたかも存在するかのごとく記載されている。

　しかし、弁護士としての本来的業務拡大の方途も弁護士としての本来的業務以外の分野における業務拡大の方途も見込むことはできない。以下論ずる。

（1）「弁護士の活動領域の拡大」と「法曹有資格者の活動領域の拡大」

　司法制度改革審議会意見書と法曹養成制度検討会議の中間的取りまとめの活動領域拡大の記載内容で一番目立つのは、司法制度改革審議会意見書では「弁護士」としての活動領域の拡大とされていたのが、法曹養成検討会議の中間的取りまとめでは「法曹有資格者」の活動領域拡大へとすり

変わったことである。法曹養成制度検討会議の中間的取りまとめで「弁護士」の活動領域の拡大と書かずに「法曹有資格者」の活動領域とされた理由は、弁護士としてのノウハウを活かし、或いは、「弁護士」としてのやりがいを感じられる活動領域が社会のどこを探しても存在しないことが、この13年間でよく認知されるに至ったからである。

　実際「弁護士」としての本来的業務の活動領域の拡大が存在しないことが原因で弁護士としてのノウハウや経験を積む機会に恵まれない人が急増している。例えば、弁護士一括登録日における弁護士未登録者は、2007年が102名、2008年が122名、2009年が184名、2010年が258名、2011年が464名、2012年が546名と上昇し続けている。一括登録日における未登録者数の急増は、弁護士として登録できる機会を見つけることが困難になりつつある傾向を如実に表している。

　また、弁護士登録しても、わずかな期間で弁護士登録を抹消する人が増えている。例えば、『自由と正義』2012年1月号から9月号に掲載された請求退会者の合計は、登録番号の3万番以上の弁護士が139名、1万番から3万番未満の弁護士が83名、1万番未満の弁護士が10名の合計232名に上っている（ブログ「白浜の思いつき」2012年9月14日付参照）。弁護士の登録番号は、登録順で登録番号が増えていくことから、3万番以上の弁護士の登録抹消請求が多いということは、弁護士となってさほど時間が経っていない弁護士が多数登録抹消を請求していることを意味する。弁護士登録後あまり時間の経過していない3万番以上の弁護士が2012年1月から9月までの9カ月間の間に139名が弁護士登録の抹消を請求するというのは異常な事態である。2004年頃までの請求による弁護士登録抹消請求の数は、年間100名前後で推移していたのである。その後も死亡による登録抹消請求はほぼ横ばいであるのに対し、請求による登録抹消請求の数は急増し、2009年には200名を超えるに至った。

　弁護士の就業年数は、一般に40年前後と言われており、40年前の司法試験合格者数は500人前後で推移していたのであるから、高齢で仕事ができなくなった人がここ数年で急増したとは考えにくい。登録抹消請求数の急増は、弁護士としての業務を続けていても赤字経営である等といった理

由が主な要因であると思われる。事実、国税庁の調査によれば、年間所得100万円以下の弁護士が、2008年は2879名（全体の約11.5％）であったのに対し、2010年には6086人（全体の21％）と2倍に増えているのである。

　日弁連によれば、2012年の弁護士一括登録日に法律事務所に就職等せず、弁護士としての経験を積むことなく企業内弁護士になった人は、47名と推計されている。

　これらの統計的数字は、弁護士としての未来がないことをまさに物語っているといえよう。弁護士としての仕事があり、就職先があれば、弁護士会費を納めることを節約するために弁護士登録を遅らせる或いは企業に就職する等ということは以前には考えられなかったからである。以前は、一括登録日の翌日には既に仕事に就いていた。弁護士としての仕事の開始を1日でも遅らせることができなかったのである。

　また、仮に仕事が沢山あり、弁護士として引く手あまたであれば、多額の投下資本と弁護士になるための多くの時間を費やしたのに、弁護士になって間もなく、これら多額の経済的負担や多くの時間等弁護士になるまでの労苦を無にして弁護士登録を抹消しようとは思わないであろう。

　企業法務に勤務する人の増加をもって企業における法曹需要のニーズが増加したなどという人がいる。しかし、企業の法務等で会社員として働くために四年制大学を出た後に2年ないし3年間、法科大学院に通い、そのために1000万円に及ぶ学費や生活費の負担をかけ、更に司法修習に行き法曹になるための修練を積むルートを好んで選択する人がどれほど存在するというのであろうか。1人も存在しないとは言わないが、会社員になるために時間やお金をかけて法曹資格を取得するという迂遠なルートを選択する人はきわめて少数であろう。弁護士としての仕事に夢と希望を抱き、弁護士としての仕事をしたいからこそ、人によっては仕事を辞めてまで高い学費を支払い法科大学院に何年も通い、長い歳月をかけ、司法修習にまで行くのではないか。弁護士としての就職先や仕事がないことから、或いは、オンザジョブトレーニングが欠如したままで即時独立開業をするのは困難で弁護士としての未来もないことから、最終的に弁護士になる夢をあ

きらめて企業に入らざるを得ない人が多いとしか思えないのである。

　兵庫県弁護士会の司法修習生の修習開始式で、司法改革推進論者の弁護士が司法修習生に対して「君たちは企業にも入れるし、公務員にもなれる。未来の可能性がある君たちがうらやましい」と言ったそうであるが、昔であっても司法資格を取得した後に企業や公務員を希望すれば会社員や公務員になることはできた。実際、非常に稀なケースではあったが、法曹資格を取得した後に企業法務に入り会社員になった人もいた。法曹有資格者が自らの意思により他の職業を選択しなかっただけであったに過ぎない。

　前述した通り、法曹養成制度検討会議のほとんどの委員は、弁護士としての活動領域の拡大が望めないことを誰よりもよくわかっているのである。だからこそ、司法制度改革審議会の意見書には存在した「弁護士」としての「活動領域の拡大」という言葉が法曹養成制度検討会議の中間的取りまとめでは消えてなくなったのである。法曹養成制度検討会議の大多数の委員及び官僚は中間的取りまとめで「弁護士としての活動領域はなくても「法曹有資格者」としての活動領域であれば、まだある。だから心配しないで法曹資格を目指してもらったら良い」と言いたいのであろう。しかし、そのようなユートピアはどこにも存在しない。世の中を欺くのもいい加減にしてもらいたいものである。

（２）法曹に対するニーズに対する認識

　法曹養成制度検討会議の中間的取りまとめの、司法制度改革審議会意見書よりも少し「マシ」なところは、黙っていたのでは法曹有資格者に対するニーズが自然発生的に湧き出てくるわけではないことを認めていることであろう。すなわち、司法制度改革審議会意見書と法曹養成制度検討会議の中間的取りまとめとでは、法曹に対する社会的ニーズについての認識について大きな差異がある。司法制度改革審議会意見書は、社会の成熟度に伴い、法曹に対する社会的ニーズが質・量ともに下から湧き上がってくるから年間司法試験合格者数を3000人にしなければならないかのごとく書かれていた。これに対し、法曹養成制度検討会議の中間的取りまとめでは、放置していれば法曹に対する社会的ニーズは生じないのであるから、法曹

有資格者の活動領域拡大のためには関係諸機関が連携する等積極的に努力してなければならないというスタンスである。

　例えば、司法制度改革審議会の意見書では「今後、国民生活の様々な場面における法曹需要は、量的に増大するとともに、質的にますます多様化、高度化することが予想される。その要因としては、経済・金融の国際化の進展や人権、環境問題等の地球的課題や国際犯罪等への対処、知的財産権、医療過誤、労働関係等の専門的知見を要する法的紛争の増加、『法の支配』を全国あまねく実現する前提となる弁護士人口の地域的偏在の是正」「社会経済や国民意識の変化を背景とする『国民の社会生活上の医師』としての法曹の役割の増大など、枚挙に暇がない」とされ、「これらの諸要因への対応のためにも、法曹人口の大幅な増加を図ることが喫緊の課題である」と記載されている。司法制度改革審議会の意見書を見ると、司法試験合格者数を直ちに爆発的に増やさなければ、社会の法曹に対するニーズが不完全燃焼を起こし、今にも世の中が泣き寝入りの人たちでごった返すかのような書きぶりである。

　これに対し、法曹養成制度検討会議の中間的取りまとめでは、「各分野についての法曹有資格者の必要性や活躍の可能性」「の広がりはいまだ限定的といわざるを得ない状況にあることから、更なる拡大を図るため、関係機関・団体が連携して、各分野における法曹有資格者のニーズを多角的に分析するとともに、課題や解決策をきめ細かく検討し、拡大に向けた取組を積極的に行う必要がある」「法務省を始め関係機関・団体が連携して法曹有資格者の活動領域の拡大を図るための態勢の整備について検討する必要がある」として行き場のない法曹有資格者の活動領域を拡大させるためにあらゆる関係機関や団体が総動員で検討、努力させられることが記載されているのである。

　司法制度改革審議会は、質・量共に増大する法曹ニーズに合わせて弁護士の活動領域を広げるべきであるとするのに対し、法曹養成制度検討会議は、存在しない法曹有資格者に対する社会的ニーズを関係機関等の努力で生み出すべく体制を整備すべきと言っており、ベクトルが全く逆である。

　法曹養成制度検討会議の中間的取りまとめに書かれていることを忠実に

実現するとすれば、あらゆる機関が法曹有資格者の行き先を見つけるため、法曹有資格者に対するニーズを生み出すために莫大な労力の負担や財源といった経済的コスト等々甚大な社会的コストが必要となる。

　何故そこまでして法曹有資格者を優遇しなければならないのであろうか。それは、法科大学院制度を存続させるため以外に何らの合理的理由も見いだしがたい。

2　弁護士や法曹有資格者に対する社会的ニーズがないこと

　弁護士や法曹有資格者に対する社会的ニーズが存在しないことは、これまでの13年間で既に明らかである。

（1）弁護士としての本来的業務における活動領域拡大
　日弁連が2000年11月1日の臨時総会で、いわゆる「3000人決議」を採択して以後、弁護士が2倍近くに急増したのにもかかわらず、弁護士としての本来的業務における活動領域は拡大していない。というよりも、弁護士としての本来的業務における活動領域はむしろ縮小している。

（ⅰ）訴訟件数の推移

　弁護士としての本来的業務に対するニーズを表す典型的な数字が訴訟件数の推移である。

　図表2-1は、最高裁判所のホームページで公表されている全国の新受事件数の推移を抜き出し、私がグラフ化したものである。1998年の全国の弁護士総数は、1万6305人（1998年3月31日現在）であり、2011年の全国の弁護士総数は3万485人（2011年3月31日現在）である。2000年から2012年にかけての13年間で全国の弁護士総数は、約1.8倍に急増している。

　ところが、不思議なことに、全国の訴訟事件数は2003年をピークに減少の一途を辿っているのである。

　司法制度改革審議会は、法曹需要が世の中に溢れているのにもかかわらず、弁護士の数が少ないがゆえに泣き寝入りを強いられている人が山ほど

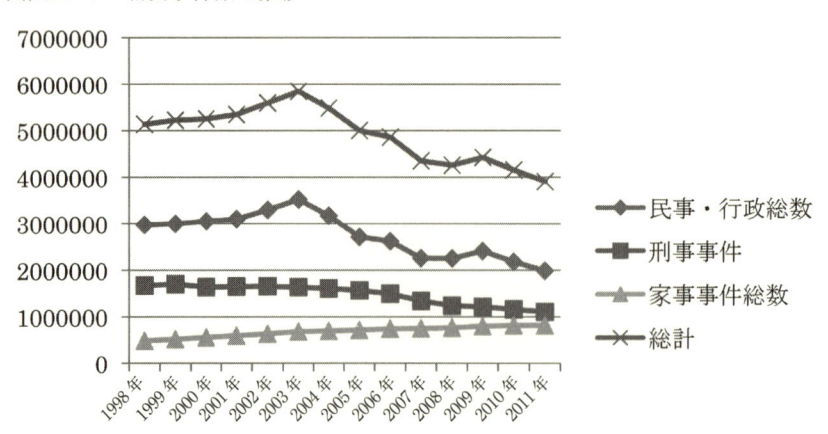

図表2-1　新受事件数の推移

存在しているから、弁護士を増やさなければならないかのごとき書き方をしていたが、そのような法曹需要は社会のどこにも存在しなかったのである。しかも、司法制度改革審議会は法曹需要がないことを知っていた。詳細は『司法改革の失敗』（花伝社）の拙稿に譲る。

　仮に、法曹需要が潜在的に存在するが、弁護士が少ないがゆえに顕在化していないだけであると言うのであれば、弁護士が1.8倍に増加した以上、事件数も1.8倍以上に増加するのが道理というものであろう。しかし、現実は逆であった。1998年から2011年までの13年間で、訴訟事件数は3割も減少してしまったのである。

　事件数の減少傾向は、弁護士が弁護士としての本来的業務である訴訟において弁護士の本来業務の未来がないことを如実に表している。なお、2009年に若干事件数が増加に転じているのは、サラ金業者に対する過払訴訟の増加が民事事件数の増加をもたらしたに過ぎず、一過性のもので、その後も事件数は順調に減少し続けている。『裁判所時報』第1575号に掲載された2012年の裁判統計速報では、2012年度の事件数は2011年よりも更に減少し、事件数の減少に歯止めは全くかけられていない。

　2011年9月に法曹人口問題全国会議が全会員を対象としたアンケート結果によれば、相談・受任件数が減少したと回答した弁護士は、69.8％に

上り、2007年9月に関東十県会が実施したアンケート結果（42％）を比較しても仕事が減少したと回答した会員の割合が格段に増加したことがわかる。

　そもそも社会が成熟したからといって法曹需要が増加するとは限らない。例えば、消費者金融の高金利問題は、貸金業法の改正により立法的に解決され過払返還請求訴訟が急激に終息したように、司法の分野以外で解決されることもある。また、弁護士がより身近な存在になり、紛争が未然に防止され易くなるということもあり得る。何より訴訟事件数は、経済活動が活発でなければ、それに伴うトラブルも起こり得ないことから必然的に減少する。今後とも少子高齢化社会により経済活動の益々の衰退は避けられない。仮に法的トラブルに見舞われたとしても、裁判を起こすには原告側と被告側双方の経済的余裕が必要となる。裁判で訴えようにも相手方に差し押さえるべき財産が存せず、裁判に勝っても回収できないことが事前にわかっているのに、弁護士費用を使い、多額の精神的負担と時間的消費を伴う裁判を誰が起こそうとする人はまずいないからである。

　また、これほどまでに格差社会が広がり、かつ、深刻化し、貧困層が多数を占めることにより、生活でさえままならない現状において、国民の大半には裁判を起こす経済的・精神的・肉体的余裕など残されていないのではないであろうか。

　その上、今後、我が国社会の人口が減り、その大半を占めるのが高齢者であるとの逆ピラミッド型社会が到来するのであるから、訴訟件数は今後も急激に減少し続けると見るのが合理的な推測というものであろう。

　国立社会保障・人口問題研究所の2012年1月推計によれば、2060年には低位予想で日本の人口推計は総人口7997万人（低位仮定）で、そのうち65歳以上の老年人口はなんと43.3％に及び、生産年齢（15歳から64歳まで）以上の老年人口がほぼ半数を占めることになるのである。ちなみに、この推計は低位予想ではあるが、国立社会保障・人口問題研究所の人口推計が毎回下方修正されている経緯からして、低位予想がもっとも忠実に現実を反映した人口推計である。

　50年後、全体の人口は6割に減り、その半数が高齢者で構成される

図表2-2　法曹人口全国会議弁護士アンケート結果

番号	質問		回答数	割合	関東十県会(2007年9月実施分) 1416名 割合
	実施主体：法曹人口問題全国会議有志 回答総数（2011年9月27日現在）：1662名				
1	貴方の最近の相談や受任件数の分量は、どのような増減傾向ですか。	増加	65	3.9%	12.8%
		減少	1160	69.8%	42%
		変わらない	268	16.1%	37.1%
		わからない	123	7.4%	4.3%
		その他	34	2.0%	2.0%
		未回答	12	0.7%	1.7%
2	今後新たに弁護士に需要拡大が望める分野・範囲があるとお考えですか。	ある	205	12.3%	22.9%
		ない	846	50.9%	39.7%
		わからない	596	35.9%	36.1%
		未回答	15	0.9%	1.1%
3	2011年4月1日現在、弁護士人口約3万500人について、どのようにお考えですか。	多い	1031	62.0%	
		少ない	37	2.2%	
		適当	369	22.2%	
		わからない	145	8.7%	
		その他	62	3.7%	
		未回答	17	1.0%	
4	我が国で、今後10年ほどの間に弁護士5万人に対する法的需要が見込めると思いますか。	思う	37	2.2%	2.9%
		思わない	1503	90.4%	86.6%
		わからない	93	5.6%	4.4%
		その他	17	1.0%	4.5%
		未回答	12	0.7%	1.1%
5	司法試験年間合格者数は何人程度にすべきだと思いますか。	500人	193	11.6%	
		500人～800人以下	348	20.9%	
		800人～1000人以下	749	45.1%	54.7%
		1000人～1500人以下	236	14.2%	29.7%
		1500人～2000人以下	31	1.9%	7.60%
		2000人～3000人以下	13	0.8%	2.4%
		わからない	40	2.4%	
		その他	40	2.4%	
		未回答	7	0.42%	

未曾有の少子高齢化社会が到来するのである。我が国の生産年齢の数は8173万人（2010年時点）から3971万人（2060年、低位仮定）へと半分以下に減るのである。生産年齢が半減する以上、我が国の経済活動の衰退は避けられない。弁護士としての本来的業務の活動は、もちろん様々な要因により左右されるが、前述した通り最もリンクするのは経済活動の動向である。弁護士としての本来的業務の拡大には、経済成長が必須なのである。今後、我が国の少子高齢化社会に伴い成年後見事件の増加は見込めるものの、それ以上に経済活動の衰退の方が勝ることが予想され、全体としての訴訟事件数の減少傾向が今後も続くことは必至である。

どのように考えたとしても、弁護士としての本来的業務に未来がないことは明白である。

(ⅱ) 中小企業の弁護士のニーズ

日弁連の業務総合推進センターがみずほ総合研究所との共同作業で中小企業に対する全国弁護士ニーズ調査を行った。アンケート結果の抜粋は以下の通りである。

（弁護士を利用しない理由）
特に弁護士に相談すべき事項がないから	74.0%
弁護士以外の相談で事足りているから	21.9%
日頃あまり接点がないため頼みにくい	13.6%
費用がかかる・費用が高い	15.7%
弁護士は探しにくいから	5.3%

（顧問弁護士の必要性）
顧問は特に必要がない（相談すべき案件がない）	49.0%
必要性は感じるが費用面の問題がある	24.6%
顧問は特に必要がない（費用の面から）	14.0%
必要性は感じるが、探し方がわからない	3.4%
その他	3.9%

アンケート結果を分析するまでもなく中小企業に弁護士に対する需要が

ないことは説明を要しないと思う。法曹養成制度検討会議の第1回で配布された資料に「中小企業等では、実業経験を重視して採用しているため、法務関係に限って弁護士を社内に置いておくニーズは乏しい」と記載されている通りである。

(ⅲ) 弁護士の専門性と専門の細分化

例えば「弁護士としての需要がない」と言うと、司法改革推進論者は「今後弁護士の業務は細分化し、専門性が必要になる。専門的分野を持てば仕事は山ほど来る」かのごとき反論をする。若手弁護士を集めた某会合で「山ほどケーキ屋はあるが、ケーキ屋でも全国的に有名になれば、地方でも週末は各地からお客さんが来て大行列ができる。君たちも弁護士としての専門性と得意分野を身につけ、宣伝と工夫次第では、弁護士として大成功する」かのごとき発言が公然と行われたそうである。

しかし、このような発想は幾重にも間違っている。まず一つは、このような発想は、弁護士さえ生き残れれば良いという発想で、依頼者市民の幸せが考慮の外に追いやられている点である。何をもって弁護士としての成功と考えるかはおくとして、仮に営業の得意な弁護士がいるとする。その弁護士が弁護士としての力量が優れているとは限らない。「天は二物を与えず」と言うが、得てして弁護士としての能力や人間性に優れている人が営業能力に欠けていることは多い。と言うよりも、以前の典型的な愛すべき弁護士像というのは、論理的思考力や文章力等知的能力には長けているが、人付き合いが苦手で営業嫌いという人であった。営業能力には優れているが、弁護士としての力量に欠ける弁護士に依頼した市民の人権は悲惨な結果となる。弁護士の選別に自由競争は成り立ち得ない。

例えば、ケーキ屋の選別なら日常的に購入する機会が多く、いろいろなお店でケーキを購入したり、口コミで評判を聞きつける等利用者の方も選別にも長けてくる。また、利用者もケーキであれば失敗しても数百円或いは数千円程度の損失に過ぎない。不味いケーキを食べたからといって精神的損害を被るわけではない。ところが、弁護士の選別は一生に一度あるかないかといった頻度である。弁護士の選別を間違えれば、一生取り返しのつかない事態を招いてしまうのである。弁護士費用等失われる経済的損失

も数千円程度の損失では済まされない。精神的被害は勿論のこと、その人の一生が左右されるといっても過言ではない。弁護士の扱う業務は、人権と正義なのである。不出来な弁護士により失われた人権や正義は取り戻せないのである。

　司法は、三権分立の一翼を担い、立法や行政といった多数決支配による統治でこぼれ落ちた少数者の人権を擁護する機能を果たす。司法制度の基礎を構成する法曹の質の問題は、すなわち、人権救済システムの出来不出来の問題に直結する問題なのである。特定の弁護士さえ生き残れれば良いという問題では決してない。

　更には、このような発想は、自分だけが弁護士として成功すれば良く、後輩弁護士や自分以外の弁護士の幸せが考えられていない。得意分野を見つけることができ、生き残れる弁護士はよいかも知れない。しかし、弁護士としての就職先がなく、即時独立開業をしても仕事がなく、或いは、長年弁護士業をしていても仕事がない弁護士はどうしたらよいのであろうか。

　そもそもいくら得意分野を見つけたとしても、依頼者が来なければ何にもならないのである。事件数が減少し続け、少子高齢化で弁護士のところへ訪れる依頼者が減少し続けている現在、得意分野を見つけることができて弁護士として成功する人は、きわめて少数であろう。

　また就職先がなく、弁護士としての基礎的な力量を学ぶ機会さえ薄れつつある現状にあっては、基礎的な業務の習得を踏まえて応用力を身につけ、得意分野を見つけるどころではなくなってしまった。以前は、弁護士がお互いに研究結果を共有し合い、或いは、切磋琢磨する等して弁護士全体の底上げを行い、或いは、後輩弁護士を皆で育てようという社会であった。しかし、今となっては、弁護士はお互いを少ない事件を奪い合うライバルとしかとらえることができず、益々オンザジョブトレーニングの機会が失われている。そのために若手弁護士だけでなく、弁護士全体の力量が急速に低下しつつある。

　「弁護士が得意分野を見つければよい」との発想は、業界内部のパイの争いに勝てばよいということを言っているにすぎない。司法制度改革を論じているのは、特定の弁護士の生き残りを問題としているのではなく、我が

国社会における司法制度をいかに良いものにするかを論じているのである。従って、「得意分野を見つければよい」等ということは司法制度を語る時には意味がない議論なのである。

(ⅳ) 広告解禁

2000年3月24日、日弁連は臨時総会を開き、インターネットを含む弁護士業務の広告を原則自由とする会則改正案を賛成多数で可決し、同年10月1日から弁護士の広告解禁が施行されることになった。そこで、弁護士の広告は、電車のつり革広告から看板のみならず、ラジオ広告やテレビ広告、インターネット等々ありとあらゆるところで目にするようになった。ロシアを会場としたフィギュアスケートの試合を見ていたところ、リンクの内側に某法律事務所の広告がどこよりも大きく映し出されたことは記憶に新しい。

弁護士の広告規制が撤廃されることにより弁護士としての業務が拡大したと言えるのであれば万々歳であろう。しかし、前述した通り、訴訟事件数は減少する一方であり、登録抹消する弁護士の数は増え続けている。弁護士の広告規制撤廃は、弁護士の業務拡大にはほとんど貢献していないといっても過言ではない。

広告規制撤廃も結局は限られたパイの奪い合いの一つのツールにすぎなかったのである。

弁護士の広告規制撤廃は、前項記載のとおり、一部の勝ち組弁護士を生み出したに過ぎない。というよりは、勝ち組弁護士をより繁栄させ、多くの負け組弁護士を増大させるという格差拡大を助長したに過ぎない。法科大学院を出るまでに数百万円の借金を抱え、司法修習生時の貸与制として更に300万円もの借金を抱えて、弁護士としての就職先もなく、独立開業しても仕事がない弁護士がどうやって多額の広告宣伝費を出せるというのであろうか。

広告規制が撤廃され、広告が自由化されたことによる恩恵を被ることのできる弁護士は、もともと勝ち組であったのである。

そして、一番の恩恵を被っているのは法テラスであろう。前述したとおり、訴訟事件数は減少し続けているのに、日本司法支援センター（以

下、「法テラス」という）の報告では（http://www.houterasu.or.jp/cont/100503313.pdf）、法テラスの業務実績は毎年増加し続けている。法テラスは国の税金を使い、テレビ広告から公共機関におけるパンフレット、ポスター等々莫大な宣伝を行っているのであるから、法テラスの利用実績が増加するのは至極当然のことなのである。法テラスの宣伝広告費は、民間の一企業が太刀打ちできるような宣伝広告費の額ではない。

ところが、このように「持てる」弁護士個人の宣伝広告努力に加え、これほどまでに各弁護士会、或いは、法テラスが莫大な宣伝広告費を使い、弁護士を題材としたテレビドラマが数多く流れても全国の訴訟事件数が減少し続けているというのが現実である。

訴訟事件数の減少だけではない。全国の弁護士会の実施する法律相談件数が毎年激減し続けているのである。以前は、弁護士会が法律相談の宣伝等を行うということはなかった。しかし、近年、各弁護士会では、テレビ広告やつり革広告の実施、宣伝用マグネットやクリアファイルの作成、或いは、インターネット予約を可能にする等弁護士会が涙ぐましい努力を行い、法律相談の宣伝広告に以前とは比較にならない多額の費用を使うようになった。にもかかわらず、弁護士会の実施する法律相談件数は激減しているのである。広告を実施したからといっても弁護士に対する需要を喚起することはできなかったのである。勿論、弁護士会の相談に行かずに直接弁護士のところへ相談に行っているならよいが、新受件数の推移を見ればそうでないことは明らかである。

広告規制撤廃により弁護士としての業務が拡大したなどといった徴表はどこにも全く認められず、広告規制撤廃も弁護士の業務拡大とはほとんど関係がなかったのである。

(ⅴ) 報酬自由化

2004年4月1日から弁護士の報酬規定が撤廃されることになり、「弁護士の報酬は、経済的利益、事案の難易、時間及び労力その他の事情に照らして適正かつ妥当」であるべきといった抽象的な制限以外の規制はなくなった。報酬を自由化させることにより、需要を喚起できるかのごとき幻想を抱いた人もいたが、前述した通り、事件数は増えるどころか、減少し

たのである。弁護士費用を自由化させ、競争を激化させても弁護士業務への需要は喚起できなかった。

　司法改革で弁護士を激増させる際、「弁護士を増やして競争をさせれば弁護士費用は安くなる」といった誤った喧伝が行われたことがある。確かに、弁護士を激増させれば、一時的には、弁護士費用は安くなるかもしれない。しかし、いずれ弁護士費用は以前よりも高額化せざるを得ない。なぜなら、弁護士が事務所経営を行う経費の金額は、事件数が多くても少なくてもさほど変わらないからである。可能な限り弁護士費用を安くしても、事件数が急減して経費を捻出できなくなれば、いずれ弁護士費用の単価を上げざるを得なくなってくるはずである。実際、弁護士が過剰に供給されるアメリカでは、弁護士費用が高額であることが以前から社会問題となっており、弁護士を増やせば弁護士費用が高騰することは既に実証されている。

　ここでもっとも重要な事象は、法テラスの大々的な宣伝により法テラスの認知度が急激に増え、弁護士報酬の事実上のダンピングが行われたとしても事件数の増加等法曹需要を喚起できていない現実である。法テラスの弁護士報酬は、低額であり、かつ定額である。法テラスの弁護士報酬は、報酬基準によりほぼ金額が決まっているのである。法テラスを広く宣伝することにより、法曹需要を喚起できるかのごとく言われたこともあったが、前述した通り、全国の訴訟事件数は減少しており、法テラスの利用実績の増加が全体の訴訟事件数を押し上げることができていないのである。法テラスの認知度が高まることにより、弁護士の貧困化が急激に進んだだけであった。全国の訴訟事件数は減少し続けているのに、法テラスの業務実績だけは年々増加しているということはすなわち、訴訟事件全体に占める法テラス利用事案の割合が急激に増えているにすぎない。弁護士は、事件数が急激に減少した上に、その多くの部分を法テラスによる低額な弁護士報酬に頼らざるを得なくなっている。

　以前の弁護士会の報酬基準は、弁護士報酬の上限を画する効果を持っていた。しかし、弁護士報酬が自由化されたことで、弁護士費用の上限を画する「箍（たが）」も存在しなくなった。良心的な弁護士も多いが、良心的な弁

護士は、いずれ赤字経営で弁護士業から撤退することを余儀なくされる。「悪貨は良貨を駆逐する」のである。詰まるところ最後は、良心的な弁護士の方が弁護士業から撤退する。或いは、嫌でも弁護士費用を高額にせざるを得なくなってしまう。事務所経費を捻出できなくなるに至った場合に弁護士の報酬自由化が依頼者市民に必ずしも良い結果をもたらすとは限らない。

(vi) 他士業・他業種との関係

弁護士の本来的業務の活動領域の拡大どころか、他士業からの浸食に押され弁護士としての本来的業務でさえもが年々狭まっている。

例えば、2003年4月以降、簡易裁判所の訴訟代理権が司法書士にも認められるようになった。弁護士人口を急増させることが決まっていたのであるから、司法書士に代理権を認める必要性はなかったのにもかかわらず、司法書士の簡裁代理権が認められるようになったのである。その結果、過払返還請求訴訟が華やかなりし頃、全国各地の簡易裁判所の法廷の内外に司法書士が溢れかえっていた。未だに裁判所の傍聴席に司法書士が座り、依頼者にアドバイス等をしている姿をちらほら目にすることがある。

司法書士には簡易裁判所の代理権しか認められないことから、訴額140万円を超える地方裁判所の事件では代理人になることができない。そのため、地方裁判所における事件では、司法書士は、代理人として法廷にある柵の内側に入ることができず、依頼者と裁判所とのやりとりを見て傍聴席から依頼者に指示を飛ばすのである。家庭裁判所の調停の待合室でも他士業の人が依頼者にアドバイスをしている姿を目にすることがある。家庭裁判所の手続に他士業の介入は認められていない。そのため、他士業は、調停員のいる調停の行われている部屋には入ることはできない。よって、調停室には依頼者だけを行かせ、その後、相手方と交代して待合室に帰ってきた依頼者を捕まえて様子を尋ね、次に調停室に入る際のアドバイスをすると言った具合である。

弁護士法第72条は「弁護士又は弁護士法人でない者は、報酬を得る目的で訴訟事件、非訟事件及び審査請求」等「その他の法律事務を取り扱」うことができない」と規定している。違反すると「2年以下の懲役又は

300万円以下の罰金」（同法第77条）となる。他士業は法律に関係する職業ではあるが、弁護士としての訓練や教育を受けているわけではない。諸外国とは異なり、日本では法律専門職が細分化されており、弁護士が扱う法律業務は法律で弁護士のみに独占されているのである。医療の世界に置き換えると、医療に関係する業務が医師と看護師、検査技師等々に分かれているのと同じようなイメージを持っていただけるとわかりやすいと思う。弁護士業務を他士業の人が行うのは、看護師や検査技師が医師と同じ治療をされては患者が困るのと同じで、人権侵害に繋がりかねない危険性を有しているのである。

ところが、他士業の人数も何らの根拠なく激増させられているため、違法、或いは、違法に近い行為であるとわかっていても、弁護士しか認められない法律業務に浸食せざるを得ない現状がある。他士業に営業的能力に劣る弁護士は、弁護士の本来的業務を拡大するどころか、益々本来的業務を他士業等に浸食されているというのが現状なのである。

その他弁護士でなくても就任可能な成年後見人や管財人になれるよう税理士会や社労士会が裁判所に強烈なアピールをしている。成年後見支援信託という信託銀行を利用する形態が家庭裁判所により推し進められている。遺言作成や遺言執行が弁護士から信託銀行に取って代わられるようになったのは、かなり以前からのことである。

弁護士の本来的業務の拡大どころか市民の人権擁護のために守るべき法律業務独占さえも守れていない。情けないことに、弁護士としての本来的業務拡大云々を検討する前に依頼者市民の人権を守るために弁護士としての本来的業務をいかに保持するかといった問題解決の方が先決の課題となっているのである。

ところが、法曹養成制度検討会議では、弁護士の業務が侵され各士業に細分化された、司法制度における人権擁護システムが破綻に瀕していることは、ほとんど論じられていない。

(vii) 弁護士としての本来的業務拡大の方途

以上のとおり、弁護士としての本来的業務拡大は到底見込めない。しかし、弁護士としての本来的業務拡大のことのみを考えれば、唯一弁護士と

しての本来的業務拡大の方途がある。それは、訴訟外における法律行為及び訴訟において弁護士の関与を法律で強制することである。しかし、この方法は、あまりにもデメリットが大きすぎるため、到底採用することはできない。

例えば、契約書や婚姻届出或いは、協議離婚を作成するに際して弁護士の関与を法律で強制すれば、弁護士の需要を容易に創出することができる。市民は、どこかで家を借りようと賃貸借契約書を作成するにも弁護士に依頼せねばならず、或いは、結婚や離婚の時にも必ず弁護士に依頼しなければならないといった具合である。こうすれば、弁護士に対する需要を作り出すことはできるが、依頼者市民は、その都度弁護士費用を払わされ、社会生活を営む上での経済的、労力的及び時間的負担が大きすぎるデメリットがある。弁護士の関与を法律で強制するのは社会的及び時間的ロスが大きすぎるのである。

更には、弁護士強制主義は、弁護士自身をも著しく傷つける可能性がある。弁護士強制主義とは、訴訟には必ず訴訟代理人たる弁護士を就けなければならないという制度である。今の日本では、裁判に代理人を立てることなく、当事者本人が訴訟遂行する「本人訴訟」が認められており、裁判に弁護士を就けることが強制されない。訴訟代理人を就ける場合に、代理人が弁護士に限られる（前述した簡裁代理権を除く）だけである。

この弁護士強制主義を採用すると、弁護士に受任義務が発生し、弁護士が受任を拒否すればその弁護士は懲戒に曝される危険がある。弁護士強制主義を採った場合に弁護士が受任を拒否することは、すなわち憲法で保障された裁判を受ける権利を侵害することにつながるからである。

そのため弁護士は、いかなる無理な裁判でも引き受けざるを得なくなり、訴訟事件数は急増するが、良心に従い受任を拒否した弁護士は直ちに懲戒に掛けられることになる。懲戒に掛けられないためには、不当訴訟であっても弁護士が法的手続きを取らざるを得なくなり、言いがかり訴訟が頻発する。良心的な弁護士であってもその弁護士に言いがかり訴訟の無理筋の相談者を送り込めば簡単にその弁護士を懲戒に掛けることができるようになる。このような弁護士に対する懲戒権乱用の危険は無視しえない。

何よりも法律行為をする都度弁護士費用を払わされる一般市民の経済的ロスは計り知れない。弁護士が断れない結果激増する言いがかり訴訟に付き合わされる市民の肉体的・精神的・経済的ロスも甚大である。
　このように、弁護士業務の拡大を実現する唯一の方法である法律による弁護士の関与を強制する方途は、あまりにも社会的ロスが大きく、しかも、必然的に伴うデメリットがあまりにも深刻であることから、到底採り得ない。弁護士強制主義は、絶対に採用すべきでない制度である。
　結局、弁護士としての本来的業務拡大についての現実的な方途は存在しないと言わざるを得ないのである。

（2）弁護士の本来的業務以外の活動領域拡大について
　弁護士としての本来的業務拡大が見込めないことから、法曹有資格者の弁護士としての本来的業務以外の業務拡大について以下検討することとする。
　法曹養成検討会議における第1回の配付資料（資料8）として、法曹の養成に関するフォーラムにおける議論、ヒアリング結果等に基づき整理した資料（以下、「同資料」という）が配付されている。
　同資料には、法曹有資格者の活動として、①地方自治体における活動、②企業における活動、③海外展開業務における活動の3つが挙げられている。そこで、以下順次検討する。
　まずは、以下に法曹養成制度検討会議第1回に配付された同資料を引用する。

　〈地方自治体における法曹有志有資格者の活動について〉
　1　活動が期待できる分野
　(1)専門性の高い実務処理能力の活用
　・自治体等の公的機関において、争訟案件だけに限定せず、専門性の高い法的実務を担う法曹有資格者を採用することによる、より適正な公務の遂行
　(2)リスク管理／コンプライアンスの強化

・地方分権が進む中、行政に関わる案件のリスクが大きくなり、法曹有資格者が果たすべき役割が広がる可能性
(3)政策形成への関与
・独自条例の制定が活発化し、その検討段階から市民参加の機運が高まる中、市民対応における法的課題（法制執務上の説明、関係法令の解釈、制定する条例の適法性の検討）が増加
(4)自治体職員への研修
2　課題
(1)顧問弁護士との役割分担が不明瞭
・弁護士に対するマイナスイメージ（自治体業務に詳しくない等）、法曹有資格者の採用による効果を測定し難い点、顧問弁護士との役割分担が不明瞭
・法曹有資格者自身がより積極的に活動領域の拡大に取り組む必要
(2)活用分野の拡大
・争訟案件以外の分野における法曹有資格者の活用
(3)採用、処遇
・任期制の下においては、弁護士の安定的な確保のための仕組みが、事業の継続性の確保の観点からも必要
〈企業における法曹有資格者の活動について〉
1　活動が期待できる分野
(1)法的サービスに対する需要への対応
・経済界においても、今後、法的サービスに対する需要が高まると認識
(2)リスク管理／コンプライアンスの強化
・厳しい国際競争の中でのリスク管理等の観点から法務部門を強化する必要性
・法令遵守の強化を図るため、法曹有資格者が役割を果たす可能性
・法的な職業倫理を負っている弁護士が存在する価値
(3)企画への関与
・顧問弁護士と異なる役割（現場との密着性、プランニング等への関

与)
(4)社内での研修
・社内向け講習、勉強会等の実施、人材育成
2　課題
(1)法曹有資格者の能力・意欲・ニーズ
・法曹有資格者の能力が、企業のニーズ（ビジネスの総合的な流れに対する分析力、鋭敏なリスク感覚）に適合しているのかどうか
・法曹有資格者自身がより積極的に活動領域の拡大に取り組む必要
・中小企業等では、実業経験を重視して採用しているため、法務関係に限って弁護士を社内に置いておくニーズは乏しい
(2)教育、実務経験のための体制整備
・法科大学院における企業内弁護士の積極的な活用
・若手企業内弁護士に対するスキルアッププログラム等の整備
(3)採用、処遇
・未経験の有資格者について、新卒と評価するかどうか、採用条件、採用後の処遇
・弁護士資格自体への給与の支払困難・弁護士である社員の給与体系上の位置付け
・弁護士会の諸制度（弁護士会費、委員会活動等）との関係の整理
3　参考
企業内弁護士は、平成13年9月時点で64人であったのに対し、平成23年6月末日時点で588人に増加

〈海外展開業務における法曹有資格者の活動について〉
1　活動が期待できる分野
(1)グローバル化への対応
・政治、経済、文化等の幅広い分野におけるグローバル化の進展
・企業支援に関する政府と企業の仲介役、国際的なルール作りにおける新たなルールの提案等の役割
・日本企業の海外（アジア）進出支援のための業務として、中小企業

が求める基本的知識から全般的な法律業務を担う必要性
⑵顧客側に立ったきめ細かいサービス
・海外における日本語による法律サービスの提供、日本企業（特に中小企業）のニーズを的確に把握した上で、日本法と現地法を比較対照しながらのきめ細かいアドバイス
2　課題
⑴総合的戦略の欠如
・弁護士の海外展開に関する戦略の策定
・貿易交渉において、法律サービスを日本側の関心事項として必ずしも積極的に取り上げていない
⑵活動範囲の拡大
・日本の弁護士や法律事務所の海外展開は、日本経済の規模、日本企業の海外での活躍に比して、極めて限定的
・貿易・投資問題に関し、法曹関係者から政府への問題提起、政府による法曹関係者の活用も限定的。WTOの紛争案件の対応も欧米の法律事務所を使用
⑶経験・能力の不足
・弁護士の企業・政府関係者と同じ目線での活動
・貿易・投資関連協定に関する知見の共有による、貿易・投資問題に関する弁護士の対応能力の向上
・日本の政府系企業、ゼネコン、商社でのインハウスとしての登用
⑷体制整備
・企業支援のインフラ整備の一環として、法律事務所の海外展開に対する政府による支援
・法律事務所の態勢の強化と変革

（引用終わり）

　法曹養成制度検討会議の会議においても、また中間的取りまとめにおいても、これら①地方公務員における活動領域、②企業分野における活動領域、③海外展開における活動領域が中心的に論じられていることから、ま

ず、これら分野における活動領域拡大の途があるかを論ずる。
（ⅰ）地方公務員における法曹有資格者の活動領域拡大の途
　地方公務員における法曹有資格者の活動領域拡大は期待できない。そもそも需要と供給のミスマッチが存在するからである。地方公共団体における公務には、行政についての一般的で広い知識が必要で、通常数年毎の配置転換も必然的にある。どこかの部に長年配置される例もないわけではないが、一般的ではない。公務員はゼネラリストであることを求められているからである。ところが、法曹有資格者は法律実務家としての専門性を養う課程を経た者であって、地方公務員に求められるゼネラリストではない。前述の法曹養成制度検討会議第1回で配付された資料には「争訟案件だけに限定せず、専門性の高い法的実務を担う法曹有資格者を採用することによる、より適正な公務の遂行」と記載されているが、「争訟案件だけに限定せず」「より適正な公務の遂行」との記載部分と中間に記載された「専門性の高い法的実務を担う法曹有資格者を採用」との間に整合性はないのである。この点は、同資料にも課題として「弁護士に対するマイナスイメージ（自治体業務に詳しくない等）、法曹有資格者の採用による効果を測定し難い点」と上げられているが、法曹有資格者が自治体業務に詳しくないのは、法曹有資格者が法曹実務家（＝スペシャリスト）になるための教育しか受けておらず、自治体業務についての教育等を受けていないことから当たり前のことで、きわめて正しい認識である。
　同資料には「地方分権が進む中、行政に関わる案件のリスクが大きくなり、法曹有資格者が果たすべき役割が広がる可能性」が広がるかのごとき記載があるが、地方分権が進んだとしても自治体業務に詳しくない法曹有資格者が果たすべき役割がさほど拡大するとは思われない。
　同資料の「自治体職員への研修」のために法曹有資格者を地方自治体が雇用する必要が生ずるかのごとき記載に至っては、噴飯ものである。毎日、自治体職員の研修が行われるわけではなく、研修の必要に応じて外部から弁護士を講師として招く方がどれほど社会的ロスが少ないか知れない。研修のために法曹有資格者を雇用する必要があるとは到底思えない。字数が限られた中、「自治体職員への研修」といったまれにしか生じ得ない需要

を活動領域の一つに挙げるということは、地方自治体における法曹有資格者に対する需要がいかに少ないかということの証左である。

「争訟案件以外の分野における法曹有資格者の活用」との記載も不可解である。繰り返すが、法曹有資格者は、争訟案件を解決する法曹実務家としての養成を受けた人達なのである。争訟案件以外の分野に配置されて活用されるというのであれば、法学部等学部を出た後に２年ないし３年の法科大学院教育を受け、更に、司法研修所における司法修習といった長年に亘り法的実務家としての専門性を身につける課程を経る必要はないのである。逆に言えば、地方公務員になることを希望するのであれば、多額の学費や生活費を捻出して法科大学院に通い、貸与制に移行した司法修習に行く人は多くはないであろう。弁護士として争訟事件に取り組みたいと考えるからこそ、多額のお金と時間と労力等と言った資本を投下して法曹資格を取得しようとするのではないだろうか。「争訟案件以外の分野」における活用というのは法律実務家としての養成課程を否定されるにも等しい。

同資料には、「法曹有資格者自身がより積極的に活動領域の拡大に取り組む必要」とあるが、多額のお金と長期間に亘る時間と労力等を使い、法曹資格を取得した法曹有資格者が地方公共団体への就職を積極的に希望することは期待できない。法曹有資格者自身が地方公共団体における活動領域拡大に取り組む姿勢が見られないとしても、それは当然のことなのである。

法曹養成検討会議の第９回議事録では、宮脇淳委員が「地方自治体側の潜在的なニーズはやはり高いと感じさせていただきました。ただ、法曹有資格者とそれから地方自治体間の接点というのでしょうか、それが非常に限られている」と発言しているが、どのような事象をもって「地方自治体側の潜在的なニーズが高い」と感じられるのか摩訶不思議としか言いようがない。そもそも「潜在的ニーズ」と言っている段階で、法曹有資格者に対するニーズが存在しないことを吐露しているに等しい。真に地方自治体における法曹有資格者に対するニーズが存在するのならば、司法改革が実現してから13年近く経っているのであるから、関係機関が連携して懸命に模索せずとも地方自治体に法曹有資格者が溢れかえっているはずである。

ところが、地方自治体による法曹有資格者の採用は遅々として進んでいないのが現状である。

(ⅱ) 地方公共団体における法曹有資格者の活動領域拡大の限界

仮に、法曹有資格者が地方公共団体に活路を見いだそうと就職を希望したとしても地方自治体の数は全国で約1700程度しかない。従って、毎年全ての地方自治体が法曹有資格者を1人ずつ採用したとしてもせいぜい1700人しか採用できないのである。この点は、法曹養成制度検討会議第1回議事録に清原慶子委員（以下、「清原委員」という）が指摘している通りである。

更に言えば、長きに亘る社会的不況と阪神大震災や東日本大震災等の影響で、地方自治体はどこも経済的に疲弊している。地方自治体は、公務員の定数削減と人件費等経費削減に毎年あえいでおり、全国の自治体が毎年数人単位で法曹有資格者を雇用し続ける財源はない。法曹有資格者であっても他の公務員採用と同じ条件であれば、地方自治体も法曹有資格者を雇用することができるかもしれないが、しかし、他の公務員採用と同じ条件ということであれば、それは法曹有資格者に対する需要がないというに等しい。なお、定員削減と財源の問題は、第9回の法曹養成制度検討会議で清原委員が指摘している。

任期付き採用という場合、採用された法曹有資格者の地位は、きわめて不安定で、任期が終了した後に再び就職等の問題が発生し、過剰供給された法曹有資格者の雇用促進という意味では抜本的な解決にはならない。

(ⅲ) 任期付き公務員の数の推移

実際、2008年現在の任期付き公務員数は、81名と思ったほど増えていない。なお、任期付き公務員の数だけを取り出してみると急増しているように思えるが、2ケタ違うので弁護士数の推移と比較すると「誤差」の範囲内である。2003年から2008年にかけて弁護士の数は2万224人から2万6930人へと6000人も増えているのと比較すれば、本当に微々たる増加にすぎない。任期付公務員の数が50名から100名近くに増えても「焼け石に水」なのである。

何より前述した通り、任期付き公務員の最大の課題は、最長5年の任期

付きであること、すなわち地位が不安定であることである。一旦採用されたとしても5年で路頭に迷うのであるから、ほとんど意味がない。

(ⅳ) 弁護士任官について

法曹養成制度検討会議ではほとんど議論されていないが、弁護士任官の数の推移は図表2-3のとおりで、弁護士任官もほとんど増えていない。

なお、非常勤任官者数は、2年任期の途中で通常任官等による退官者等がいることから実働者は上記数字より減っているとのことである。

弁護士任官は、希望してもなかなか採用されないと言われている。成績至上主義の最高裁判所が定員及び予算削減の嵐の中、弁護士任官を容易に認めるはずはないので、一面真理であろう。

日弁連の2000年11月1日の「法曹人口、法曹養成制度並びに審議会への要望に関する決議」の提案理由には、「法曹一元制の基盤としての法曹人口」とあるが、年間司法試験合格者数を3000人に激増させるのは、法曹一元を実現するためであるかのごとき言われ方をしたこともあった。しかし、実際には、法曹一元とはほど遠く、むしろ法曹一元の実現からかけ離れただけであった。ちなみに、2000年11月1日の日弁連のいわゆる「3000人」決議が行われた際にも司法試験合格者数を増加させれば法曹一元に近づくと考えていた弁護士はほとんど存在しなかった。500人時代であったからこそ、弁護士から裁判官になることが最高裁判所により許容され得るとしても、1000人あるいは1500人ましてや2000人の中から弁護士任官者が増えるなどというのは非現実的であったからである。法曹一元

図表2-3 常勤任官者数と非常勤任官者数

〈常勤任官者数〉累計94名（2009年現在）

任官年度	関東	近畿	中部	中国	九州	東北	北海道	四国	合計
1992	2	4	0	0	0	0	0	0	6
1998	2	0	0	0	0	0	0	0	2
2004	5	1	0	1	1	0	0	0	8
2009	5	1	0	0	0	0	0	0	6

〈非常勤任官者数〉

2004年1月	2004年10月	2005年10月	2006年10月	2007年10月	2008年10月	2009年10月	累計
30	28	32	58	17	50	22	237

の基盤としての司法試験合格者増とは、子供騙しにしてもレベルが低すぎる。私は当時、ありとあらゆる司法改革の会議に参加して司法改革推進論者と議論したが、さすがに法曹一元を実現するための司法試験合格者の増加という人はいなかった。いくら日弁連の3000人決議に書かれてあったとしても、当時それを間に受けて騙されるほどの弁護士は、ほとんどいなかったと記憶している。

　いずれにしても司法試験合格者が激増したのにもかかわらず、修習生からの任官採用者数は増えていない。例えば、2005年には、判事補が124人にまで増えたのにその後は100人前後で推移し、2012年には92人（現新合算）に減り、検事も2007年には113人（現新合算）にまで増えたのに2008年は93人（同）、2009年が78人（同）、2010年以降は70人程度に減る等微減傾向が認められるくらいである。実際、弁護士任官の数もほとんど増えていないことからして、弁護士任官需要はないと結論づけることができる。

（v）企業における法曹有資格者の活動領域について

ア）企業内弁護士の需要

　先に引用した法曹養成制度検討会議の配布資料には、「1　活動が期待できる分野」として「経済界においても、今後、法的サービスに対する需要が高まると認識」できるかのごとく記載されている。

　第9回議事録を見ると、「企業法務のニーズは引き続き存在する」との翁百合委員からの発言が見られる。

　そこで、企業内弁護士の需要はあるかが問題となる。

　確かに、2001年9月段階で66人であった企業内弁護士の人数は、2012年6月で771人に増加している。しかし、771人との人数は累計人数であり、しかも、大した増加ではない。弁護士数が1万8243人（2001年3月31日現在）から3万2088人（2012年3月31日現在）と1万3845人増加したことから比較すると、700人程度の企業内弁護士の増加といっても誤差の範囲内に収まる程度の人数の増加にすぎないのである。

　なお、日弁連が企業に対してアンケートを実施しており、その結果が公表されている。それによると企業の96％が企業内弁護士を雇っていな

いというのであるから、ほとんどの企業で企業内弁護士を雇っていないに等しい。今後の展望としても、企業内弁護士を募集している企業が全体の1％で、企業内弁護士の採用予定があると回答した2％を合わせても3％にすぎず、企業内弁護士の需要がほとんど存在しないことが実証されている。

日弁連が行ったアンケートでは、弁護士採用に消極的理由についても聞かれている。

　　弁護士採用に消極的理由（2006年11月現在）
　　　①顧問弁護士で対応十分　　　　　　　961社
　　　②報酬問題　　　　　　　　　　　　　162社
　　　③現在の法務部等で不自由しない　　　156社
　　　④やってもらう仕事がない　　　　　　 86社
　　　⑤採用時期が合わない　　　　　　　　　2社
　　　⑥その他　　　　　　　　　　　　　　109社

①顧問弁護士で対応十分、③現在の法務部等で不自由しない、④やってもらう仕事がない等の理由が大半を占め、企業内弁護士の需要がいかに存在しないかがよくわかる。⑤採用時期が合わないといった、法曹有資格者が融通を効かせればいくらでも対応可能で些末な理由を挙げている企業側の内心を推し量れば、いかに企業が企業内弁護士を雇いたくないかがにじみ出ている回答と言えよう。

ここで、②企業内弁護士の報酬問題を採用しない理由としてあげている企業が162社いるが、この点についてのアンケート結果は以下の通りである。

　　報酬問題を挙げた企業に対するアンケート（2006年11月現在）
　　　①企業所定の給与体系（他の従業員と同程度）なら採用可能　19％
　　　②企業所定の給与に資格手当支給なら採用可能　　　　　　　39％
　　　③企業所定の給与体系（昇級・昇進で差）なら採用可能　　　13％

④特別の給与体系（年俸制）なら採用可能　　　　　　　16％
　　⑤弁護士資格を有する従業員用の給与体系設定なら採用可能　5％
　　⑥その他　　　　　　　　　　　　　　　　　　　　　　8％

　①企業所定の給与、すなわち「他の従業員と同程度の給与体系なら雇用する」ということであれば、前述した通り法曹資格を有すると否とにかかわらず、企業にとって有用な人がいれば社員として雇用するという一般論に帰着し、法曹有資格者に対する需要がないというに等しい。その他、②企業所定の給与に資格手当支給なら採用可能が39％に上る。これは、他の社員の給与に多少の手当を上乗せするくらいなら雇ってもよいというに過ぎない。また、③企業所定の給与体系（昇給・昇進で差）なら採用可能が13％に上るが、これは雇用時には他の従業員と同程度の給与額で、雇用後の本人の努力結果（成果）によっては、給与額の増額も考えるということに過ぎず、企業内弁護士に対するニーズがいかに薄いかがわかるアンケートである。

　次に、実際に法曹有資格者を雇用した企業に対するアンケート結果が以下である。

　　採用した場合の弁護士待遇（2006年11月現在）アンケート
　　①企業所定の給与体系（他の従業員と同程度）　　　　　15％
　　②企業所定の給与体系に資格手当を支給　　　　　　　　12％
　　③企業所定の給与体系（昇級・昇進で差）　　　　　　　14％
　　④特別の給与体系（年俸制）　　　　　　　　　　　　　38％
　　⑥弁護士資格を有する従業員の特別給与体系設定　　　　8％
　　⑦その他　　　　　　　　　　　　　　　　　　　　　13％

　①企業所定の給与と同程度というのが15％もあるが、その他、④特別の給与体系（年俸制）が38％も占める。年俸制というのは1年契約で雇用されることを意味する。1年で契約を打ち切られることもありうるのであり、年俸制は地位が不安定である。また、年俸制の金額が問題なのであ

る。年俸制と言っても結局は他の従業員よりも金額が低いということもあり得るからである。

このように企業アンケートの結果からして、今後、法曹有資格者の企業内弁護士としての需要が期待できるとは到底思えない。何よりも、法曹有資格者を必要とする企業は、既に法曹有資格者を採用している可能性がある。

弁護士としての就職先がない以上、今後、企業内弁護士が増加することは必至である。しかし、上記企業アンケート結果を見ると、企業内弁護士の増加が企業側からの需要（＝社会的ニーズ）に基づく増加ではないであろうことは想像に難くない。

法曹有資格者に対する企業からのニーズがないことは、法曹養成制度検討会議の前記配布資料に「法曹有資格者自身がより積極的に活動領域の拡大に取り組む必要」との記載にも表れている。

イ）企業が企業内弁護士を採用する理由

需要は少ないが企業が企業内弁護士を採用する理由としていくつかのパターンに分類することができる。例えば、①訴訟案件を多く抱えており、その都度顧問弁護士に依頼したのではコストがかかりすぎる場合、②M＆A、金融関係や行政法・特別法等特殊な知識が必要不可欠である場合、③法務部門が社内の法律事務所を形成するほど巨大化しているような場合、④法務部門の即戦力として採用される場合、⑤もともと在籍していた社員が法曹資格を取った場合等である。

①のように社内弁護士を雇用した方がコストパフォーマンスとして合理性がある場合といった企業は、そもそも企業の業務内容の在り方に疑念を生ずるが、いずれにしてもこのような企業は多くない。②や③のような場合には企業内弁護士の需要があることはあるかもしれないが、このような企業は非常に大規模な企業に限られ、企業数としては決して多いとは言えないであろう。需要をはるかに超えた法曹有資格者の出現により④⑤が増加することは見込まれるが、このような場合には必ずしも法曹資格が必要不可欠ということはない。これまでにも法曹資格を有しない有能な社員が法務部門で活躍していた実績は周知の事実である。すなわち、①②③の場

合には訴訟業務を担当するので法曹資格が必要不可欠であるが、④⑤の場合は、法曹といった専門性の高いスペシャリストとしての資質よりも、網羅的で一般的なゼネラリストとしての資質を求められることから、法曹資格が必要不可欠とは言えないのである。

ウ）法曹有資格者であることの意義

前述したとおり、企業内弁護士が訴訟業務を担当しない場合において法曹資格がなければできない業務はきわめて少ない。もちろん企業人が法曹資格を取得して得るものがないとは言わない。例えば、法曹有資格者が社内で業務に携わることにより、法曹有資格者が法的紛争の有無等を予測しながら、より早い段階でコンプライアンスに沿った業務運営に軌道修正すること等が可能となる。また、法曹有資格者であるが故に構築できる人脈を活かすこともできる。さらには、企業人であれば、疎くなりがちな刑事手続きにも精通することができ、刑事手続きについての教示やより早い段階で顧問弁護士につなぐ等ができるといったメリットがある。

エ）顧問弁護士との役割分担

企業内弁護士を雇うことにより顧問弁護士が不要となるのではないかという懸念があるが、必ずしもそうではない。もちろん、前述した①訴訟案件を多く抱えており、その都度顧問弁護士に依頼したのではコストがかかりすぎることから企業内弁護士を雇うといった場合には、顧問弁護士が顧問契約を解除されることになる。しかし、その他の場合は、企業内弁護士が雇われたからといって必ずしも顧問弁護士との顧問契約が解除されるわけではない。企業内弁護士と顧問弁護士との間での役割分担が可能だからである。企業内弁護士の役割は、問題の所在や確認すべきポイントを早期に見極め、情報を整理し、顧問弁護士からの回答を咀嚼する等特殊な法律の世界と通常世界との通訳としての役割である。そのため、企業内弁護士の仕事と顧問弁護士としての仕事は両立しうるのである。企業内弁護士は企業内にある法律問題を掘り起こし、顧問弁護士からのアドバイスを現場目線で捉え直す役割を担っているのである。

オ）企業内弁護士の現状

企業内弁護士の有用性ばかりが強調され、何らの疑問も呈されることな

く、企業内弁護士が増えることが絶対的な善であることが所与の前提として進められている。しかし、企業内弁護士のニーズ調査結果等を全く踏まえずに、また、企業内弁護士の問題点や課題等が議論されることなく、とにかく先に司法試験合格者の増員ばかりが先行し、弁護士としての就職先がないことから、じわじわと企業内弁護士が増えているというのが現状である。

　他方、現場では、企業や法曹有資格者に先行する他社事例等情報が共有化されていないため、お互いに戸惑いと困惑が広がっている。

　法曹有資格者の側では、企業や団体に入った後に具体的にどのような業務を行うかといったイメージがわきにくい。そのため事前準備のしようもない。企業・団体の方は、法曹有資格者の処遇等に関する情報が欠落していることから、法曹有資格者の活用方法がわからない。法曹有資格者の人材育成の方法や教育方法がわからない。法曹資格による付加価値がわからないといった具合である。

　その結果、法曹有資格者からすれば、実際に企業内弁護士として就職したが、就職前に抱いていた仕事のイメージと現実が異なり、早期離職を余儀なく選択する人が増えている。企業側からも法曹有資格者を雇用し続けることのコストを負担として感じ始めており、採用意欲の減退につながっている。

　このままの状態で法曹有資格者が増えることは社会にとって決して良い結果を生まない。早急に現場に即した企業・団体の個別具体的なニーズの把握に努め、法曹有資格者には、企業内弁護士に期待される役割や現場での仕事内容等実情を周知徹底させるよう相互対話を深め適正な需要の把握に努めるべきである。

カ）企業内弁護士の抱える課題と問題点

　企業内弁護士の問題は、地位の不安定さや現場でのミスマッチだけではない。もっと本質的で深刻な問題がある。

　まずは、企業内弁護士の自主独立性の問題である。企業内弁護士のコンプライアンスに果たす役割は大きい。しかし、今後、益々法曹有資格者の就職先がなくなり、企業内弁護士以外に生活の糧を得ることができなく

なった場合、失職のリスクを負ってまで企業のコンプライアンスのためにどこまで意見することができるかはきわめて疑問である。顧問弁護士は、月々の顧問料をもらうだけで、顧問料以外の収入もある。企業内弁護士のように失職すれば、ただちに給料としての生活の糧を全て失うのとはわけが違う。顧問弁護士であればこそ、企業のコンプライアンス保持のために顧問契約解除のリスクを取ってでも、企業にとって耳の痛い意見も可能なのである。

　次に、企業内弁護士は、委員会活動等公益活動に限界がある。もちろん委員会活動や当番弁護士等といった活動を制限されない企業も存在する。しかし、企業内弁護士が勤務時間内に企業の業務以外の活動を制限されることも多く、通常当番弁護士や被疑者国選・被告人国選といった刑事弁護の活動は認められない。

　我々弁護士会は、人権擁護のためにきわめて重要な公益的役割を担っている。そして我々弁護士は、少数者の人権擁護のために、時として公権力と対峙することもある。そこで弁護士会は、監督官庁を持たず、自主的に運営されるようになっている。それが弁護士自治である。弁護士の懲戒権も弁護士会のみが保持している。監督官庁を持たない民間団体は唯一弁護士会だけであろう。健全な民主主義社会においては、様々な価値観を持つ様々な団体が自由な意見を言うことが最後まで担保されていなければならない。自治権をもつ弁護士が様々な意見を発信し活動することで、社会の人権擁護システムのバランスが取れているのである。あらゆる民間団体が監督官庁を持ち、官庁に逆らうことができず、権力抑制システムが社会に全く存在しなくなったら、権力が暴走した時に健全な民主的社会を保つことは極めて困難であろう。弁護士会の自治権は、人権の最後の砦としての役割に直結する。弁護士が自治を持つことは、弁護士が少数者の人権擁護機能を果たすためには必要不可欠の制度と言ってもいい。

　そのため、我々弁護士会が行う委員会活動や刑事弁護等公益的活動は我々弁護士の存在意義の中核を形成していると言っても過言ではない。

　あまり知られていないが、弁護士は、様々な委員会活動や公益的活動をボランティアで行っている。弁護士の存在意義は、訴訟業務等弁護士の営

業的活動にあるのではない。むしろこのような委員会活動や公益的活動にこそ我々弁護士の存在意義があるのである。委員会活動や刑事弁護等公益的活動に制限のある企業内弁護士ばかりが増加すれば、益々このような公益的活動が衰退しかねない危険がある。

委員会活動や公益的活動には非常に痛みを伴う。ボランティアであるというだけではなく、多大な労力や時間を費やすことになるからである。近年、弁護士人口が激増し、弁護士の貧困化が進んだことから、このような委員会活動や公益的活動を行う精神的・経済的余裕のない弁護士が増え、ただでさえ委員会活動や刑事弁護等公益的活動が著しく減退している。委員会活動や公益的活動を行い難い企業内弁護士が増えることは、益々弁護士間内における不満が増大しかねない。企業内弁護士は、少なくとも生活が保障されており、生活を保障されない完全在野の弁護士ばかりが公益的活動を支えることを余儀なくされるからである。

また、企業内弁護士が増えることは、弁護士自治を傷つけかねない危険もある。弁護士が完全在野であることの意義は、弁護士がどこにも気兼ねすることなく意見を発信し、活動できることにある。企業内弁護士が弁護士の過半数を占めるようになれば、企業にとって有利な方向に日弁連の会規を変更したり、意見を述べることが理論的には可能になる。

弁護士自治の観点からは、企業内弁護士が増え過ぎることはあまり望ましいこととは言えない。何よりも問題なのは、現状においては、企業内弁護士が増加し過ぎることの副作用と危険性があまりにも議論されなさすぎることにある。

(vi) 海外展開業務における弁護士ニーズ

法曹養成制度検討会議における中間的取りまとめ及び前記第1回配布資料には、海外展開における需要があるかのごとき記載がされているが、海外展開における法曹有資格者の需要もない。

前記資料には、「政治、経済、文化等の幅広い分野におけるグローバル化の進展」とあるが、具体的にグローバル化の進展としてどのようなイメージが抱かれているのかが全く不明である。日本のグローバル化は既に成熟しており、これ以上のグローバル化がさほど進展するとは思われない。

何より、少子高齢化で経済は衰退する一方で人口も減り続け、その大半を高齢者が構成するのである。今現在ない法曹有資格者に対するニーズを掘り起こすような方途は存在しない。存在するのであれば、この13年間に掘り起こされているであろう。

前記配布資料でも「日本の弁護士や法律事務所の海外展開は、日本経済の規模、日本企業の海外での活躍に比して、極めて限定的」で「貿易・投資問題に関し、法曹関係者から政府への問題提起、政府による法曹関係者の活用も限定的。WTOの紛争案件の対応も欧米の法律事務所を使用」し、我が国の法曹が利用されていないことが明示的に確認されている。前記配布資料に「企業支援のインフラ整備の一環として、法律事務所の海外展開に対する政府による支援」との記載に至っては意味不明である。そもそも法律事務所が海外展開する際、法曹有資格者に対する需要を喚起するために政府が支援するということは、一体全体どういうことなのであろうか。特定の一民間の企業（法律事務所）に法曹有資格者に対する需要を満たすために税金が使われるというのであろうか。特定の一民間企業の営業活動に国民の血税が使われるなどということは許されるはずがない。

また、前記配布資料に「日本の弁護士や法律事務所の海外展開は、日本経済の規模、日本企業の海外での活躍に比して、極めて限定的」で「法律事務所の態勢の強化と変革」が必要であるかのごとき書き方をしているが、真に海外展開における法曹需要があれば、どこから強制されずとも海外弁護士が法律事務所の態勢整備や強化を行っているはずである。海外展開における法曹有資格者の需要がないのにもかかわらず、何故、体制強化と変革を行わなければならないのであろうか。とにかく司法試験合格者を増員させることが先にありきとしか思われない。そして、需要がなくとも莫大な税金を使って司法試験合格者を増員させる理由としては、法科大学院制度存続のためとしか思われない。

国際公務員弁護士・国際司法支援弁護士のニーズも決して多くない。国際公務員とは、国連やその下部機関、専門機関、その他国際機関の職員の総称を言うそうである。国連やその下部機関とは、例えば、国連、国連開発計画（UNDP）、国連環境計画（UNEP）、国連難民高等弁務官事務所

(UNHCR)、国連児童基金（UNICEF）、国際労働機関（ILO）、世界知的所有権機関（WIPO）、世界貿易機関（WTO）、経済協力開発機構（OECD）、アジア開発銀行（ADB）、ハーグ国際司法会議、世界銀行、国際刑事裁判所（ICC）、国際通貨基金（IMF）等職員が挙げられる。しかし、これら国際公民弁護士・国際司法支援弁護士の実態を示すデータは、私が調査した限り存在しない。

国際司法支援とは、発展途上国の「法の支配」の充実のために法制度、法曹養成、立法などの分野で協力する活動で、法曹養成支援、人権活動への参加、国際機関・諸外国等が行う司法関連活動への参加等といった業務を指すようである。

日弁連が平成元年に国際司法支援活動弁護士名簿登録制度を創設して24年が経過するのに実態を示すデータが存在しないのは、数が多くないことである証左である。日弁連が調査の上、これら国際公務員弁護士や国際司法支援弁護士のデータを提示することはさほど困難な作業とは思われないからである。

また、数の多寡にかかわらず、これら国際公務員弁護士や国際司法支援弁護士は終身雇用として任用されることはなく、原則2年の試験的任用或いは、5年以下の期限付き任用であることが一般的であり、身分が安定しない。少ない任期に至っては、6か月ないし1年といった超短期の例もある。

(vii) 法科大学院における実務家教員

法科大学院における実務家教員は図2-4の通り1500人程度であるが、法科大学院入学者は激減しつつあり、学生の募集停止ないし消滅した法科大学院の数は6校に及ぶ。法科大学院の入学者数は激減する一方で、歯止めがかけられる見込みはない。2006年には法科大学入学者は、5784人だったのが、2013年には、2698人と学生数は2分の1以下に減った。いずれ法科大学院の実務家教員は解雇されることが予想され、従って、法科大学院の実務家教員としての需要は減ることはあれ、増すことはないと思われる。

その他、他士業への浸食やNPO法人への活動領域拡大といったことも

図2-4　法科大学院における実務家教員

〈専任（2009年現在）〉

74校中	専任教員総数	うち実務家教員数	うち弁護士教員数*
	1697人	566人	433人

*実務家教員には弁護士の他、裁判所、検察庁、官公庁、企業からの派遣や出身者がいる。実務家教員中、弁護士教員の占める割合は77％

〈非常勤（2009年現在）〉

74校中	専任教員総数	うち実務家教員数	うち弁護士教員数*
	1292人	1292人	1059人

*非常勤の実務家教員中、弁護士教員の占める割合は82％

考えられるが、他士業も人数が激増させられており、需要ないし必要性に裏付けられた活動領域の拡大とは言えない。

　以上、法曹有資格者の活動領域拡大の途はどこを探しても見当たらないのである。

　ニーズというのは、上から押し付けられるものではなく、下から自然発生的に湧き出てくるものである。司法制度改革審議会は、社会から派生する法曹有資格者に対するニーズが世の中に渦巻いているかのごとき書き方をしていたが、その化けの皮は既にはがれた。供給は需要を生み出さないのである。経済学で既に決着がついている通りである。

　理論通り供給が需要を生み出さないと見るや今度は、法曹有資格者のニーズを企業も地方自治体も法務省等といった行政も皆が努力して法曹有資格者のニーズを掘り起こしていかねばならないと関係機関に努力義務を課したのが法曹養成制度検討会議の中間的取りまとめである。法曹有資格者に対するニーズが存在しないのに、ニーズを人為的に作出する合理的な理由は存在しない。むしろ法曹有資格者に対するニーズがないのに活動領域を拡大すると、後述する通り弁護士による人権侵害や弁護士自治の崩壊等大きな反作用・副作用等を伴うことになる。大きな制度を決める場合、必然的に発生するメリットとデメリットとを把握して諸事情を勘案した上で双方を比較考慮したうえで冷静で緻密な判断が必要になる。法曹養成制度検討会議における議論や中間的取りまとめを見ていると「法曹有資格者の活動領域の拡大」において、そのような真面目で大局的な議論が行われ

ていたようには見えない。

　つまるところ、法曹有資格者の活動領域を拡大させる必要があるということを前提とした議論からスタートしており、その前提部分に疑問をさしはさむことは許されていないかのようである。議論が特定の方向に向かい、それに反する委員の意見は、ほとんど考慮されない。そして、その方向性の先には、法科大学院がある。「すべての道はローマに続く」ではなく「すべての道はロースクールに続く」なのである。

3　弁護士や法曹有資格者が社会の隅々に配置されるのは良いことか

　司法制度改革審議会の意見書及び法曹養成制度検討会議の中間的取りまとめは、いずれも弁護士ないしは法曹有資格者が社会の隅々に配置されることが社会的に望ましいかのごとき前提で書かれている。そこでは、法曹有資格者の活動領域拡大に努めることに弊害やデメリットは一顧だにされていない。

　そして、司法制度改革審議会意見書では、何らの留保をつけることなく、今後、弁護士に対する社会的需要が拡大するかのごとく記載され、法曹養成制度中間的とりまとめでは、法曹有資格者の活動領域を拡大するために関係機関や関係省庁までもが連携して努力する等法曹有資格者の活動領域拡大に努めるべきとされている。社会全体で法曹有資格者を支えるべきだと言っているのである。

　しかし、実際には、法曹有資格者の活動領域拡大には極めて大きな社会的弊害やデメリットが存在する。

（1）法曹有資格者に潜む危険

　まず大きな問題点としては、法曹有資格者はいつでも法曹、すなわち弁護士としての訴訟活動等業務を始めることができるということである。依頼者である市民が、誰が弁護士としての業務に優れているかを見分けることはほとんど不可能に近い。法曹有資格者を増大させ、さらに弁護士以外

の業務に進出する例が多くなると、弁護士としての修練や経験を積んでいない弁護士に依頼せざるを得ないリスクは高まる。

弁護士業務は職人仕事で、机上で学べることは少なく、現場で重責を負いながら、生の事件に接し、親方弁護士（「ボス弁」という）の下でボス弁の業務のやり方を見よう見まねでまねたり、怒られたりしながら、3年から5年で一人前になると言われている。弁護士としての力量を磨く現場に恵まれず、手探りで弁護士業務を行うのは、非常に難しいのである。

ボス弁の下で給与をもらいながら働くイソ弁（居候弁護士）時代の教育は重大な責任を負った現場での修行である。実務修習とは違い、そこでの失敗は許されない。実務修習では生の事件を見て起案等もするが、自分の弁護士費用をもらって、すなわち、自らの責任で業務を行うわけではない。司法修習生は、実務修習においてもあくまでも傍観者的立場でしか関与することはできない。イソ弁時代に依頼者からお金をもらい、自分の責任で依頼者市民の人生を背負いながら、業務を教えてもらうことは非常に重要な法曹養成の課程である。オンザジョブトレーニングは非常に重要なのである。

ところが司法改革後、イソ弁に至る前の司法修習時代の教育が不十分でお粗末なものになっている。詳しくは別の章に譲るが、司法試験合格者を大量に生み出し、そのため修習期間が2年から1年に減り、内容についても司法修習における教育は教育する側のマンパワー等の許容範囲を確実に超えていることから、司法修習の教育効果はほとんど機能していない。また、就職先がないことから、修習終了後にどこかの法律事務所に入り、イソ弁として数年間修行するというオンザジョブトレーニングも機能しにくくなってきている。仮に、法律事務所に就職しても事務所があわず、2、3か月程度で辞める事例も多く生ずるようになった。

司法修習を修了してから企業内弁護士や地方自治体等に入り、法曹資格を取得してから以後のいわゆるイソ弁としての本来的業務の修行をすることなしに独立開業をした場合には、さらに困ることになる。企業法務や地方自治体での行政業務或いは海外分野での仕事と国内の弁護士としての仕事には関連性がなく、司法研修所を出た時よりも日時が経過した分、知識

が薄れ感覚がなまっていることから、弁護士になった場合は「ゼロからのスタート」ではなく「マイナスからのスタート」を余儀なくされるからである。

そのため、弁護士の質の均質性とレベル保持に重大な問題が生じかねない。弁護士選別のリスクは、全て市民の自己責任に被せられる。

(2) 弁護士としての公益活動の在り方の変容

企業内弁護士のところで既に述べたが、企業内弁護士だけでなく、地方自治体、国際機関、任官（裁判官）等々他の職業に就くと、弁護士としての委員会活動や当番弁護士・被疑者国選・被告人国選その他の公益的活動が制限される。公務員の場合、公務専念義務があり、給与が税金で賄われているのだから、当然の義務である。

しかし、弁護士には人権、特に少数者の人権を擁護し、社会正義を実現する義務がある。そして、その人権擁護・社会正義実現を全うするために自治が認められ公益活動を行っている。弁護士の委員会活動や公益的活動は、人権擁護社会正義実現のために必要不可欠な弁護士の社会的存立基盤を形成する。職業の価値は、営利的活動ではなく、非営利活動の有無・内容によって決まる。弁護士の社会的地位が高いとすれば、それは、これまでの弁護士が幅広い非営利活動（公益活動）で多大なる功績を残してきたからである。弁護士としての本来的業務も大事ではあるが、委員会活動や公益的活動等非営利活動はもっと重要なのである。政治的・経済的・社会的強者であるマジョリティの意見は、政治や立法に反映されやすいが、政治的・経済的・社会的弱者の声は反映され難い。政治的・経済的・社会的弱者の声を代弁する使命を負っているのは弁護士である。委員会活動や公益的活動は、このような弁護士の社会的使命を実現する上できわめて重要な活動なのである。

弁護士以外の分野に活動領域を広げた法曹有資格者や完全在野弁護士がこれら委員会活動やその他公益的活動を負担しにくい以上、いくら法曹有資格者が増えたとしても弁護士としての公益的活動の衰退はどうしても避けられない。企業内弁護士等他の職業についている法曹有資格者は、少な

くとも生活に困ることはない。しかし、完全在野弁護士の中には赤字経営に苦しむものも出現している今日にあって、経済的に恵まれているが委員会等公益的活動を行わない弁護士が増え、益々格差社会が広がれば、弁護士の間に不公平感が広がり、軋轢を生むおそれがある。そうなれば、いずれ弁護士自治が失われかねない。

（3）弁護士の同質性の欠如

次の問題は、弁護士の同質性が失われるということである。

完全在野弁護士が大半を占めていた当時、多くの弁護士の置かれている状況が酷似していたことから弁護士間での共通認識や危機意識を抱きやすく、一丸となって権力等に立ち向かうことができていた。しかし、企業内弁護士や地方自治体、国家公務員等に法曹有資格者が進出し、一度として弁護士としての業務を行ったことのない人が弁護士としての問題意識や権力と闘う動機を強く持つことができるかというと、きわめて難しいと思う。例えば、当番弁護や国選弁護等を担当したことのない企業内弁護士には、「国選」「法テラス」の中身自体がわからない等共通言語自体が失われつつある。共謀罪やゲートキーパーといった問題では、日弁連が一丸となって闘い、政府を押しとどめ世の中の流れを変えた経緯がある。今や、共謀罪やゲートキーパーといった問題意識でさえ共有化するのはきわめて困難となりつつある。

われわれ弁護士は政治力がなく、そのため一丸となって意見し、闘うこと以外に有効な手段を持つわけではない。消費者問題・労働紛争、再審請求等々従前の弁護士が権力と闘うことにより道を切り開いてきた面は誰しも否定できないであろう。弁護士の同質性が失われたとき、少数者の人権擁護・社会正義の機能を弁護士が十分果たすことができるかは悲観的にならざるを得ない。

（4）弁護士の活動領域の在り方の変容と弁護士自治との関係

一番深刻な問題は、行き場のなくなった法曹有資格者が世の中に溢れ、その結果として法曹有資格者の活動領域が拡大するようになった場合は、

弁護士自治の崩壊につながるということである。
　現在でも需要に裏打ちされない法曹有資格者が毎年激増している。弁護士としての就職先がなく、弁護士が独立したとしても多くの弁護士が赤字経営に苦しむようになれば、嫌でも他の職業につかざるを得なくなる。その結果、嫌でも法曹有資格者があらゆる職場に配置されることになる。司法改革推進論者は、このような社会を法曹有資格者の活動領域の拡大と肯定的に評価し、自らの功績を讃えるであろうか。
　しかし、人は、通常そう簡単に他の仕事先を見つけられるものではない。歳を重ねるにつれ、年々転職は難しくなる。社会的不景気が続けば、益々仕事などなくなるであろう。
　事務所経費が捻出できず、赤字経営が累積していく中、転職も見つけられないということになれば、不祥事とまでは言えなくとも倫理的に問題がある事例が増えることが予想される。実際、近年弁護士による業務上横領事案が、全国で頻発するようになった。弁護士による不祥事案件が急増すれば、いずれ弁護士の自治機能に対する疑問が呈されるようになり、弁護士自治が奪われることは必至である。
　事実、弁護士による委員会活動及び公益的活動は衰退しており、弁護士が急増したのにもかかわらず、公益的活動がきわめて少数の弁護士に偏っている。
　このまま需要を超えた法曹有資格者を供給し続ければ、法曹有資格者の活動領域の拡大をもたらさざるを得ないのであるが、それに伴い、弁護士会の内側及び外側の両面から弁護士自治が蝕まれていくことになる。
　弁護士自治が崩壊すれば、多数決支配に基づく公権力に対峙し、少数者の人権を擁護し、社会正義を実現するために意見し、行動する団体は、もはや我が国の社会には存在しなくなる。
　司法の崩壊は、我が国社会に取り返しのつかない傷跡を残すのである。
　司法改革では、「司法に国民の声を反映させること」が良いことであるかのごとく言われるが、司法とは、多数決支配で零れ落ちた少数者の人権を擁護するシステムである。司法が国民の声を反映させる立法や行政と同じ機能を持つようになれば、三権分立を構成する司法・立法・行政がすべ

て多数意思で運営されることになり、司法は少数者の人権擁護機能を果たせなくなってしまう。それは、すなわち、多様な声を社会に反映させる民主主義社会のシステム崩壊を意味する。弁護士自治は、多数決支配による不正義や人権侵害を事後的に救済するシステムの基盤であり、弁護士自治が失われることは民主主義社会の危機をもたらす。

4 法曹有資格者の活動領域を広げることのメリット・デメリット

　法曹有資格者の活動領域の拡大は、市民目線、弁護士目線、企業・地方自治体・海外展開先等就職した先の目線と様々に複合的な視点からメリットとデメリットを検討する必要がある。
　ところが、法曹養成制度検討会議の中間的取りまとめは、市民目線、弁護士目線、拡大先目線のいずれの視点も欠けている。
　繰り返すが、法曹有資格者に対する社会的需要がないことは明白である。今後も法曹有資格者に対する社会的需要が増大する要因は存在しない。法曹有資格者の活動領域拡大がもたらすリスク等は全く検討されることなく、それでもなお法曹有資格者の活動領域の拡大のために関係機関が努力する必要があるという中間的取りまとめには唖然とするほかはない。
　中間的取りまとめでは、ただただ、司法試験合格者数を急増することが「先にありき」なのである。では、何故そこまでして司法試験合格者数の激増を目指すのか、今となっては、法科大学院制度存続のためとしか私にはその理由が見当たらない。

2　法曹養成制度検討会議の中間的取りまとめについて

1　法曹養成制度検討会議の中間的取りまとめとその批判的検討

　中間的取りまとめの法曹有資格者の活動領域の在り方について記載された中間的取りまとめの内容とその評価について、私の意見は下記の通りで

ある。

　なお、中間的取りまとめの記載部分はゴシック体にした。下線が引かれてある部分は、当初の中間的取りまとめ案には記載がなかったのに、最終版中間的取りまとめに折り込まれた記載部分である。

　　　法曹有資格者の活動領域は、広がりつつあるものの、その広がりはいまだ限定的と言わざるを得ない状況にあることを踏まえ、更なる拡大を図るため、関係機関・団体が連携して、各分野における法曹有資格者のニーズを多角的に分析するとともに、課題や解決策をきめ細かく検討し、拡大に向けた取組を積極的に行う必要がある。

　この部分は、前述したとおり、「弁護士の活動領域」ではなく「法曹有資格者」となっている。すなわち、弁護士及び弁護士登録しない人を含めた広い意味での活動領域の拡大になっている。
　「法曹有資格者」の活動領域でさえ「広がりはいまだ限定的」として、法曹養成制度検討会議が法曹有資格者の活動領域がさほど広がっていないことを率直に認めていることは評価できる。
　しかし、法曹有資格者の活動領域拡大が必要となる根拠や活動領域拡大のための具体的方途は全く明らかにされていない。これらを明らかにせず、何故「関係機関・団体が連携して、各分野における法曹有資格者のニーズを多角的に分析するとともに、課題や解決策をきめ細かく検討し、拡大に向けた取組を積極的に行う必要」があるのであろうか。法科大学院存続のため、法科大学院入学者がこれ以上減らないよう関係期間や団体が活動領域拡大の努力に向けて関係機関・団体が協力し、連携すべきとの法科大学院中心主義に基づいた記載としか思われない。
　また、そもそも司法制度改革審議会意見書において法曹有資格者が質・量ともに不足しているとの認識があったからこそ、司法試験合格者数を増やしたはずで、本末転倒である。
　法曹有資格者の活動領域の拡大は、前述したとおり、リスクや社会的弊害を伴う。法曹養成制度検討会議では、その点の問題意識が欠落している。

企業内の法曹有資格者は、企業にとって、案件の始めから終わりまで一貫して関与させ、その専門性を機動的に活かすことが可能となるなど、社外弁護士とは異なる役割・有用性が認められる。企業における法曹有資格者の活動領域の更なる拡大に向けて、関係機関・団体が連携して、企業における法曹有資格者の役割・有用性の周知、法曹有資格者等の意識改革に向けた取組など積極的に行うことが重要である。

　この部分では、企業内弁護士の有用性だけが述べられており、企業内弁護士の急増に内在する問題点等については全く検討されておらず、一言も言及もされていない。
　法曹養成制度検討会議で、萩原敏孝委員（以下「萩原委員」という）が、法曹有資格者を採用したいという企業が10％程度と需要が少ないことについて発言しているが、これは無視されている。また、萩原委員及び和田吉弘委員が行った、「高い授業料と多くの時間をかけて企業内弁護士で働きたいと思う人は少ない」旨の発言も無視されている。
　後段部分は、前述したとおり、法科大学院中心主義に基づいた記載内容で、増大して行き場のなくなった司法試験合格者の対応を他の機関等も巻き込んで対応することを強要しており、傲慢な記載である。

　　　<u>国家公務員については、これまで法曹有資格者を採用してきたところ、新たな採用試験体系の中でも、司法試験合格者を対象とする総合職試験の院卒者試験（法務区分）を新設しており、今後とも、有為な人材について、行政への関心を高め、公務に取り込んでいくことが重要である。</u>

　この部分は、主語が存在せず、誰がどのような取り組みを行うのか等日本語としての意味が不明瞭である。なお、総合職試験の院卒者試験（法務区分）を新設して、これまで法曹有資格者を採用していると記載されているが、院卒者試験の人数は毎年30名程度前後であり、「焼け石に水」と

いった程度にも満たない。

　　　　地方分権改革や情報公開制度の浸透、住民の権利意識等の変化等に伴い、地方自治体において法曹有資格者を活用する必要性・有用性が認められることから、関係機関団体等が連携して、法曹有資格者の意識改革や能力向上のための取組、地方自治体における法曹有資格者の必要性・有用性の周知に向けた取組等を積極的に行うことが重要である。また、地方自治体を中心とした地域における福祉や教育等の様々な分野に着目した活動領域の開拓に積極的に取り組むことが重要である。

　地方自治体で法曹有資格者を活用する必要性・有用性のみについて触れられ、法曹有資格者が地方自治体で採用されることに伴う社会的なリスクやデメリット、或いは採用見込みが厳しい現実については何ら触れられていない。清原委員から「公務員の定数削減と人件費の削減」の要請等もあり、法曹有資格者の採用事例及び今後の採用見込みが乏しいことについて指摘されているのにこの点が無視されている。
　また、法曹有資格者の採用が何故好ましいかについては全く触れられておらず、法曹有資格者の採用拡大の方法についても抽象的な精神論に終始している。

　　　　法テラスの常勤弁護士の活動を通じ、福祉分野など弁護士の関与が必要な領域の開拓をなお一層図る必要がある。常勤弁護士の所要の態勢の確保が必要である。

　福祉分野に必ずしも法曹資格が必要なわけではない。
　仮に、福祉分野に弁護士の関与が望ましいとしても福祉分野等で採算をとれるわけではない。法テラスの常勤弁護士の給与は国民の血税によって賄われており、税金を投与することによる国民の負担が全く考慮されていない。定員削減・財政難の時代にあって、常勤弁護士の体制確保にも限界

があるとの視点が全く抜けている。実際、司法予算は司法改革以後であっても増えていない。

　そもそも福祉分野といった分野は行政問題である。法テラスの常勤弁護士の活動を通じて解決すべき問題ではない。行政の責任回避にすぎない。また、激増した法曹有資格者人口の解消という観点からしても、法テラス常勤弁護士の任期は、最大9年までで人が入れ替わるだけで抜本的解決にはならない。

　更に、法テラスによる法律扶助制度は、生活保護受給者を除いて弁護士報酬の償還が原則である。そのため、生活保護を受けていない貧困層にとっては法律扶助の弁護士費用の償還が法テラス利用の障害となっている。この点の解決なしに法テラスの常勤弁護士の態勢確保を論じてみても活動領域拡大には結び付かない。

　　　刑務所出所者等の社会復帰等に果たす弁護士の法的支援が必要かつ有用であるところ、これを充実・強化するなどの観点から、弁護士、弁護士会及び日本弁護士連合会並びに日本司法支援センター（法テラス）等との連携方策について検討する。

刑務所出所者等の社会復帰等において弁護士の法的支援が必要かつ有用である部分はあるかもしれない。しかし本来、これは行政問題であり、財政的手当てを行い、人事を配置する等々行政が組織的に対応すべき部分である。国が対応すべき部分を法曹有資格者の自助努力等に押し付けるのは筋違いである。

　　　日本の弁護士が個別のビジネスサポートや国際的な貿易・投資ルールの策定等において一定の役割を果たすことが期待されることから、関係機関・団体等の連携の下、日本の弁護士の海外展開を促進し、日本の弁護士が国際案件処理についての能力向上に努めつつ、海外展開業務を充実させる必要がある。

司法改革が始まって 10 年以上経つのに、法曹有資格者の海外展開が広がっていない現実は、法曹有資格者の海外展開の需要がないことを何よりも物語っている。一体全体どこで、或いは、いかなる場面において、日本の弁護士が個別のビジネスサポートや国際的な貿易・投資ルール策定等に一定の役割を果たすことが期待されているというのかを具体的に明示して頂きたい。大手の渉外事務所は我が国に多数存在するのであるから、仮にそのような需要が存在するというのであれば、既に渉外弁護士が進出しているはずである。実際には、そのような需要はどこにもない。需要のないところに、何故関係機関や団体等が連携して法曹有資格者の海外展開業務を充実させる必要があるとまで言う理由としては法科大学院を死守する目的以外には見当たらない。

　司法改革における弁護士数激増路線は自由競争を容認・助長する政策である。にもかかわらず、法科大学院制度を擁護するためには、自由競争ではなく徹底した保護主義に基づき法曹有資格者の海外展開における活動領域を拡大させるとの発想には矛盾がある。

法務省を始め関係機関・団体が連携して法曹有資格者の活動領域の拡大を図るための体制の整備について検討する必要がある。

　この部分は、当初の中間取りまとめ案には存在しなかったが、最終的な中間的取りまとめに挿入された部分である。責任の押し付け合いのような書きぶりであるが、そもそも法曹有資格者の活動領域拡大についてのニーズがないのにもかかわらず、法務省始め関係機関・団体が連携してどのような体制整備を行えば活動領域の拡大が見込めるのかについての具体的な方策が全く記載されておらず、精神論に終始しているに過ぎない。

　　司法制度改革審議会意見書では、「法の支配」を全国あまねく実現するため、弁護士の地域的偏在の是正が必要であるとともに、弁護士が、公的機関、企業、国際機関等社会の隅々に進出して多様な機能を発揮する必要があると指摘された。

これまで、社会の隅々に進出することを目指した法曹有資格者の新たな分野への活動もひろがりつつあるものの、いまだ限定的と言わざるを得ない状況にあることを踏まえ、法曹有資格者の活動領域の拡大の状況や法曹に対する需要の現状及びこれまでの取組の状況等を検討し、そこで明らかになった課題を整理しつつ、弁護士の地域的偏在の解消等そのニーズに即した活動領域の在り方や、弁護士を始めとする法曹有資格者の需要が見込まれる官公庁、企業、海外展開等への活動領域拡大のための方策について検討する必要がある。

　この文章も主語が不明で、日本語としての体をなしていない。誰が取組の状況等を検討し、そこで明らかになった課題を整理すべきなのかが分からない。
　また、そもそも何故法曹有資格者の活動領域拡大のために、社会的負担を強要されるのか等根本的理由がわからない。
　前述したとおり、司法制度改革審議会意見書では、「今後、国民生活の様々な場面における法曹需要は、量的に増大するとともに、質的にますます多様化、高度化することが予想され」、「法曹の役割の増大」には「枚挙に暇がない」。「これら諸要因への対応のために」「法曹人口の大幅な増加を図ることが喫緊の課題」として司法試験合格者を3000人に増やすとしたのである。
　すなわち、需要を満たすために供給を増やすとしたのであるが、実際には社会が多様化、複雑化しても弁護士に対する需要は増えないどころか減少し続けている。法曹有資格者に対する需要も認められない。司法制度改革審議会意見書作成当時から、弁護士に対する需要はもともと大して存在していなかったのである。
　今や司法制度改革審議会の欺瞞性は明らかとなった。
　ところが、法曹養成制度検討会議の中間的取りまとめは、司法制度改革審議会の意見書の検証には触れようともしない。司法改革が破たんしたことに対する反省など微塵も認められない。
　中間的取りまとめは、需要をはるかに超えた司法試験合格者を激増させ

てしまった結果、行き場のなくなった法曹有資格者の活用方法を急遽ひねり出そうとしているにすぎない。

　その上、中間的取りまとめにおいては、法曹有資格者の活動領域拡大のデメリットや社会的弊害等国民の負担が全く考慮されていない。法曹有資格者の活動領域を国民が望んでいるなどといった事実は存在せず、国民不在の議論である。

　　　これまでの取組を通じ、法曹有資格者の新しい分野における活動が広がりつつあり、各分野について法曹有資格者の必要性や活躍の可能性は概ね認められるが、その広がりはいまだ限定的と言わざるを得ない状況にあることから、更なる拡大を図るため、関係機関・団体が連携して、各分野における法曹有資格者のニーズを多角的に分析するとともに、課題や解決策をきめ細かく検討し、拡大に向けた取組を積極的に行う必要がある。

ほぼ同じ記載内容が繰り返されているに過ぎない。そのため記述した批判がほぼそのまま当てはまる。

　　　企業の分野では、企業における法曹有資格者の採用者数がここ数年急増している。企業において、企業法務の役割の重要性の拡大を背景として、法曹養成過程を通じて一定の専門的能力を有し、社内事情に精通する法曹有資格者を社内におくことにより、案件の始めから終わりまで一貫して関与させ、その専門性を機動的に活かすことが可能になるなど、社外弁護士と異なる法曹有資格者の役割・有用性が認められている結果であると考えられる。もっとも、法曹有資格者の有用性についての企業側の認識や、企業で勤務する意義についての法曹有資格者側の認識は、いずれも十分でないことから、今後、企業における法曹有資格者の活動領域の更なる拡大に向けて、関係機関・団体が連携しながら、企業における法曹有資格者の役割・有用性の周知や法曹有資格者等の意識改革などに向けた取組を積極

的に行うことが重要である。

　企業内弁護士が急増することの問題等は既述したので、割愛するが、そもそも企業の分野で法曹有資格者の採用者数が増えているのは、弁護士としての採用及び需要がないことが主な原因である。この点についての検討が欠落している。お金と時間をかけて法科大学院にまで行き、企業に就職して会社員になりたいと願う人は少ない。もともと会社員としての就職を望むのであれば、法科大学院に行かずに企業に就職した方が企業人としても出世等も早く、身分が安定する。学部卒業後に会社員になる方が何より法科大学院に通うための経済的負担や時間的負担を回避するというメリットがある。
「法曹有資格者の有用性についての企業側の認識や、企業で勤務する意義についての法曹有資格者側の認識は、いずれも十分でない」とはいかにも企業を見下した傲慢な表現である。企業の法曹有資格者に対するニーズがあれば、周知や意識改革に向けた取組を積極的に行わずとも自然と企業が法曹有資格者を採用するはずである。

　法曹有資格者を雇用する需要が認められないのに、企業における法曹有資格者の役割・有用性の周知や法曹有資格者の意識改革を行わせるというのは、押し付けもいいところであろう。

　また、この13年間における司法改革で需要を超えた法曹有資格者を生み出したのに、法曹有資格者の活動領域の拡大が広がっていない。その点の原因を分析せずに今後、いかなる方法により法曹有資格者の活動領域拡大の展望があるのかが全く分からない。

　この部分も精神論に終始しているとしか思えないのである。

　　　<u>国家公務員の分野では、これまで、国家公務員採用試験や任期付職員制度等により、法曹有資格者を採用してきた。また、平成24年度から実施されている新たな採用試験体系の中でも、司法試験合格者を対象とする総合職試験の院卒者試験（法務区分）を新設した。今後とも、有為な人材について、行政への関心を高め、公務に取り</u>

<u>込んでいくことが重要である。</u>

この部分は、重複記載であり、記述した批判が当てはまる。

　　地方自治体の分野では、少しずつ法曹有資格者の採用が増えてはいるものの、まだ多いとはいえない。地方分権改革に伴い、地域の実情に応じた独自の政策・条例の制定などにあたり法的な観点からの検討を行う政策法務の役割が重要となっていることや、情報公開制度の浸透・住民の権利意識の変化に伴い、自治体の業務において法的な対応が必要となる場面が増え、法曹有資格者が自治体内に存在することによって、業務の適正化・迅速化を図ることができることなど、地方自治体において法曹有資格者を活用する必要性・有用性は認められる。もっともその必要性・有用性についての理解は必ずしも浸透しておらず更なる拡大のためには、関係機関・団体が連携して、法曹有資格者の意識改革や能力向上のための取組、地方自治体における法曹有資格者の必要性・有用性の周知に向けた取組な<u>どのほか、複数の自治体が共同で法曹有資格者を採用する方法の検討や、地方自治体の理解を得て法科大学院生のエクスターンシップを積極的に実施するなど、法曹有資格者の採用を促進する方策を積極的に進めていくことが重要である。</u>また、例えば、学校教育を支援する部署、児童虐待対応などを行う部署においては、法曹有資格者を配置することによって適性かつ迅速な業務の遂行が特に期待できることから、地方自治体を中心とした地域における福祉や教育等の様々な分野に着目した活動領域の開拓に積極的に取り組むことが重要である。

　記述した批判がほぼ当てはまる。この部分に記載された活動領域には、法曹資格は必ずしも必要ではない。また、これら分野における法曹有資格者に対する社会的需要は認められない。
「学校教育を支援する部署、児童虐待対応などを行う部署において法曹有

資格者を配置する」とあるが、学校教育を支援する部署、児童虐待対応などを行う部署に法曹有資格者を配置するには財源的手当てが必要不可欠である。このような取組を行う財源は一体どこにあるというのであろうか。内部に法曹有資格者を抱え込み、法曹有資格者を生涯雇用し続けるよりは、必要なときに必要に応じて弁護士を有効活用する方が教育主体や国民の負担は少なく済み、社会的効率も良いであろう。中間的取りまとめは、法曹有資格者の活動領域拡大ばかりに目が奪われ、社会全体の負担や国民目線が欠如している。

　この部分も法曹有資格者に対するニーズがなくとも福祉や教育等様々な分野に法曹有資格者を採用することを強要することが目指されており、司法試験合格者数を減少させたくない、法科大学院を死守したいとの意向が透けて見える。

　　　福祉分野など法的ニーズがありながら、必ずしも一般の弁護士の手が届きにくい分野においては、法テラスの常勤弁護を活用することにより、弁護士の関与が必要な活動領域の開拓をなお一層進めることも有用である。また、常勤弁護士は、災害の被災者に対する法律相談実施など公益性の高いサービスを組織的かつ迅速に実施し得る存在である。これらの要請に応えるため、常勤弁護士の所要の態勢の確保が求められる。

　常勤弁護士を増やすべきとの問題は、既に記載されており、重複的記載である。被災者に対する法律相談実施の部分については重複記載ではないが、阪神大震災や東日本大震災規模の災害等は毎年起こるわけではない。災害の規模、時期、被害態様等は全く予想することができない。予想できない非常事態を基準として税金を使い法テラスの常勤弁護士の数を増やしておくことは、国民の理解が得難く、財源も確保し得ない。非現実的な内容である。

　　　再発防止に向けた総合対策（平成24年7月犯罪対策閣僚会議）で

も言及されているように、刑務所出所者等の円滑な社会復帰・自立
　　　更生には弁護士による法的支援が必要かつ有益であるところ、これ
　　　を充実・強化するなどの観点から、弁護士、弁護士会及び日本弁護
　　　士連合会並びに日本司法支援センター（法テラス）等との連携方策
　　　について検討する。

　この部分も重複的記載である。上記分野に必ずしも法曹資格が必要とされるわけではない。繰り返すが、そもそも「刑務所出所者等の円滑な社会復帰・自立更生には弁護士による法的支援が必要かつ有益」とのことであるが、これは本来的には行政の問題である。また、行政の財源確保の問題を解消すれば、かなり解決される問題である。弁護士や法曹有資格者を増やさなくても財源を確保しさえすれば、十分対応が可能である。活動領域の拡大としてあげるのに価しない。

　　　　日本経済のグローバル化の進む中日本企業の戦略的かつ円滑な海
　　　外展開とその維持発展に資するよう、日本の弁護士が個別のビジネ
　　　スサポートや国際的な貿易・投資ルールの策定等において一定の役
　　　割を果たすことが期待されることから、関係機関団体等の連携の下、
　　　日本の弁護士の海外展開を促進し日本の弁護士が国際案件処理につ
　　　いての能力向上に努めつつ、海外展開業務を充実させる必要がある。

　この部分も既に記載された内容とほぼ重なっており、重複的記載内容である。
　また、企業アンケート結果からして、ビジネスの素人である弁護士が個別のビジネスサポートや国際的な貿易・投資ルールの策定等について一定の役割を果たすことが期待されていないことは明白である。前述したとおり、このような需要があるのであれば、既に法曹有資格者が進出しているはずである。これほどまでに弁護士が就職難にあえぎ、法曹有資格者が世の中に溢れている現状においても法曹有資格者の海外展開業務の拡大が行われていない現状をどのように総括するのかについてまず論ずるべきであ

ろう。

　法曹有資格者による海外展開業務役割を充実させる方策などそう簡単に見つけられるものではないのである。法曹有資格者による海外展開業務の拡大が行われていない現状を直視していない。

　<u>法務省を始め関係機関・団体が連携して法曹有資格者の活動領域の拡大を図るための体制の整備について検討する必要がある。</u>

　この部分も重複記載である。

2　中間的取りまとめの批判的検討の概括

　中間的取りまとめ全体が、司法試験合格者数増員路線・法科大学院中心主義によって貫かれている。司法制度改革が背景とした自由競争・新自由主義路線とは矛盾した法科大学院保護主義で貫徹されている。

　また、中間的取りまとめの記載内容は、抽象的な精神論や上からの押し付け論的記載が目につく。その上、中間的取りまとめには、過去の需要予測等が間違っていたことを認める真摯さがない。

　更に、中間的取りまとめは、さほど長くない文書であるのに、洗脳的効果を狙うためか、重複記載が非常に多く、法曹養成制度の改善に取り組む誠実さが認められない。

3　**法科大学院協会のパブコメとその批判的検討**

　2013年5月7日、法科大学院協会が法曹養成制度検討会議・中間的取りまとめに対する意見を公表した。ここでは、法曹有資格者の活動領域の在り方の意見を以下にゴシック体で抜粋した上で検討する。

　〈法科大学院協会の意見書〉
　　「中間的取りまとめ」においては、法曹有資格者の活動領域の「更

なる拡大を図るため、関係機関・団体が連携して、各分野における法曹有資格者のニーズを多角的に分析するとともに、課題や解決策をきめ細かく検討し、拡大に向けた取組を積極的に行う必要がある。」と指摘されている。この基本的方針に全面的に賛成であり、法科大学院協会としても積極的に協力をしたい。その際、法曹有資格者の活動領域の拡大を図るためには、次の2つの点に注意が必要である。

　第一は、法曹有資格者が活動すべき領域を新たに作り出し、法曹有資格者に対する需要を喚起することであり、第二は、需要がある領域に、実際に法曹有資格者が参入していくことができるような制度的工夫を行い、需要と供給のマッチングを図ることである。

　第一の需要の喚起については、これまでも、経済関係団体が会員企業に対し法曹有資格者の役割・有用性の周知を行うなど、関係者が積み重ねてきた努力により、企業法務や公務などの分野においても法曹有資格者が果たすべき役割の重要性に関する認識が広がりつつある。法科大学院協会としても、今後さらに、法曹有資格者ないし法科大学院修了者の果たす役割・有用性が周知されるよう、関係機関と緊密に連携し、積極的に努力したい。（引用終わり）

　法科大学院協会は、法曹有資格者の活動領域拡大についての法曹養成制度検討会議の中間的取りまとめの姿勢をもろ手を挙げて称賛した上で、なりふり構わぬ協力を惜しまないといった体で中間的とりまとめを後押ししている。

　しかし、法科大学院協会は、「法科大学院教育の内容や方法、司法試験のあり方、法科大学院修了生の就職問題などについて、検討と提言を行っています」と鎌田薫理事長が会長の挨拶にも記載しているように、これまでにも法科大学院協会は司法修習生の就職問題解消のために法曹有資格者の活動領域拡大に取り組んできたのではないか。

　法科大学院協会だけではない。これまでの13年間で、法科大学院協会以外に日弁連、各法科大学院、企業等々が法曹有資格者の活動領域拡大のために涙ぐましい様々な努力を行ってきたのである。その結果、法曹養成

制度検討会議が「未だ限定的」と言わざるを得ない程度しか法曹有資格者の活動領域が拡大していないのが現実なのである。

　法科大学院協会は、「企業法務や公務などの分野においても法曹有資格者が果たすべき役割の重要性に関する認識が広がりつつある」というが、そうであるならば法曹有資格者の活動領域の拡大が未だ「限定的」に留まっているのは何故なのであろうか。法科大学院協会は現実をもう少し直視すべきである。長年に亘る関係機関の努力の結果、法曹有資格者の活動領域は広がっていないのが現実なのだ。

「わずか10年で」というが、13年の長期間が経過し、法曹有資格者の活動領域拡大の途がないことが実証されているのであるから、検証期間としてはもう十分であろう。しかも、これまで述べてきたとおり、様々なアンケートがとられ、統計数値等検証が行われてきたが、どの統計結果においても法曹有資格者の活動領域拡大の道筋はおろか、活動領域が縮小する要因しか認められないのである。

　その上、前述した通り法科大学院入学者は激減し、2013年の入学者総数は、一時の入学者数の半分以下の過去最低を記録した。法科大学院協会は、法曹有資格者の活動領域の拡大に向けて積極的努力を行う前に、法科大学院を経由して法曹を目指す人自体が激減していることについての原因究明と防止策の検討及び法科大学院教育の充実の方にまずは注力すべきなのではないか。法科大学院協会の本旨は法科大学院の教育の方にこそあるのだから。法科大学院入学希望者が毎年激減している以上、このままでは、黙っていても法科大学院制度は崩壊するであろう。法科大学院協会は、まずは、冷静な目で現実を直視し、自分の足元から見つめなおす必要があるはずである。

Ⅲ　法曹養成制度の在り方

　　　　　　　　　　立松　彰・森山文昭・白浜徹朗

1 法曹養成制度の理念と現状に対する批判的検討

立松　彰

1 はじめに

（1）法科大学院の経営危機

　法科大学院制度は司法試験合格者3000名を目標に「質・量ともに豊かな法曹」を養成するための「プロセスとしての法曹養成制度の中核」として創設された。

　2004年の開校から9年を経た現在、法的需要の増大がみられない中で弁護士人口のみが増大したことにより、弁護士の就職難や即独者等のOJT不足問題等が深刻化し、他方で法科大学院をとりまく状況は、志願者の大幅な減少とこれによる定員割れ、合格率の低下等により危機的状況にある。

　定員割れによる経営の困難化等から新入生の募集を停止した法科大学院は姫路独協大学、大宮法科大学院、神戸学院大学、明治学院大学、駿河台大学の5校にのぼり、2014年以降の募集を停止した東北学院大学は6校目となる。

（2）抜本的見直しに背を向けた「中間的取りまとめ」

　こうした現状から法科大学院制度はすでに破綻しているとも言われる状況にある。しかし、「中間的取りまとめ」は、こうした深刻な現状を直視することなく、ひたすら司法審意見書の「理念」に沿って法科大学院制度堅持の方針の下で、合格率を7～8割に向上させることを目標に、統廃合や定員削減をはじめとする組織見直しを促進させ、それにより法科大学院問題を「解決」しようとするのである。

　このように、「中間的取りまとめ」にとっては合格率の向上こそが主要

な政策課題となり、その具体的方策として、本稿が検討対象とする「法曹養成制度の理念と現状」の部分では、①統廃合と定員削減の促進（合格率が低いのは質の伴わない法科大学院が足を引っ張っているからだとの認識に基づく）、②法学未修者教育の充実（法科大学院教育の質の向上を図れば未修者の合格率も向上するはずであるとの認識に基づく）、③「法曹志願者が減少する要因を解消するために個々の論点における具体的な方策を講ずる必要がある」とし、司法修習修了者の就職状況、法曹養成課程における経済的支援、法科大学院教育の質の向上を論点として指摘する。

　しかし、ここで指摘する改善策からは、破綻に瀕している法科大学院制度、ひいては「プロセスとしての法曹養成制度」の抱える問題点の克服には程遠いばかりか、より問題が深刻化するおそれが強く、何ら法科大学院問題の「解決」にはならないものである。以下、取りまとめの項立てに従って検討する。

2　プロセスとしての法曹養成

「中間的取りまとめ」は「プロセスとしての法曹養成」に関し、次のように提言する。

- 法科大学院を中核とする「プロセス」としての法曹養成の考え方を放棄し、法科大学院修了を司法試験の受験資格とする制度を撤廃すれば、法科大学院教育の成果が生かされず、法曹志願者全体の質の低下を招くおそれがある。
- 「プロセス」としての法曹養成の理念を堅持した上で、制度をより実効的に機能させるため、教育全体が十分でない法科大学院の定員削減や統廃合などの組織見直しの促進とともに、法学未修者教育の充実など法科大学院教育の質の向上について必要な方策をとる必要がある。

（1）法科大学院至上主義の堅持

　法科大学院修了を司法試験の受験資格としていることに対する法曹志望

者の不満と批判は強く、このことは後述の法曹志望者の激減現象とその対極にある予備試験の人気（予備試験受験者の増加と新司法試験合格率が極めて高いこと）に典型的にあらわれている。

しかし、「中間的取りまとめ」は、こうした現実に背を向けるかのように司法審意見書以来の「法科大学院を中心とした『プロセス』としての法曹養成」の考え方、言わば法科大学院至上主義をあくまで堅持すべきとした。

そして、法科大学院修了を受験資格とする制度の撤廃を妥当ではないとし、その理由として、①「法科大学院教育は、相応の成果を上げているといえる」こと、②「法科大学院修了を司法試験の受験資格とする制度を撤廃すれば、法科大学院教育の成果が生かされず」、③「旧司法試験下の受験技術優先の傾向が再現されることにもなりかねず」、「法曹志望者全体の質の低下を招くおそれがある」ことを指摘する。

しかし、以下述べるように、この主張は根拠を欠くものである。

（2）「法科大学院教育の成果」とは

「中間的取りまとめ」は「法科大学院教育の成果」を強調し、「検討結果」の部分において、以下のように述べる。

「ソクラティックメソッド等による双方向性の議論を重視した授業が実践され、学生に物事の本質や判断の分岐点を考えながら学習を積ませるようになるなど、優れた教育がされている例も報告されている。また、司法試験の結果においても、法科大学院修了直後の受験者の合格率が最も高く、修了後年数が経過するにつれて合格率が低下する傾向が定着し、法科大学院の教育と司法試験との連携が相当程度図られているといえ、これらの点により、法科大学院教育は、相応の成果を上げているといえる」

しかし、ソクラティックメソッドは、基礎的な知識を十分に習得している者に対しては有効な手法であるが、基礎的な知識を取得していない者に行うことは学習効果がほとんどないと言われている。ことに成文法主義をとるわが国では、初学者に基本的な条文解釈をはじめ基礎的知識を習得させるには講義形式が有効であり、これにより基礎的知識を習取したことが

このソクラテスメソッドの前提であり、このことは、現に法科大学院の経験のある法学未修者の実感でもある。未修一年次にこの方式を行うことは効果が乏しく、時には有害ですらあると言われているのである。

また、「修了直後の合格率が最も高いこと」については、教育において一般的傾向としてそのように言えるとし、法科大学院教育に特有のものではないと思われる。さらに、これについても個人差があることは忘れてはならない。なお、この「理由」は受験回数制限の根拠にも使われているが、その不合理性については後述する。

(3)「受験技術優先の傾向」が再現されるか

法科大学院制度の導入に積極的であった論者等が旧司法試験を批判する際によく用いるのが受験予備校などによる「受験技術優先」教育の弊害である。受験予備校とは司法試験に合格するためだけの技術を教える場所にすぎず望ましくないというものであるが、その主張には感情論的な色彩が強く、受験予備校等で行われている教育を分析しその功罪なるものを実証しようとした例は、寡聞にして耳にしたことがない。司法審もそうであったし、この検討会議も、その前身の「フォーラム」も同様である。

もちろん、「中間的取りまとめ」は、「受験予備校」の名称は一言も出していないが、これを強く意識していることは間違いがない。「暗記中心の勉強」などという批判も同様である。受験予備校を批判し、あるいは大学以外の教育システムを「受験技術優先」と批判すれば自らを正当化できるというが如きステレオタイプの主張が、未だに繰り返されている。それは、「受験技術優先の傾向」とは何かについての説明もないことから明らかである。

しかし、旧司法試験でも、基本書を読み基礎的な理解と応用力を身につけなければ、受験技術だけでは合格できないのが実情であった。また、予備校といっても、その教育スタイルや講座も多様であり、受験生による利用の有無及び利用の仕方も多種多様であった。しかも、予備校とは別に大学によっては受験生のための課程や研究室をもっていたところもあり、合格者らを中心的指導者とする自主ゼミなども多種多様に存在していたので

ある。受験生は、自らの（あるいは家庭の）経済力や生活状況（職業の有無、内容）などを考慮して受験勉強に励んでいたのが実態である。そして、合格後の2年間の司法修習期間は、司法研修所と実務修習でじっくりと鍛えられた。その意味で、旧司法試験は受験生の多様性を認める開かれた制度であったのである。しかし、法科大学院制度は、そうした多様性をむしろ狭め、閉鎖的な制度にしたとも言えるのである。

　以上の点を顧みずに、「中間的取りまとめ」が、法科大学院修了を受験資格から撤廃すれば「受験技術優先の傾向が再現されることにもなりかねず、質の低下を招く」と根拠もなく断定するのは為にする議論と言わざるを得ない。

(4) 「改善策」について

「中間的取りまとめ」は、法科大学修了を受験資格とする制度を堅持するための「改善策」として、法科大学院の組織見直しとしての定員削減と統廃合及び法学未修者教育の充実など「法科大学院の教育の質の向上」を図ることを強調し、これにより「制度をより実効的に機能」させることが可能という。

　しかし、法曹志望者の減少の主要な原因は合格率の低さではないのであり、文科省の主導の下に統廃合や定員削減がすすめられることは、かえって法曹志望者の減少と多様性の喪失をより促進することになろう。なお、「法学未修者教育の充実」については、法学未修者を標準としたことに根本的な制度設計上の問題があり、「教育の質の向上」だけで改善することは困難である。

(5) 「法学未修者教育の充実」について

　未修組の司法試験合格率が低下している。2007年に既修者46.0%、未修者32.3%であったものが、2011年には既修者35.4%、未修者16.2%と差が広がり、2012年は既修者36.2%、未修者17.2%と若干持ち直したものの依然として低い合格率である。

図表 3-1-1　新司法試験の受験・合格状況（既修・未修別）の推移

	2006年(H18)	2007年(H19)	2008年(H20)	2009年(H21)	2010年(H22)	2011年(H23)	2012年(H24)
受験者数	2,091人	4,607人	6,261人	7,392人	8,163人	8,765人	8,302人
うち既修者	2,091人	2,641人	3,002人	3,274人	3,355人	3,337人	3,231人
うち未修者	－	1,966人	3,259人	4,118人	4,808人	5,428人	5,071人
合格者数	1,009人	1,851人	2,065人	2,043人	2,074人	2,063人	2,044人
うち既修者	1,009人	1,215人	1,331人	1,266人	1,242人	1,182人	1,171人
うち未修者	－	635人	734人	777人	832人	881人	873人
合格率	48.3%	40.2%	33.0%	27.6%	25.4%	23.5%	24.6%
うち既修者	48.3%	46.0%	44.3%	38.7%	37.0%	35.4%	36.2%
うち未修者		32.3%	22.5%	18.9%	17.3%	16.2%	17.2%

※ 2012年については予備試験組を除外している。ちなみに、予備試験組の合格者は58人なので、新司法試験の総合格者は2102人となる。

　標準修業年限で修了できる人も、未修者で減少している。平成16年入学で既修者92.6％、未修者76.3％であったものが、平成21年入学では既修者89.6％、未修者57.0％と、未修組が大きく減少している。

　このように未修者の合格率が低い要因として、まず、制度的要因として、法科大学院の入試で法律科目の試験を実施できないこと（そのため法律学への適合性が判定できない）、1年で既修者と同じレベルに到達しなければならないこと（現実には厳しい）、純粋未修者も3年で司法試験合格レベルに到達しなければならないことなどが指摘されている。

　教育面的要因としては、未修1年次の授業でも双方向・多方向で実施しなければならないこと（未修1年次におけるソクラティックメソッドは有効とはいえないことは前述した）、法律学に関する基礎的知識は学生が教科書を自分で読んで身につけるという考え方に立脚していること、司法試験を意識した教育をしてはならないとされていることが指摘されている。

　こうした実情を考慮すると、法学未修者を標準とする制度設計に根本的な無理がありその抜本的な見直しが急務であろう。それ抜きに「法学未修者教育の充実」を図ることは、教員側と学生側の双方に困難を強いることになり、双方にとって不幸なことである。

（6）「プロセスとしての法曹養成」の機能不全

　「中間的取りまとめ」は、「法科大学院教育の成果」を中心に論じているが、本来ここで問われるべきは、「法科大学院教育の成果」だけではなく、

広く「プロセスとしての法曹養成制度の成果」でなければならないはずである。

　法曹界において新人、若手弁護士の質の問題が話題になり議論もされるが、それは「法科大学院における教育」に限定して議論されるべきものではなく、プロセス全体としての法曹養成教育の成果の問題として問われるべきものである。そのような発想からみると、法曹としての質が問われる事例が増えているのは事実であるが、その原因は、弁護士の急激な増員と、他方で法曹志望者の減少により法律家に必要な水準の人材が層として足りなくなっていること、こうした人的構成状況にもかかわらず「プロセスとしての法曹養成」が機能不全となっていること（法曹養成制度全体の機能不全）並びに登録後のOJTの機会の喪失等の複合的な要因によるものである。

　機能不全の点については、法科大学院では実務的な教育はあまり行われておらず、また司法試験合格が目的であるにもかかわらず受験指導をしてはいけないとされていること、前期修習が廃止されたが法科大学院ではこれに代わることは行っておらず修習生は実務を知らずいきなり実務修習から開始し戸惑うこと、しかも司法修習がわずか1年と短いために実務的訓練を十分に受けることなく修習が終了してしまう等である。

　これを法科大学院教育の質の問題だけに矮小化したり（もちろん、法科大学院間の教育の質のばらつきは問題であるが）、あるいは受験生の努力不足だけに矮小化するのは誤りであり、法科大学院問題の「解決」にはならない。

（7）裁判所の新人弁護士への対応

　新人弁護士の質の問題に関しては、近時、裁判所主催の若手弁護士を対象とした研修会等が各弁護士会で開かれ話題になっている。同様の問題意識から、研修会ではないものの、ある弁護士会で行われた第一審強化協議会において、裁判所から弁護士会に対して次のようなテーマが出題されたという。

　「争点整理手続の適正迅速な遂行を実現すべく、①訴状、準備書面（答弁

書を含む）の記載内容の更なる充実を図るとともに、②準備書面の提出期限の尊守について更なる徹底を図って頂きたい。また、これらとの関係で○○弁護士会登録の若手弁護士に対する指導育成に関して、弁護士会における取組等についてお伺いしたい」

そして、以下のような出題理由が記載がされていたという。

「近時、法曹人口の増加に伴い、○○弁護士会に登録する弁護士数が増加している。特に、現行の法曹養成制度の下、修習期間の短縮等に伴って、新人弁護士に対しては、今まで以降に弁護士登録後、先輩弁護士等からの事件等を通じた適切な指導（OJT）を中心にスキルアップを図る必要があると考えられ、裁判所としても、個々の事件処理を通じて新人弁護士の訴訟活動等について支援、指導する必要があると考えている。

この点、新人弁護士あるいは登録5年未満の若手弁護士が作成する訴状、答弁書の中には、誤字脱字違算等の形式ミスが散見されるものや、請求の趣旨と理由が食い違っているもの、書証の証拠が適切に引用されていないものなど形式的にも実質的にも適正さを欠いていると思われるものも少なからず存在する」

裁判所が新人弁護士の資質に危機感を持っていることがよくわかる（もっとも、裁判所内も同様ではないかという意見もある）。もちろん、その主要な原因は、前述したように法科大学院生や司法修習生の努力では補いきれない制度的な欠陥にあると言うべきであり、この意味で「法科大学院を中核とするプロセスとしての法曹養成制度」の抜本的な見直しが急務なのである。

（8）予備試験の人気

①初年度2011年の予備試験の出願者数は8971人（受験者数は6477人）で、合格者は116人であった。この合格者のうち85名が2012年の新司法試験を受験し、うち58人が最終合格した。合格率は68.2％で、法科大学院別で合格率の最も高かった一橋大学法科大学院の57.0％（135人の受験生のうち77人）より高く、報道で大きく取り上げられた。
②2012年の予備試験の出願者数は9118人（受験者数7183人）で、合格

者は219人であった。この合格者が2013年の司法試験を受験しているが、その合格率が注目されている。
③ 2013年5月12日の新聞報道によると、平成25年の予備試験の出願者数は1万1255人となり、初めて1万人を超えた。「法科大学院離れ顕著」「衝撃広がる法科大学院」（千葉日報）などと大きく報道されている。

3 法曹志望者の減少、法曹の多様性の確保

「中間的取りまとめ」は、「法曹志願者の減少、法曹の多様性の確保」に関し、次のように提言する。

- 法曹志願者の減少は、司法試験の合格状況における法科大学院間のばらつきが大きく、全体としての司法試験合格率は高くなっておらず、また、司法修習終了後の就職状況が厳しい一方で、法科大学院において一定の時間的・経済的負担を要することから、法曹を志願して法科大学院に入学することにリスクがあるととらえられていることが原因である。また、このことは、多様なバックグラウンドを有する人材を多数法曹に確保することが困難となっている要因としても当てはまる。
- 上記要因を可能な限り解消して、法曹志願者の増加や多様性の確保を図るため、法曹としての質の維持に留意しつつ、個々の論点における具体的な方策を講ずる必要がある。

（1）法曹志望者の激減現象

　法曹志願者の激減現象は、「法科大学院を中核とする法曹養成制度」の危機的状況を如実に物語っている。その原因を何に求めるかは、改善策、対応策を検討するうえでも重要なことである。以下、データからみてみよう。

ア）適性試験の出願者・受験者の減少
　法科大学院の入学試験においては、全ての出願者について適正試験が必須である。従前の適性試験は、大学入試センターと法務研究財団が別々に

行っていたため志願者・受験者の実数は明らかではない。初年度の2003年についてみると、ほとんどの受験者は大学入試センターを受けていたという説明によれば約3万5000人が受験していることになるし、必ずしもそうではないと考えると2003年には概算で約5万名であったこととなる。

2011年度より適性試験管理委員会が実施する法科大学院全国統一適性試験に統合され、そのうえで2012年には6457名になっており、大幅に減少していることは明らかである。

図表3-1-2 適性試験の志願者数・受験者数の推移

	大学入試センター		日弁連法務研究財団		合計		統一後	
	志願者数	受験者数	志願者数	受験者数	志願者数	受験者数	志願者数	受験者数
2003年(H15)	39,350	35,521	20,043	18,355	59,393	53,876		
2004年(H16)	24,036	21,429	13,993	12,249	38,029	33,678		
2005年(H17)	19,859	17,872	10,725	9,617	30,584	27,489		
2006年(H18)	18,450	16,680	12,433	11,213	30,883	27,893		
2007年(H19)	15,937	14,323	11,945	10,798	27,882	25,121		
2008年(H20)	13,138	11,876	9,930	8,946	23,068	20,822		
2009年(H21)	10,282	9,370	8,547	7,737	18,829	17,107		
2010年(H22)	8,650	7,909	7,829	7,066	16,479	14,975		
2011年(H23)							7,829	7,249
2012年(H24)							6,457	5,967

イ）司法試験の志願者数の減少

新司法試験の受験には予備試験コースが認められている。そこで、この予備試験組も考慮に入れて法科大学院（適性試験）の志願者数と予備試験の志願者数を合計して志願者を算出するとどうなるか。2012年についてみると、予備試験出願者数9118名（受験者数は7183人）と適性試験志願者数6457名を合計すると1万5575名となり、重複を除くと約1万人強が実志願者数となる。

なお、1970年〜1990年にかけての合格者約500名時代（合格率2〜3％）ですら、2〜3万名が受験していたことを考えると、志願者数の激

減は明らかである。法科大学院の不人気は顕著で、司法試験受験者も大幅に減少している。
ウ）法科大学院への入学者数の激減
①入学者数
　2004年度（初年度）の入学者数は、(68校) 5767名（定員5590名）であったところ、2012年度（73校）は、定員4484名のところ、実入学者数は3150名である。
②定員充足率
　2004年度こそ103％であったが、その後減少を続け、2012年度の定員充足率は70％であるところ、2012年入試を行った73校のうち、定員を満たしているのは10校。定員充足率が30％以下が21校。50％未満は35校であった。

図表3-1-3　総定員、実入学者数、定員充足率の推移

	2004年度(H16)	2005年度(H17)	2006年度(H18)	2007年度(H19)	2008年度(H20)	2009年度(H21)	2010年度(H22)	2011年度(H23)	2012年度(H24)
総定員	5,590	5,825	5,825	5,825	5,795	5,765	4,909	4,571	4,484
実入学者数	5,767	5,544	5,784	5,713	5,397	4,844	4,122	3,620	3,150
定員充足率	1.03	0.95	0.99	0.98	0.93	0.84	0.83	0.79	0.70

③2013年度の入学状況
　2013年5月8日の新聞報道が2013年の入学状況を伝えている。これによると、今春の実入学者は69校で2698人と過去最低、ピークだった2006年度の半数以下となっている。定員割れが69校中64校（93％）となり、昨年度の86％（73校のうち63校）よりも悪化し、23校は入学者数が10人未満となっているという。
エ）法学部の不人気
　法科大学院の修了が司法試験の受験資格となったことから、法学部に入学しても司法試験を受験できなくなった。こうしたことと官僚批判が相まって、法学部自体が不人気となっている。
　東大における2年から3年への進学振り分けにおいて、文科Ⅰ類から法学部への定員割れが生じたことが報道された（『週刊ダイヤモンド』2012

年11月7日）。タイトルには「なんと東大法学部が初の定員割れ。法曹志望、公務員志願減少が影響か」とある。同じく東大で恐縮だが、2013年の春の入試で、文科Ⅰ類の志願者倍率がセンター試験の成績で門前払いする3倍を切ったことが報道されている（2013年3月28日、毎日新聞）。

こうした法学部の不人気は、法曹養成問題だけにとどまらず、研究者養成にも大きな影響を与えている。

（2）法曹志願者激減の原因
ア）弁護士の職業的魅力の低下

弁護士の増加に見合う法的需要がなく、就職難や収入減が弁護士界を覆っており、こうした事情による弁護士の職業的魅力の低下という実情がある。就職難については、一括登録時点の弁護士未登録者の増加、ノキ弁、宅弁、即独の増加からも明らかである。

一括登録時の未登録者数の増加については、2011年12月の一括登録時点での未登録者は約400人であったが、2012年12月には約540人と増加している。また、これら一括登録時点での未登録者の多くは、数ヵ月後に登録しているが、65期修習生からは登録しないままになっている人もかなり存在し、これまでとは大きく実情が異なっている。

弁護士の収入も、この間低下している。国税庁の発表を報道した2012年5月8日の新聞報道によると、2012年には、経費などを控除した所得が年間100万以下の弁護士が2割、500万以下では4割になっている。2008年には100万以下が全体の約12％、500万以下では32％であったという。

イ）法科大学院制度そのものの障壁性

旧司法試験は、第1次試験、第2次試験に別れ、第2次試験の中に短答式試験・論文式試験・口述試験があった。大学の教養課程を修了しているなどの要件を満たす場合に、第1次試験が免除されるなどの特典はあったが、第1次試験を受験するには何らの資格を要せず、たとえ義務教育を経ていない者でも受験することができた。学歴や資力とは全く関係なく、誰でも受験することができたのであって、完全に開放された試験だったので

ある。この意味で、自由、公正、平等な試験であった。

ところが、新司法試験は、原則として（予備試験の例外はあるが）法科大学院を修了することが受験資格とされ、高度な資格制限となっている。これらが法曹志望者の意欲をそぐことは明らかであり、法曹志望者の減少には、法科大学院修了が受験要件とされていることが大きな障壁となっている。

すなわち、①予備試験を除き司法試験の受験のために法科大学院への入学を強制されること、②入学しても進級・修了と司法試験合格の保証のないこと、③経済的負担の大きいこと、④司法修習における貸与制への移行、⑤時間的障壁（大学を卒業してから法科大学院へ進学しなければならず受験までに６、７年以上かかる）、⑥回数制限（５年内に３回）などの障壁が存在する。

このうち障壁性の大きい経済的負担、時間的負担、そして回数制限について以下述べる。

①経済的負担について

法科大学院の年間授業料は国公立で 80 万円程度、私立で 60 万円程度から 150 万円程度である。2012 年の総務省調査によると、法科大学院課程修了者のうち、生活費も合わせて年間 600 万円から 800 万円を要したとする者の割合は 26.8％、800 万円から 1000 万円が 25.2％、1000 万円以上が 17.1％という、極めて高額な経済的負担をしていること、これらの費用を捻出するため、法科大学院在学生の約半数が奨学金などの借入をしていることが報告されている。また、「フォーラム」の調査（2011 年５～６月）によれば、法科大学院課程修了者のうち、奨学金利用者の平均負債額は 350 万円となっている。

さらに、司法修習給費制の廃止、貸与制への移行により経済的負担が増加する。この結果、修習が終了した段階で多額な借金を背負うことになり、こうした負担に耐えられるだけの経済的に裕福な人（あるいはその子弟）しか法曹の道に進むことができなくなる。

②時間的負担について

法曹資格を取得するためには、原則として４年間の大学学部を卒業し、

既修で2年、未修で3年の法科大学院を修了し、司法試験に合格して1年間の司法修習を修了する必要がある。したがって、既修者であっても、大学入学後約7年8か月の期間が必要となる。

このように、法科大学院課程修了を受験資格とする現行制度のもとでは、当該課程終了までの間の時間的な負担が、いわば時間的障壁となっている。

なお、「中間的取りまとめ」は、こうした点を意識して、「法学部教育も含めた養成期間の短縮、例えば飛び入学の場合の進学方法などを検討すべきとの指摘もある」とする。しかし、こうした点の検討を余儀なくされるということ自体、法科大学院制度の時間的障壁性の大きさを認めていることに他ならない。

③受験回数制限について

そもそも、司法試験合格までの過程は人それぞれであり、ごく短期間に合格するための実力を得る者がいる一方で、少しずつ着実に知識を習得して実力を蓄えていく者もいるはずである。学習年数、受験回数を重ねるにつれて法律に対する理解度が深まり、知識も広がっていくという課程は、多くの現役法曹が経験してきたことであり、受験回数制限はそのような課程を経た者をも一律に排除してしまうおそれがある。法科大学院卒業後5年間に受験3回という制限は、受験生それぞれの個性を顧みず、画一的に切り捨てる不合理なものである。そして、このことが法曹界にとって有為な人材を遠ざける要因となっている（これを放置すれば今後も毎年大量の失権者を生み出し続けることになり、そのこと自体大きな問題である）。

ウ）合格率の低下

さらに、司法試験合格率の低下も一因となっている。2006年の48.3％から2012年の24.6％へ低下している（図表3-1-1参照）。

「中間的取りまとめ」は、合格率の低さが志願者の減少の最大の理由と考えているようであり、法科大学院関係者も同様である。しかし、はたしてそうであろうか。旧司法試験時代の2～3％の合格率の下でも多数の受験生が存在していたことは前述したとおりであり、合格率の低さが法曹志望者激減の主要な原因とは言えないであろう。従って、合格率を上げることを主要な目的として統廃合や定員削減をしてみても志望者の回復にならな

いばかりか、後述するように富裕層のみを対象とした特権的な法科大学院のみが残ることになりかねない。弁護士の職としての魅力を回復しない限り法曹志望者は増えないであろう。

(3) 多様性の喪失化現象

ア）社会人の減少

入学者総数が 2004 年の 5767 人から 2012 年の 3150 人に減少したが（2004 年の 54.6％）、社会人の減少率はより大きく、2004 年の 2792 人から 2012 年の 689 人にまで減少した（2004 年の 24.7％）。

そのため、入学者に占める社会人の割合は、2004 年の 48.4％から、2012 年の 21.9％に半減している。

図表 3-1-4　社会人入学者数の推移（既修、未修別）

	2004年(H16)	2005年(H17)	2006年(H18)	2007年(H19)	2008年(H20)	2009年(H21)	2010年(H22)	2011年(H23)	2012年(H24)
法科大学院入学者数	5,767	5,544	5,787	5,713	5,397	4,844	4,122	3,620	3,150
うち既修者	2,350	2,063	2,179	2,169	2,066	2,021	1,923	1,916	1,825
うち未修者	3,417	3,481	3,605	3,544	3,331	2,823	2,199	1,704	1,325
社会人入学者数	2,792	2,091	1,925	1,834	1,609	1,298	993	763	689
既修者	1,038	687	718	717	597	464	348	294	300
未修者	1,754	1,404	1,207	1,117	1,012	834	645	469	389
既修者に対する社会人（既修者）の割合	44.2%	33.3%	33.0%	33.1%	28.9%	23.0%	18.1%	15.3%	16.4%
既修者に対する社会人（未修者）の割合	51.3%	40.3%	33.5%	31.5%	30.4%	29.5%	29.3%	27.5%	29.4%
全入学者における社会人の割合	48.4%	37.7%	33.3%	32.1%	29.8%	26.8%	24.1%	21.1%	21.9%

イ）非法学部系の減少

また、非法学部出身の占める割合は、2004 年の 34.5％（100 − 65.5）から 2012 年の 18.8％（100 − 81.2）に減少。多様なバックグラウンドの者を輩出できなくなっている。

図表 3-1-5　学部系統別の入学状況

	2004年(H16)	2005年(H17)	2006年(H18)	2007年(H19)	2008年(H20)	2009年(H21)	2010年(H22)	2011年(H23)	2012年(H24)
法学	3,779	3,884	4,150	4,223	3,987	3,620	3,254	2,872	2,559
文系(法学以外)	1,269	1,050	1,138	1,061	972	801	572	517	406
理系	486	432	326	273	282	247	131	134	94
その他	233	178	170	156	156	176	165	97	91
法学割合	65.5%	70.1%	71.7%	73.9%	73.9%	74.7%	78.9%	79.3%	81.2%
文系(法学以外)割合	22.0%	18.9%	19.7%	18.6%	18.0%	16.5%	13.9%	14.3%	12.9%
理系割合	8.4%	7.8%	5.6%	4.8%	5.2%	5.1%	3.2%	3.7%	3.0%
その他割合	4.0%	3.2%	2.9%	2.7%	2.9%	3.6%	4.0%	2.7%	2.9%

ウ）未修者の減少

　入学者数が減少するだけでなく、入学者に占める未修者の割合も2004年の59.3%から2012年の42.1%に減少している。

図表 3-1-6　入学状況（既修・未修別）

	2004年(H16)	2005年(H17)	2006年(H18)	2007年(H19)	2008年(H20)	2009年(H21)	2010年(H22)	2011年(H23)	2012年(H24)
法科大学院入学者数	5,767	5,544	5,787	5,713	5,397	4,844	4,122	3,620	3,150
うち既修者	2,350	2,063	2,179	2,169	2,066	2,021	1,923	1,916	1,825
うち未修者	3,417	3,481	3,605	3,544	3,331	2,823	2,199	1,704	1,325
全入学者に対する既修者の割合	40.7%	37.2%	37.7%	38.0%	38.3%	41.7%	46.7%	52.9%	57.9%
全入学者に対する未修者の割合	59.3%	62.8%	62.3%	62.0%	61.7%	58.3%	53.3%	47.1%	42.1%

（4）多様性喪失の原因

　法科大学院制度の創設に際して大きな目的とされていた未修者や社会人の輩出は画餅に帰そうとしている。その減少の傾向は前述の図表3-1-4～図表3-1-6のとおりである。では、その原因は何であろうか。多様性喪失の大きな要因は、前述した法曹志望者の減少の要因の中でも経済的負担と時間的負担の大きいこと、すなわち法科大学院修了が受験資格とされていることにあると思われる。

　ことに社会人にとっては職を辞して法科大学院に入学することは、本人だけでなく家族にとっても重大な選択である。旧司法試験時代のようにコツコツと受験勉強をすすめるということができず、結果として社会人を排除することになる。法科大学院制度の制度設計自体が社会人に冷たいもの

であり、抜本的な見直しが必要である。

4　法曹養成課程における経済的支援

「中間的取りまとめ」は、「法曹養成課程における経済的支援」に関し、次のように提言する。

- 法科大学院生に対する経済的支援については、通常の大学院生と比較しても、すでに相当充実した支援がされているところであり、今後とも、意欲と能力のある学生に対する支援の取り組みを継続していく必要がある。
- 司法修習生に対する経済的支援のあり方については、貸与制を前提とした上で、司法修習の位置づけを踏まえつつ、より良い法曹養成という観点から、経済的な事情によって法曹への道を断念する事態を招くことがないよう、司法修習生の修習専念義務の在り方なども含め、必要となる措置を更に検討する必要がある。

(1) 法科大学院生に対する経済的支援

ア)「中間的取りまとめ」は、法科大学院生に対する経済的支援については「すでに充実した支援がなされている」として、「授業料の減免」、「無利子・有利子（低利子）で最長20年間で返済する（独）日本学生支援機構の奨学金制度」、「無利子奨学金の業績優秀者の奨学金の返還減免」等をあげる。

しかし、無利子であろうと奨学金も借金であり、法曹への志望をためらう大きな要因となっている。「無利子奨学金の業績優秀者の奨学金の返還の減免」については、そのような優秀な人材であれば、これまでならば大学在学中あるいは卒業直後に合格しうるのであり、また、そうした人材は一部でしかないから、「相当充実した支援」とは到底言えない。授業料の減免も同様である。多くの法科大学院修了者が多額の借金に苦しんでいるのである。

イ）そもそも、経済的事情に応じた受験スタイルを自らの選択で組み立てることができないということが根本的な問題である。経済的に裕福でないと入学できない、法曹になれないという実情があり、法科大学院制度そのものが多様性の確保の障害となっている。

（2）修習生に対する経済的支援
ア）給費制をめぐる議論

　給費制をめぐる議論は、検討会議の前身の「フォーラム」時代からの最大の論点であったが、「中間的取りまとめ」は、「フォーラム」の「論点整理（取りまとめ）」を事実上引き継ぎ貸与制を前提とするとした。「貸与制を導入した趣旨、貸与制の内容、これまでの政府における検討経過に照らし、貸与制を維持すべきである」としたのである。

イ）ここで、貸与制の導入・施行に至る経過を振り返ってみたい。

①司法審意見書（2001年6月）は、給費制について、「修習生に対する給与の支給（給費制）については、将来的には貸与制への切替えや廃止をすべきではないかとの指摘もあり、新たな法曹養成制度全体の中での司法修習の位置付けを考慮しつつ、その在り方を検討すべきである」とし、2001年12月に発足した司法制度改革推進本部の法曹養成検討会は、給費制の廃止と貸与制への移行を提言した。

②2004年12月、司法修習生に対し、給費制に代えて、国が修習資金を無利息で貸与する制度（貸与制）を導入する裁判所法改正法が成立した（施行日2010年11月1日）。

③貸与制施行半年前の2010年4月に日弁連では宇都宮執行部が誕生した。同会長は選挙公約で給費制の復活を掲げていたこともあり、同年5月、司法修習費用給費制維持緊急対策本部を設置した。日弁連は、市民団体、消費者団体や労働団体による「司法修習生の給与の支給継続を求める市民連絡会」、法科大学院生、司法修習生、新人弁護士らによる「ビギナーズネット」とともに給費制維持活動に取り組んだ。

④貸与制は2010年11月1日にいったん施行されたが、日弁連等の運動の成果もあって、同月26日、議員立法により貸与制の施行を2011年10月

31日まで延期する裁判所法改法が成立し、給費制の暫定的延長が決った。新64期の修習開始の前日であった。

その2日前の11月24日に衆議院法務委員会において、政府に対し、暫定期間終了日までに「個々の司法修習終了者の経済的な状況等を勘案した措置の在り方について検討を加え、その結果に基づいて必要な措置を講ずること」及び「法曹の養成に関する制度の在り方全体について速やかに検討を加え、その結果に基づいて順次必要な措置を講ずること」を求めるとの附帯決議がなされた。

⑤この附帯決議に基づき、2011年5月、「法曹の養成に関する制度の在り方」を検討する組織として、政府は、「法曹の養成に関するフォーラム」を設置した（関係6大臣申合せによる開催）。

フォーラムは同年8月31日、「司法修習終了者等の経済的な状況に関する調査」の結果等を踏まえて検討した結果、貸与制を基本とした上で、十分な資力を有しない者を対象に、貸与された修習資金の返還期限について猶予措置を講ずるという内容の第一次取りまとめを行った。しかし、事務局作成の弁護士の収入状況データが極めてずさんであったこと、この間5回、給費制についてはわずか2回の実質審議だけで取りまとめるなど多くの問題があった。

⑥2011年10月末で暫定期間が終了し、11月開始の新65期修習生から貸与制が施行されることとなった。

⑦法務省は、フォーラム第一次取りまとめを踏まえ、同年11月4日、貸与制について、修習資金を返還することが経済的に困難である場合における返還猶予措置を講ずるための「裁判所法の一部を改正する法律案」を提出したが、11月9日継続審議となった。

⑧同法案は、2012年1月に召集された通常国会で審議され、衆議院における議員修正の上、同年7月27日に成立した（8月3日に公布、施行）。同法附則では、「修習資金の貸与については、法曹の養成に関する制度についての検討において、司法修習生に対する適切な経済的支援を行う観点から、法曹の養成における司法修習生の修習の位置付けを踏まえつつ、検討が行われるべきものとする」とされ、また衆議院法務委員会において、

以下の附帯決議がなされた。

　　政府は、本法の施行に当たり、次の事項について格段の配慮をすべきである。
一　法科大学院の教育と司法試験等との連携等に関する法律附則第二条の規定による合議制の組織は、閣議決定に基づくものとし、従前の検討体制をより強力にし、かつ、法科大学院及び法曹関係者以外の多様な意見も反映されるよう整備すること。
二　一の合議制の組織においては、法科大学院志願者数の減少、司法試験合格率の低迷等の法曹養成制度の問題状況を踏まえ、その原因を探求の上、法科大学院における適正な定員の在り方や司法試験の受験の在り方を含め、質の高い法曹を養成するための法曹養成制度全体についての検討を加えた結果を一年以内に取りまとめ、政府においては、講ずべき措置の内容及び時期を直ちに明示することとすること。
三　二の検討に当たっては、以下の点に特段の配慮をすること。
１　法科大学院教育、司法試験及び司法修習等の法曹の養成に関する各課程の役割と相互の連携を十分に踏まえたものとすること。
２　わが国の司法を支える法曹の使命の重要性や公共性に鑑み、高度の専門的能力と職業倫理を備えた法曹を養成するために、法曹に多様かつ有為な人材を確保するという観点から、法曹を目指す者の経済的・時間的な負担を十分考慮し、経済的な事情によって法曹への道を断念する事態を招くことがないようにすること。
３　司法修習生に対する経済的支援については、司法修習生の修習専念義務の在り方等多様な観点から検討し、必要に応じて適切な措置を講ずること
　（なお、フォーラムは2012年５月に「論点整理（取りまとめ）」を公表し、一応の任務を終了した）

⑨そして、この「合議制の組織」として「法曹養成制度関係閣僚会議」が設置され、その下に有識者を含む「法曹養成制度検討会議」が発足したの

である。
ウ）日弁連の活動
①宇都宮執行部は、時宜に応じて給費制維持（復活）に向けた会長声明や意見書を出し、各種行事も行ってきた。「フォーラム」の設置された2011年5月以降の給費制復活に関連する行事は、以下のとおりである。
・市民集会「東日本大震災が問う法律家の使命──法曹養成フォーラムに向けて」（2011年5月17日）
・市民集会「守ろう給費制！！──育てよう市民のための法律家」（2011年7月6日）
・司法修習の意義から給費制を考える院内集会（2011年8月2日）
・司法修習生に対する給費制の存続を求める緊急院内集会（2011年8月24日）
・司法修習生に対する給費制の存続を求める院内集会（2011年9月28日）
・司法修習生に対する給費制の存続を求める1000人決起集会
・パレード（2011年10月27日）
・司法修習生に対する給費制の存続を求める院内集会（2011年10月27日）
・貸与制実施延期・給費制存続の法改正を求める院内集会（2011年11月15日）
・司法修習生に対する給費制の存続を求める市民シンポジウム（2012年2月21日）
・法曹養成制度全体の早期見直しと給費制の存続を求める院内集会（2012年3月15日）
・裁判所法改正法「修正」案の早期成立と給費制の復活を求める市民集会（2012年5月23日）
・法曹養成課程での経済的支援、司法修習生に対する『給費制』を考える市民集会（2012年7月25日）
・周防監督が問う法律家の育て方──給費制復活を含む司法修習生への経済的支援を求める市民集会（2012年12月21日）
・パブコメにむけてキックオフ──費制復活を含む司法修習生への経済的

支援を求める市民集会（2013年4月16日）
エ）貸与制の論拠

　検討会議の第8回会議において、貸与制をめぐって議論が交されたが、「フォーラム」時代からの有識者委員は貸与制派（13人）であり、他方、検討会議からの新規の有識者委員（4名）は給費制復活を訴えた。

　給費制派の有識者委員は4名のみであるが、医師の国分委員がインターン運動などを振り返りつつ臨床研修制度の変遷と現状を十分理解したうえで結論を出すべきとし、臨床研修制度の参考とした司法修習制度の意義を訴えた。また和田委員は給費制を復活すべきという理由を法科大学院専任教授経験も含めた自己の体験、弁護士会の意見・声明、ビギナーズネットの調査等も含め詳細に展開したことに特徴があった。

　他方、貸与制派はどのように主張したのか。貸与制派の委員の意見を紹介すると以下のとおりである（なお、以下は意見の概要である）。

　　南雲　法曹合格者は恵まれているという世間の一般的な風潮がある。現段階では給費制の復活の時期ではない。
　　清原　これまでの給費の廃止に至るまでの議論の経過、国会での意思決定を尊重したい。給費制に戻すことは困難と感じている。
　　鎌田　（給費制にしても）志願者は増えるかというとほとんど効果がないだろう。
　　萩原　貸与制について反対している根っこにある問題は修習が終わった後、就職ができるのか、お金を返せるほどの収入があるのかが大きい。その意味で根本的な問題は合格者の数が適切なのかに帰着する。貸与制の問題は根幹を変えるべきではない。
　　宮脇　貸与制は維持するべきだと思う。
　　田中　裁判所法等の改正によって示された立法政策を変更するだけの新たな事情が生じたかを検討することに主眼がある。押さえておくべきは、貸与制がなぜ導入されたのか。限りある財政資金の効果的活用にある。
　　伊藤　フォーラムで決めた貸与制、その時と事情が基本的に変わっ

たわけではないので、給費制に戻そうとする意見には賛成できない。
岡田　国民感情としてはなぜ法曹界だけが給与をもらいながら資格を取っていかなければならないのかという感情はものすごくわかる。給費制には私の周りも納得できないという。法律で決まったとおり、フォーラムで議論したとおり貸与制で行くべき。
久保　貸与制については、1年ちょっとしかたたないうちに元に戻すという議論は余り現実的でないし、国民の理解も得られない。
井上　宮脇委員の意見とほぼ同意見。司法制度改革会全般に相当なお金がかかるので、どこに重点配分するかという話。合格者を減らせば、その分修習生の給費や手当に回せるという話ではない。
（なお、第8回会議には翁委員、山口委員は欠席している）

　上記からも明らかなように、貸与制派の論拠としては、「国会で決ったことだから」、「その後、事情の変更はない」等というものであった。そして、貸与制を前提に、修習に専念できる環境の確保という観点からの経済的支援の在り方、修習生間の不均衡、「手当」などの公平性、格差是正論などへ収束していった。貸与も借金であるにもかかわらず、①給費と同額の支援、②「修習中の生活に困らない額」の支援との理由で、「給費制と変わらない」支援という話に収束していったのである。

オ）司法修習制度の意義
　国分委員や和田委員は、戦後の司法修習制度と給費制の意義及び給費制の廃止がもたらす影響についての議論を展開しているが、貸与制派の委員は「結論ありき」の議論に終始しており、検討会議では司法制度論として十分な議論が交されていない。そして国の財政事情や司法修習生に対する「経済的支援」という矮小化されたレベルでの議論で収束していることは前述したとおりである。司法修習制度の沿革とその意義について、深まった議論がなされてないことは極めて不幸なことである。
　戦前の法曹養成制度は、まず、司法官試補制度があり、弁護士試補制度がこれに遅れて発足し、分離養成されていた。裁判官、検察官の養成は、司法審試補として給与を支給して行われていたが、弁護士の養成は、弁護

士試補には国からの給与の支給はなく、指導弁護士に対する手当としての国庫からの補助金のみであった。こうした戦前の法曹養成制度の反省から、戦後の司法の民主的改革の一環として、法曹三者について統一・平等の司法修習制度が創設されたのである。将来、国家的重要職務である司法を担い、国民の人権擁護と社会正義の実現を目的とする法曹三者を直接養成する司法修習生制度において、司法修習生に給与を支給することは、極めて当然のことと理解されてきたのである。

　給費制の問題は、単なる修習生個人に対する「経済的支援」の問題にとどまるものでもなければ、「国家財政の有効活用」という政策的問題としてだけ論ずべきものでもなく、わが国の司法制度の在り方に深く関わる問題なのである。

（3）修習専念義務緩和論の危険性

　ところで、「中間的取りまとめ」では、「司法修習生の修習専念義務の在り方なども含め、必要となる措置を更に検討する必要がある」としている。ここには明言はしていないが、修習専念義務の緩和が念頭におかれていると思われる。実際に第8回会議では、貸与制派の南雲委員、宮脇委員、伊藤委員、岡田委員など数名の委員から修習専念義務の緩和が指摘されている。給費制の維持、復活の根拠として修習専念義務が強調されたことから、これに対抗するかのように、「修習専念義務があるからバイトもできない、生活が大変だと言うのであれば、バイトぐらいできるように修習専念義務を緩和したらどうでしょうか」という感覚の意見であり、そこには司法修習制度の意義を見据えたものがない。

　しかし、貸与制への移行という既成事実が、司法修習制度自体の意義を軽くしつつある中で、こうした議論が強まるおそれもないわけではなく、そうすると、統一修習制度自体も今以上に緩和され、分離修習へ向かうおそれもある。

（4）日弁連の法科大学院至上主義と給費制運動とのギャップ

　日弁連では、宇都宮執行部以降、給費制の存続、復活に向けた活動が熱

心に行われてきたことは前述したとおりである。

　しかし、他方で日弁連は、法科大学院を中核とする法曹養成制度を堅持する立場を崩していない。2012年7月13日に発表された「法科大学院制度の改善に関する具体的提言」では、法科大学院を中核とする法曹養成制度を堅持するために、定員削減、統廃合の促進を法令によってでも強力に進めることを要求するなど、文科省以上に大学に対する圧力を強めようとしている。

　すなわち、法科大学院の統廃合や定員削減を促進するために、学生定員の上下限の設定、入学者選抜の競争性確保のための競争倍率基準や学生定員充足率基準の設定、教員体制の充実、司法試験合格率確保のための基準の設定だけでなく、法科大学院が専門職大学院として設置された設計を強化し（実務家教員比率を3割以上とし、この基準に満たない法科大学院の学生定員を削減すべきとするなど）、また、弁護士実務家教員に法科大学院運営体制への参加や法律基本科目の担当を認めることなど弁護士会の関与を強化したり、教育能力のない教員の排除等を行うこと等によって、法科大学院の現状を「改善」しようとする内容となっている。

　しかし、法曹養成課程における「経済的負担」という観点から見ると、こうした法科大学院制度の堅持の姿勢と給費制の存続・復活の運動との整合性に大きなギャップを感じざるを得ない。なぜなら、法曹養成課程における「経済的負担」を問題にするのであれば、まず、法科大学院に多額の費用がかかるということを問題にせざるを得ないと思うが、日弁連は、この点をあまり問題視せずに（というかやむを得ないと考え）給費制のみに焦点をあてた運動を進めた。そのため、世論形成という面においては、給費制の問いかけに対して市民サイドの受ける印象は、多額のお金がかかる法科大学院に進学できる人々のことであり、しかも司法試験合格後のわずか1年間のことにすぎないのではないかとの印象から、ビギナーズネット等をはじめとする熱心な運動にもかかわらず問題提起が広がらず、司法修習生の実情について深く共感してもらうまでには至らなかったのではないか、という疑問が残るのである。

　経済的負担の重い法科大学院制度の堅持の主張を大前提としたことに、

「修習生への経済的支援」という狭い範囲の議論となってしまい共感を深められなかった大きな原因があったのではないかと思われるのである。

　その意味で、今後の給費制の運動のためにも、「法科大学院を中核とする法曹養成制度」について抜本的に見直す方向に日弁連は路線転換すべきである。

5　法科大学院至上主義からの脱却を

(1) 『アメリカ・ロースクールの凋落』の衝撃

①アメリカでは、リーマン・ショック以降、トップロースクールを修了しても弁護士になれない学生がそれまで以上に増え、消費者訴訟も起きている。そうした状況の中で、ロースクールの在り方を告発したのが『アメリカ・ロースクールの凋落』（Failing Law Schools）（ブライアン・タマナハ著、樋口和彦・大河原眞美共訳、花伝社）である。著者はABA（全米弁護士協会）とトップロースクールの癒着、マスコミとの癒着がロースクールの高い学費と教授たちの高い給与の源泉であり、ロースクールの教育はマニュアル化、画一化されていること、被害は学生に及び、留年により奨学金が切れるにもかかわらず、そのことを教えられていないことなどロースクールによる被害の実態等が語られている。

②著者のタマナハ教授は本書の「エピローグ（結びの言葉）」において、本書執筆の決意を次のように述べている。

「本書は執筆するのに困難を伴う本だった。私には、法曹界に多くの友人、仲間がいる。殆どいたる所で、私は、私の考えた事柄が、私が賞賛する人々を不快にしたり、いらいらさせたりするであろうことを書き綴った。早い時期に、私自身を含めて誰一人をも擁護しないようにすれば、この本は執筆できるだろうという思いで書くことを決意した。私は、法律学界の中で我々が見出す状況につき、私が他の人と同様の責任があるということが、この本から明らかになることを望む。私も私の学生たちが負債を抱えながら支払ってくれている高額給与の恩恵を得ている。私が本書の中で、名前を挙げて学校や（私自身を含めて）個人を特定しているが、それは不

正行為の責任を取ることを求めて呼び掛けているのではなく、ただ、私たち皆が関与している事実を語っているだけなのだ」
③また、「訳者あとがき」において、共訳者の1人である樋口和彦弁護士は、「アメリカのロースクールの現状にはどのような問題があるというのであろうか」と問い、以下のように答える。
・ロースクール卒業生は膨大な借金を抱える。
・法律家需要より多くのロースクール卒業生を輩出し続けるので就職困難となる。
・景気動向とは関係なく法曹志願者は減り続けている。
・多くの若き弁護士は借金返済のため企業法務を目指す。
・金持ちでないと法曹は目指せない傾向がある。
④検討会議の井上正仁委員は、第8回会議において、貸与制を維持すべきと述べた際に、アメリカのロースクールについて以下のような大変興味深い話題を提供している。
「もう一つ、丸島委員が言われた諸外国では資格を取れば収入が保証されているということですが、例えばアメリカなどの実情に照らすと全く違います。4万人ぐらい毎年合格しますが、その大半が即独であり、収入の保証はありません。しかも、ロースクールに行くために学生は日本のロースクールの数倍の負債を負うのが普通です。また、これは必要ならば後で資料を提出しますけれども、『ウォールストリートジャーナル』（2012年6月25日）に載った記事によりますと、初めての調査らしいのですが、全米のロースクール修了者について調べたところ、法曹資格を取ってから9ヵ月後の就職率は50％を少し超えるくらいでしかないということです。さらに数ヵ月するとある程度埋まっていくようですが、そういう状況でやっているところもあるわけです。私はそのようなアメリカのような状況がよいとは思っているわけではないのですが、そういうことも視野に入れてお考え下さればと思います」（検討会議第8回議事録31頁）

　アメリカのような状況になることは望ましくはないが、（ロースクール制度を維持するためには）やむを得ないという本音が見事に語られている。

(2) 特権的な法科大学院出現のおそれ

　ところで、わが国がアメリカと異なる点として、文部科学省の存在がある。文科省は現在、統廃合や定員削減を強力に推し進めており、こうした手法を続ければ、地方の、あるいは少人数の法科大学院は存在することが困難となり、現在の上位校といわれる少数の法科大学院しか残らなくなると思われる。

　しかしそれは、高額の授業料と高額な教授陣の給与を伴う、富裕層を対象とした特権的な法科大学院を生み出し、ひいては弁護士の変質をもたらすおそれが強い。法科大学院制度への批判を背景とした統廃合や定員削減に傾斜した政策が、こうした方向に向かうとしたら極めて不幸なことであり、私たちは自由、平等、公平な法曹養成制度をめざす立場から法科大学院問題を検討する必要性を痛感する。

(3) 議論の方向性について

ア) 2013年に入ってからは、法科大学院修了を受験資格とする受験制限の撤廃を求める総会決議が、以下のとおり千葉県、埼玉、札幌の各弁護士会で続いている。法科大学院を法曹養成制度の中核とするのではなく、司法修習を中核とすることを求めている。

・「『法科大学院制度を中核とする法曹養成制度』の見直しを求める決議」（千葉県弁護士会、2013.2.8）
・「法曹養成に関する決議」（埼玉弁護士会、2013.2.23）
・「法曹養成制度の抜本的改革を求める決議」（札幌弁護士会、2013.3.27）

イ) ところで、司法試験の受験要件から法科大学院修了を撤廃すれば、おそらく法科大学院は経営が成り立たず存在しなくなることから、こうした構想に大学関係者が賛同する可能性はないことを理由に、ドラスティックな「改革」ではなく、いわば第三の道も提唱されている。

　例えば、現在の法科大学院をそのまま法曹養成学部あるいは法学部の法曹養成学科に衣替えしてはどうかという構想が長野県弁護士会から提起されている（2011年8月）。

　あるいは森山文昭教授（愛知大学・弁護士）は、法科大学院入試と司法

試験を一本化して、司法試験合格後に司法修習と現在の法科大学院教育を合体させたような内容で修習するという制度設計を発表されている(『法と民主主義』2012年12月号)。

ウ) また、戒能通厚早稲田大学名誉教授は、一時的に法科大学院修了を受験要件から外したうえで法曹養成制度や研究者養成も含めた法科大学院問題について総合設計をするというインジャンクション論(凍結論)を提唱され、以下のように述べられる。

「法科大学院修了を司法試験受験資格として法律で強制することは、法科大学院の制度設計の見直しには障害になるので、見直し議論の前提として、これを一時停止してみてはどうか。この一時停止期間中に、法科大学院から撤退する大学では、法学部等の再構築をしてはどうか。また、法科大学院、研究大学院、法学部とともに司法研究所の総合設計を徹底的に追求するのである。あわせて全大学が文科省の統制の下に管理され、多様化できない構造を打破するのである」(「『法科大学院問題』解決への展望」『法律時報』84巻9号)

(4) 検討会議の使命

　検討会議は、法科大学院制度の欠陥を直視し、法科大学院至上主義から脱却したうえで、「法科大学院問題」の解決に向け、こうした見解を真摯に検討すべきであろう。

2　法科大学院の抱える問題点と改革の方向

森山文昭

1　はじめに

　法曹養成制度検討会議（以下、検討会議という）が2013年4月19日に発表した「中間的取りまとめ」は、深刻な危機的状況に陥っている法科大学院問題の改善策として、①教育の質の向上、定員・設置数、認証評価、②法学未修者の教育、という2本の柱にわたる提言を行った。
　しかし、①の柱の中の「教育の質の向上」については、「法科大学院は……修了者のうち相当程度（例えば約7～8割）が司法試験に合格できるよう、充実した教育を行うことが求められる」と抽象的な一般論を述べるにとどまり、教育内容を充実させるための具体策については何ら触れるところがない。結局、①の柱で述べられていることは、法科大学院修了者の司法試験合格率を高めるために、法科大学院の定員削減と統廃合を強力に推し進めるということだけである。
　なお、②の法学未修者教育の問題に関しては、さすがに看過できない重大な問題があるということで、具体的な改善方策が示されている。その内容には、一部評価すべき点も含まれているが、問題を指摘しなければならない点もある。そこで、この問題については、後に詳しくまとめて検討することにしたい。
　結局、「中間的取りまとめ」が提起する法科大学院の制度的改革案としては、定員削減と統廃合等によって法科大学院の修了者数を削減し、司法試験合格率を高めるという構想にほぼ尽きると言っても過言ではない。しかし、法科大学院の実入学者数は年々減少しており、2015年度にはついに3000人を割り、2698人になってしまった。この先も、まだまだ減り続けるであろう[1]。つまり、いいか悪いかは別として、何もしなくても法科

大学院修了者は減少し、そのことによる司法試験合格率の向上は実現するのである。「中間的取りまとめ」は、まさしく無策でしかない。

　なぜ、このようなことになってしまったのだろうか。それは、検討会議の議論が「とにかく法科大学院制度を守り抜かなければならない」という法科大学院至上主義に陥っていたからに他ならない。そのため、法科大学院制度そのものに内在する大きな問題があるにもかかわらず、その点に踏み込んだ議論はほとんど行われることがなかった。そして、法科大学院が法曹養成に及ぼしている重大な問題点からも目を背け、法科大学院を生き延びさせるためだけの議論に終始することになってしまったのである。

　そこで、本稿では、最初に法科大学院制度が抱えている問題点を素描した上で、最後に「中間的取りまとめ」が提起する定員削減・統廃合と未修者教育に関する提言案について検討することにしたい。なお、現在の法曹養成過程に現れている最大の問題は、法曹志願者が激減しているという深刻な事態であるが、「中間的取りまとめ」には、この点に関する危機感が一切伺われない。この問題については、本稿末に拙稿「法科大学院制度改革案の検討──問題点の整理を踏まえて」(『法と民主主義』2012 年 12 月号 36 頁) を掲載したので、そちらを参照されたい。

2　法科大学院は本当に必要だったのか──立法事実上の問題点

　ロースクールに関する議論は古くから存在していたが、当初は現実的でないとする見方が大勢を占めていた。しかし、1998 年 11 月、大学審議会[2] (以下、大学審という) が「法曹養成のための専門教育の過程を修了した者に法曹への道が円滑に開ける仕組み (例えばロースクール構想など) について広く関係者の間で検討していく必要がある」との答申を発表すると、にわかに現実味を帯びるようになった。そして、2001 年 6 月に司法制度改革審議会[3] (以下、司法審という) の意見書が発表されるや否や、あっという間にこれが具体化され、2004 年には全国一斉に法科大学院が開校されるに至った。まさしく、拙速とも言ってよい早さであった。

　当時は、司法修習を中核とする法曹養成制度が確立しており、それな

りの高い評価も得ていた。これを急いで根本的に変えなければならない必要性は、どこにあったのであろうか。その立法過程に問題はなかったのか。法科大学院を希求する議論の系譜をたどりながら、その問題点を検証してみたい。

（1）法曹人口増員論からのアプローチ

　ロースクールに関する議論が公の機関で初めてその姿を見せたのは、法曹養成制度等改革協議会[4]（以下、改革協という）の場であった。ここで、経済界を代表する協議員等から法曹人口の大幅増員論が声高に叫ばれたのに対し、最高裁・法務省が「そのような大量増員は現行の司法研修所では受け入れが困難である」と説明すると、「それなら、司法研修所を廃止して、アメリカのようなロースクールにすればよいではないか」といった議論が展開された。しかし、改革協ではこのような議論は多数を占めるに至らず、「我が国の司法修習は、法曹三者いずれの道に進む者についても、裁判、検察、弁護の実務について実際の事件に即して修習を行うという点で意義のあるものであり、このような実務修習を中心とする統一修習の制度自体は維持すべきであるとする意見が多数を占めた」（改革協意見書）のである。前述の法曹人口大増員論は、司法試験合格者数 3000 人を主張したのであるが、多数意見は中期目標を 1500 人とし、現行司法修習制度を基本的に維持したまま修習期間を短縮することによって増員を実現するという道を選択した。

　ところが、その後も、自由競争原理に基づく法曹人口の大幅増員論はますます勢いを増していった。1997 年 11 月、自民党司法制度特別調査会は「司法制度改革の基本的な方針――透明なルールと自己責任の社会へ向けて」を発表し、「ロースクール方式の導入など、法曹人口の大幅増加に対応する法曹育成のあり方について検討する」という方針を打ち出した。そして、経団連も 1998 年 5 月、「司法制度改革についての意見」を発表し、「法曹の育成を目的とする大学院レベルの法学課程（ロースクール）を新たに開設し、その修了をもって、司法試験の一部を免除すること（例えば専攻した科目を免除）を検討するべきである」とするに至った。

ただし、この段階でも、ロースクール構想はまだ現実的なものとして受け止められてはいなかった。日弁連も、「司法制度特別調査会の検討事項について」という文書で、「わが国の現状においては、アメリカのロースクール方式を導入するための人的・物的基盤が存在せず、その実現は事実上困難である」としていたくらいである。これが、前述した大学審の答申、司法審の意見書を経て、急速に実現に向かって突き進んでいくことになるのである。

　法曹人口大増員の流れは、1999年7月に司法審が設置されたことによって頂点に達した。司法審では、経済界を代表する委員等から「急激すぎるのでは」という慎重意見も出されたものの、中坊公平委員（当時弁護士）の強硬な意見がこれを退け、司法試験年間合格者3000人への大量増員の路線が敷かれた。そして、2001年6月12日、「法科大学院を含む新たな法曹養成制度の整備の状況等を見定めながら……平成22（2010）年ころには司法試験の合格者数を年間3000人とする」という司法審意見書が発表され、これがそのまま政府の方針となり、2002年3月19日の閣議決定に至ったのである。

　このように法科大学院は、司法試験合格者数3000人への大増員とセットで構想されたものであった。合格者数を1500人にするという構想（改革協議見書）の下では、現行司法修習制度の意義を認めた上で、それがいいか悪いかは別として修習期間の短縮で増員を実現することとされていた。ところが、3000人にするためにはそれでは追いつかず、抜本的な法曹養成制度の変更が必要とされたのである。このことは、上記の司法審意見書と閣議決定が、3000人への増員は「法科大学院を含む新たな法曹養成制度の整備の状況等を見定めながら」行うとしていたことからも明らかである。

　このような法科大学院誕生の系譜をたどると、司法試験合格者数3000人という目標を設定したこと自体がどうだったのかという視点から、もう一度問題を振り返ってみることが必要であることが分かる。この点についての詳細な検討は別稿に譲るが、「中間的取りまとめ」も、「司法試験の年間合格者数を3000人程度とすることを目指すべきとの数値目標を掲げ

ることは、現実性を欠く」としており、今日では3000人目標が間違いであったことは誰の目から見ても明らかとなっている。この3000人目標が放棄されるのであれば、そもそも法科大学院は本当に必要だったのかという根本的な疑問が生ぜざるを得ないのである。

（2）大学教育論からのアプローチ

　無論、司法試験合格者の増員のために法科大学院が必要だというだけでは説得力に乏しいので、当時から法曹人口大増員と直接にはリンクしない方面からの必要論も提起されていた。その1つが、大学教育論からのアプローチである。

　たとえば、司法審意見書は次のように述べている。「司法試験における競争の激化により、学生が受験予備校に大幅に依存する傾向が著しくなり、『ダブルスクール化』、『大学離れ』と言われる状況を招いており、法曹となるべき者の資質の確保に重大な影響を及ぼすに至っている」。要するに、予備校教育に依存した法曹養成システムでは、質の高い法曹を養成することはできないので、これを大学に呼び戻し、大学で質の高い法曹養成教育を行わなければならないというものである[5]。

　この見解には、一面において傾聴すべきものがある。確かに予備校は、司法試験合格という結果が重要であるから、勢い試験に合格するための技術的訓練に傾きがちな面があることは否定できない。しかし、予備校を全面否定して、ただ単に大学に司法試験受験生を呼び戻すことができればそれで万事解決するかと言えば、問題はそれほど単純ではない。

　ここに、名古屋弁護士会（現在の愛知県弁護士会）が実施したアンケートがある。これは、同弁護士会が2000年4月22日に開催したシンポジウム「法曹養成のあり方とロースクール――アメリカ・イギリスの実情」に向けて、登録10年以内の会員を対象に行ったものである。この中で、大学と予備校の授業が、①法律知識の修得、②法律解釈論の理解、③法的思考方法の修得、のそれぞれについて役に立ったかどうかを質問した結果、次のような結果が得られている[6]。

		役に立った	役に立たなかった
①	大　学	45.7%	20.2%
	予備校	59.6%	2.1%
②	大　学	35.1%	19.1%
	予備校	50.0%	5.3%
③	大　学	39.4%	21.2%
	予備校	34.0%	9.6%

　①と②については、いずれも予備校の方がかなり高く評価されている。そして、③の法的思考方法の修得においてすら、予備校に対する評価は大学と肩を並べている。このように、単なる受験テクニックの修得に限らない、法曹として真に必要な能力の開発においても、全般的に予備校の方が大学より高く評価されていたのである。そして、現在においても、法科大学院の在学生や修了生から、法科大学院の授業に対する強い不満の声が多数あげられていることは周知の事実である。

　大学の教員は、これまで研究が第一義的な仕事であると考えられてきた。教育方法論については、十分な経験や訓練が積み重ねられてきたとは決して言えない状況にある。しかも、研究は特定の狭い分野における問題を深く掘り下げることによって行われることが多いのに対し、法曹養成教育は基本科目の全範囲について満遍なく行われなければならない。このようなことから、よい研究者が必ずしもよい教育者とは限らないという問題が生じる。もちろん、立派な研究業績を残しておられる研究者が、法科大学院における教育でもすばらしい成果を収められている例も数多く見ることができる。しかし、そのような優秀な研究者教員を全国全ての法科大学院で必要とされる数だけ確実に確保できるかどうかと言えば、はなはだ心許ない状態であると言わなければならない。このことは、法科大学院が設立される前から、すでに危惧されていたことでもある[7]。

　なお、法科大学院には実務家教員を多数配置すればよいという考え方もあるかもしれない。しかし、実務家教員は、実務を教えることはできても、理論教育には不向きである。そして、実務家教員が理論教育に携わった場

合、司法試験受験のための技術的指導に傾きがちになるという問題もある。これでは、何のために法科大学院を作ったのかということにもなりかねない。

そもそも、前に見たアンケート結果にも示されるように、予備校の教育がそんなに悪いものであったのかという点も問題にされなければならない。よく、「予備校では論証パターンを暗記させるため、全ての答案が金太郎飴のようなものになってしまっている」ということが、まことしやかに言われることがある。確かに、そのような現象が一部で見られたのは事実であろう。しかし、ただ単に論証パターンを丸暗記しただけで合格できるほど、旧司法試験のハードルが低かったとは思われない。旧司法試験の受験者は、予備校で受験テクニックも磨いたかもしれないが、基本法に関する基礎的知識を修得するとともに、その体系を理解し、法解釈と法的思考に関する一定の能力を身につけた人が確実に合格していったと言うことができる。現に、いくつかの予備校では、「暗記するだけではだめだ。しっかり自分の頭で考えるように」という指導も行われていたのである。

このような現実を直視するならば、ただ単に予備校から大学へ司法試験受験生を呼び戻せば万事が解決するといった単純な問題でないことは明らかである。質・量の両面にわたる大学教員のキャパシティも考慮に入れると、受験技術に偏重しがちな現状を改善するためには、法科大学院とは異なった制度が検討されるべきであったのかもしれない。結局、大学教育論からのアプローチも、法科大学院設立の立法事実としては薄弱なところがあったと言わざるを得ない。

(3) 司法研修所廃止論からのアプローチ

もう1つの法科大学院必要論は、司法研修所廃止論からのアプローチによるものである。これは、主に当時の弁護士会の内部で喧伝されたものであった[8]。

たとえば、中西一裕弁護士は、ロースクール構想は「法曹養成の重点を、最高裁管理下の現行修習制度から、学問研究の自由と大学の自治が保障されたロースクールに移行すること」において大きな意義を有しており、

「権力機構である最高裁の直接管理を離れることの意義はいくら強調してもしすぎることはない」[9]と述べている。

それまでは、現行の統一修習制度を高く評価する声が弁護士会の中では圧倒的であり、その廃止を求める意見はほとんど皆無であったと言ってもよい。それが、ロースクール構想が現実化するや否や、最高裁が管理しているという理由だけでもって司法研修所を全否定し、その廃止を求める大合唱が始まるというのも奇妙な話であるが、この司法研修所廃止論には重大な問題があることを指摘しなければならない。

第1に、司法研修所は最高裁に支配されているというのであるが、大学も現実には文部科学省に支配されていると言ってよい実情にある。司法研修所を廃止して、大学にロースクールを置いたとしても、それは最高裁の支配から文部科学省の支配に代わることを意味するだけである。このようなことが分からなかったとは、到底考えられない。

第2に、大学には学問研究の自由と自治があるというが、法科大学院修了を司法試験の受験資格要件とする構想を前提とする限り、厳格な認証評価（第三者評価）制度を設けることが不可欠の条件となる。一定の要件を満たした法科大学院であって初めて、その修了を信頼することができ、安心して司法試験の受験資格を与えることができると考えられるからである。法科大学院がこの厳格な認証評価を受けるということは、教育・研究の自由と大学の自治が一定の範囲で制約されることを意味する。大学における自由・自治と、法科大学院構想とは、二律背反の性質を有する面があるのである。

このように、司法研修所廃止論からのアプローチには全く理由がないと言わざるを得ない。

(4) まとめ

以上見てきたように、そもそも法科大学院でなければならなかったのかと問われれば、その立法事実はかなり希薄なものであったと言わざるを得ない。しかし、予備校任せにするのではなく、質の高い法曹養成教育を大学が責任を持って行うことができるのであれば、それは一つの考えられる

制度である。そこで次に、現在の法科大学院はどのような理念の下にどのような設計図に基づいて構築されていったのか、そこに問題点はなかったのかについて見ていくことにしたい。

3 「プロセス教育」の意味するもの──理念上の問題点

　法科大学院の基本理念は、「点から線へ」というスローガンに象徴される「プロセス」教育の実現という点にある。この点について司法審意見書は、「司法試験という『点』のみによる選抜ではなく、法学教育、司法試験、司法修習を有機的に連携させた『プロセス』としての法曹養成制度を新たに整備すべきである。その中核をなすものとして、法曹養成に特化した教育を行うプロフェッショナル・スクールである法科大学院を設けるべきである」としている。このプロセス教育論は、法科大学院の基本理念を示すものであり、「中間的取りまとめ」も、プロセス教育の堅持を至上のものとしている。しかし、その構想自体に問題はなかったのだろうか。

(1) プロセス教育論の意味と問題点
　最初に指摘しておかなければならない点は、旧制度は「プロセス」教育でなかったというわけでは決してないということである。司法審意見書が定義しているプロセス、すなわち「法学教育、司法試験、司法修習」という過程は、旧制度でも全く変わりはなかった。新制度がこれと異なる点は、「法学教育」の重点を予備校から法科大学院に移し、プロセス教育の中核を「司法修習」から法科大学院に変更したという点にある。それまで「プロセス」でなかった制度を「プロセス」に換えたというものではない。
　法学教育の重点を予備校から法科大学院に移すという問題については、前項の (2) で詳しく述べた。そこで、ここでは、プロセス教育の中核を司法修習から法科大学院に移すという問題について検討してみたい。
　その最大の狙いは、前記司法審意見書が「司法試験という『点』のみによる選抜ではなく」と述べていることから分かるように、「司法試験一発勝負」の弊害を廃するという点にある。すなわち司法修習は、修了できな

いという心配がほとんどないため、落ち着いて実務修習に専念することができる。この意味で、司法修習は「線」と言うことができる。ところが、司法試験が合格率の低い厳しいものであると、受験生は予備校に通って受験技術を修得することばかりに熱心になり、法律家として真に必要な能力を身につけないまま司法試験に合格することになる。これでは、法学教育が「線」ではなく、「点」へ向けての技術指導に堕してしまう。これを防ぐためには、法科大学院修了者の7～8割が司法試験に合格できるようにして、法科大学院生が司法試験の心配をすることなく、落ち着いて理想的な勉強に専念できるようにする必要がある。こうすることによって初めて、法学教育が「線」になるというものである。

　この考え方には一理あるようにも思われる。しかし、以下に述べるようないくつかの問題点も指摘しておかなければならない。

　第1に、法科大学院を中核にして、法学教育を「線」にするのはいいとしても、その結果、どうして司法修習が法曹養成の中核でなくなってしまうのかが明らかでない。法学教育は主に理論教育を担い、司法修習は主に実務教育を担っている。そのどちらも、法曹養成には欠くことのできないものである。どちらか一方を中核にすると、他方は中核でなくなるなどといったことは、およそ考えられないことである。

　第2に、司法試験の合格者数には制限がある。司法試験が基本的に資格試験としての性質を有するとしても、適切な法曹人口を保つためには司法試験合格者数を調整することが必要になる。したがって、法科大学院修了者の7～8割が司法試験に合格することを想定するのであれば、想定される司法試験合格者数に合わせて法科大学院入学者数を絞る必要が出てくる。そうなると、法科大学院入学の時点で「点」による選抜が始まることになる。また、法科大学院の進級、修了にあたっても、これを判定するのは試験による他ない。要するに、どのような制度を考えたとしても、「点」をなくすことはできないのである。

　第3に、もしそうだとすると、「点」による選抜の弊害ができる限り少なくなるように、試験内容と方法を工夫することが、基本的に考えられるべきことになるのではないだろうか。この点に関する努力を抜きにして、

法科大学院修了者の7～8割が司法試験に合格できるようになれば問題が解決するといった単純な発想は、問題のすり替えであり、逆立ちした議論であるように思う。

上記第1の問題は、本書Ⅲ-4「司法修習の現状と問題」に譲り、以下、第2と第3の問題について、もう少し詳しく見ていきたいと思う。

（2）プロセス教育と学生定員の関係

前述したように、プロセス教育を保証する最も重要な柱となるのは、学生から司法試験の不安を除去することである。そのためには、法科大学院の学生数を司法試験合格者数にほぼ見合った数に制限することによって、法科大学院に入学できればよほどのことがない限り司法試験にも合格できるという安心感を学生に与える必要がある。

この点については、司法審意見書以来、「法科大学院修了者の7～8割が司法試験に合格」できるようにすることが構想されてきたところである。しかし、真にプロセス教育を徹底するためには、それでは不十分である。すなわち、厳格な成績評価が求められるため、法科大学院を修了できるのは入学者の7～8割ということになると、その7～8割が司法試験に合格するということは、入学者の5～6割しか司法試験に合格しないことを意味する。これでは、やはり法科大学院生としては不安が残るであろう。したがって、真にプロセス教育を徹底することを考えるのであれば、入学者（修了者ではない）のほとんどが司法試験に合格するという制度を考える必要がある。

司法研修所は、こうした意味におけるプロセス教育の典型と言ってもよい。最近、二回試験[10]の不合格者が多くなってきたといっても、それでも二回試験の不合格率は数パーセントである。したがって、司法修習生は、それほど二回試験の対策に汲々としなくてもよく、修習に専念することができる環境が整えられている。しかし、このような司法研修所ですら、二回試験の直前は修習に身が入らないという実態もある[11]。したがって、法科大学院においてプロセス教育を徹底するのであれば、入学者の最低でも9割以上が確実に司法試験に合格できるようにする必要がある。

ところが、法科大学院設立の段階で、この単純明快な道理が全く忘れられてしまった。最大74校が設立され、その学生定員は5825人に達したのである。小泉内閣以来の規制緩和の流れの中で大学の設置基準が緩やかにされており、法科大学院は専門職大学院として設立するということで、その設立認可条件に合致すれば設立を認可せざるを得なかったという事情があったとしても、これでは本当にプロセス教育をやり抜く気持があったのかどうかすら疑わざるを得ないことになろう。

　なお、法科大学院の学生定員管理を徹底して行えば、それだけでプロセス教育がうまくいくというわけではない。さらに、いくつかの検討を要する問題がある。

　その第1は、各法科大学院の修了認定と司法試験の関係に関する問題である。すなわち、各法科大学院の修了認定が甘いものであった場合は、修了者のほとんどを司法試験で合格させるわけにはいかないことになる。この問題は、法科大学院の入学者選抜の段階においても同様に言えることである。すなわち、法科大学院の修了認定が真に信頼できるものである保証がない限り、結局のところ司法試験で合格者を絞らざるを得なくなるのである。司法試験で合格者を絞らなければならないということは、法科大学院を卒業しただけでは司法試験に合格できるかどうか不安が残るということを意味するので、そうなった場合、学生は司法試験の心配をしないでプロセス教育に打ち込むことができなくなってしまう。この問題は、法科大学院の修了を各大学の自主性に任せておく以上、完全に払拭することはできない問題である。そうであるならば、法科大学院の修了認定と司法試験を合体させることも検討されるべきではなかったかと思う。しかし、そのような議論がなされた形跡は一切ない。要するに、プロセス教育というお題目は唱えていても、それを本当に実現する制度設計は全くなされなかったと言ってもよいのである。

　第2の問題は、未修者コースの問題である。後に詳しく述べるが、未修コース入学者に対しては、入学試験で法律知識を一切問うてはならないとされている。そのため、未修者は法律学の履修に対する適合性を一切判定されないまま入学することになる。その結果、授業についていくことがで

きず、大変つらい思いをする未修者がどの法科大学院でも一定の割合存在するという実情がある。このような未修者も含めて、入学者の９割以上が司法試験に合格するという制度構築は不可能である。したがって、プロセス教育を真に徹底するためには、未修コースを廃止して、全入学者に法律科目の試験を実施する必要がある。

　このような見解に対しては、「それでは、法科大学院の入学試験が従来の司法試験になってしまい、『点』による選抜になるので、問題である」という反論が考えられる。しかし、前述したように、どのような制度を作ったとしても、一切「点」をなくしてしまうということは不可能である。したがって、「点」による選抜をただ単に毛嫌いするのではなく、「点」による選抜の弊害を少しでも少なくするためにはどのようにしたらよいかという発想で物事を考える必要がある。仮に、法科大学院入試のための予備校が繁盛し、そのことによる弊害が発生することが考えられるのであれば、法科大学院入学後の２年間で徹底したプロセス教育を行い、その弊害を除去するという方法が考えられるべきである。それができないようであれば、そもそもプロセス教育といっても、絵に描いた餅に過ぎないであろう。

　なお、法科大学院におけるプロセス教育の徹底を放棄して、司法試験の合格率がどれだけ低くなろうとも、法曹資格の有無は司法試験で厳しく判定するという制度設計をするのであれば、未修コースが設けられても問題はない。この場合は、法科大学院の修了を司法試験の受験要件とする理由がなくなり、司法試験は旧制度のような受験資格に制限のないものになるであろうから、受験生は自らの意思で未修コースに入学するか否かを決めることができ、未修コースに入学しても法律学の履修に適合性がなかった場合は、司法試験でチェックすることが可能になるからである。

（３）司法試験の改善

　前述したように、一切「点」をなくしてしまうことが不可能である以上、その「点」を改善することも必須の課題となる。司法試験の制度的問題に関しては、後に本書のⅢ－３「司法試験・予備試験について」で述べることになるので、ここでは試験内容の問題に絞って問題を検討してみること

にしたい。

　プロセス教育のドグマを信奉する立場からは、どうも司法試験は「敵」に映るらしい。司法審意見書が「司法試験という『点』のみによる選抜」と言っているのもその１つの例であるし、認証評価においても、司法試験対策を行っていないかどうかが評価の対象になっている[12]。筆者が勤務する愛知大学でも、日弁連法務研究財団の認証評価を受けた際、ある評価委員から「歯を食いしばって、やせ我慢でいいから、とにかく司法試験のことは一切忘れて教育するように」と言われたことがある。

　しかし、学生は司法試験を目指して法科大学院に入学してくるのである。その学生に対し、「司法試験のことは忘れろ」と言っても、それは無理を強いるものである。また、最近では、法科大学院修了者の司法試験合格率がふるわないため、司法試験合格率が各法科大学院を評価する重要な基準の１つになってきている。甚だしい場合、司法試験合格率が悪いと、補助金が削減されることにもなる。司法試験対策はするなと言っておきながら、司法試験の合格率が悪いと不利益に扱う。このような矛盾した制度は、全世界を探しても珍しいのではないだろうか。

　このようなことになってしまうのは、プロセス教育と司法試験を対立したものとしてとらえるからである。そうではなく、司法試験をプロセス教育の成果の集大成であるとともに、理想的なプロセス教育に学生を誘導する重要な契機でもあると位置づけることが肝要である。すなわち学生は、試験を目指して勉強する。試験が変われば、学生の勉強の内容や方法も変わるのである。したがって、学生にどのような勉強をしてもらいたいかを考え、そのような勉強をしないと合格できないような試験に少しでも司法試験を近づける努力をすることが大事である。

　筆者は、新司法試験を手放しで評価するものではないが、旧司法試験より改善されたところはあると思っている。たとえば、筆者の担当している民法で言うと、毎年、教科書や参考書にあまり詳しく書かれていないようなことを問う問題が出題されている。基礎的な問題について基本的な理解がきちんとできていれば、後は自分の頭で考えて、論理的思考を積み重ねて結論に到達することが求められている。筆者は、このような出題は大変

有り難いものであると思っており、学生に対して「このような問題が出るから、論点を丸暗記するような勉強法ではだめだ」と繰り返し説明している。それでも、学生は暗記に走りがちなのであるが、一定の効果はあると考えている。

このように、出題の内容を工夫すれば、プロセス教育と矛盾しない試験に近づけていくことは可能である。旧司法試験は金太郎飴のような答案がほとんどだったとよく言われるが、それは採点方法を改善すれば防げることである。すなわち、金太郎飴のような答案は低い評価にすればよいのである。こうした意味において、採点基準の公開、透明化は重要である。

要するに、司法試験を敵視してプロセス教育を完成させることはできない。大学における質の高い法学教育と、その成果を的確に評価できる司法試験とが、車の両輪として適切に機能するようにすることこそ、プロセス教育を成功に導く道である。

4　アメリカ・ロースクールの模倣による失敗——制度設計上の問題点

法科大学院の制度設計上における最大の失敗は、アメリカのロースクールをそのまま模倣したことにある。これは、古くから存在していたロースクール構想が、アメリカのロースクール制度を日本にも導入しようというものだったので、やむを得ない面もあったと言えるかもしれない。しかし、日本には日本独特の歴史や制度、風俗、習慣がある。それを十分考慮することなく、アメリカの制度をそのまま持ち込んだため、様々な矛盾や問題点が噴出することになった。

（1）未修コースが原則という考え方について

司法審意見書は、法科大学院の「標準修業年限は3年とし、短縮型として2年での修了を認めることとすべきである」としている。すなわち、未修コースの3年が原則で、既修コースの2年は例外なのである。そして、未修コースの入学試験では、法律に関する知識を一切問うてはならないと

されている。

　これは、いわゆる純粋未修者と法学部出身の隠れ未修者との間で不公平が生じてはいけないという配慮にも基づくものであるが、法科大学院に入学するのに、どうして法律知識を問うてはならないのかという素朴な疑問が生じる。この点については、第5回検討会議で田島良昭委員が、「未修の人たちの場合、法科大学院に入るのに法律のことを聞いていないというのは、何か不思議な気がいたします」と発言しておられるところでもある。

　どうしてこのような制度になったのであろうか。それは、アメリカのロースクールが全員未修コースになっているからである。アメリカの大学には日本のような法学部がないので、当然に全員が未修者になる。これをそのまま日本でも模倣したのである。しかし、日本には法学部があり、法律学を履修した人もいるので、例外的に既修コースも作って、これを接ぎ木したというわけである。

　それでは、アメリカと違って法学部がある日本で、なぜ未修コースを原則にしたのであろうか。この謎を解くにあたって、まず司法審がどのような法曹像を提示していたかを見てみよう。司法審は、「21世紀の司法を担う法曹に必要な資質として、豊かな人間性や感受性、幅広い教養と専門的知識、柔軟な思考力、説得・交渉の能力等の基本的資質に加えて、社会や人間関係に対する洞察力、人権感覚、先端的法分野や外国法の知見、国際的視野と語学力等が一層求められる」としている。このような法曹を育成するために、法科大学院が構想されたのである。

　日本における「司法試験一発勝負」は、こうした人材を司法界に吸収するのに妨げとなっているのに対し、アメリカには法学部がないので、ロースクールの学生は法学以外の様々な学問を4年制の大学で学んでからロースクールに入学することになり、それが「幅広い教養と専門的知識」を備えた法曹を輩出する源になっていると考えられた。これこそが法曹養成の理想的な姿だ、というわけである。

　しかし、アメリカにはたまたま法学部がなかったので、そのような制度になったに過ぎない。最初から、「法曹養成の理想的な姿」を求めて法学部を作らなかったわけではないのである。これに対して、日本には法学部

が存在する。法曹を志す人は、日本では法学部に進学するのが普通であり、自然である。

ところが、前述の「理想的法曹像」論はこれを否定する。法学部で法律ばかり勉強してきた人より、他学部で法律以外の学問を修得してきた人の方が「幅広い教養と専門的知識」に優れており、理想的な法曹像に合致すると考えるのである。もう少し具体的に言うと、医師免許を持った人が法曹資格を取得して医療過誤事件に従事する、外国語に堪能な人が法曹資格を取得して国際的に活躍する、というような世界を夢見るのである。

しかし、このような考え方は、いかにも皮相な見方であると言わなければならない。前述したように、日本では、法曹を志す人は法学部に進学するのが普通である。それは、いけないことなのだろうか。あるいは、大学に入学する時点で、法曹を志して法学部を選択してはいけないのだろうか。「幅広い教養と専門的知識」は、法学部出身者でも努力すれば身につけることができる。法曹資格を取得してから身につけることも可能である。現に、弁護士になってから、医療過誤訴訟に従事するために医学を勉強し、相当の専門的知識を身につけて医療過誤訴訟の専門家として活躍しておられる弁護士も多数存在している。これらのどこがいけないのだろうか。

前述の「理想的法曹像」論は、人為的に法学部以外の学部出身者の比率を高めることを法科大学院に要求する[13]。しかし、法学部出身者より法学部以外の出身者の方が法曹として優れているという証明がない限り、そのような作為は法学部出身者に対する逆差別になる。法学部以外の学部出身者の比率を人為的に高めることに汲々とするのではなく、法学部以外の学部出身者でも一切の差別なく法曹資格を取得できるような制度にすることこそが肝要であろう。旧司法試験は、まさしくそのような制度であった。

ちなみに、旧司法試験が単独で実施された最後の年である2005年の合格者のうち、非法学部系の割合は17.96％であった。これに対し、法科大学院出身者が受験する新司法試験において、非法学部系の割合は2011年が18.13％となっている[14]。非法学部系を優遇していたわけではなかった旧司法試験においても、合格者に占める非法学部系の割合は、新司法試験のそれと比べて決して引けをとってはいないのである。

（2）未修原則の弊害

　上記のような考えに基づいて未修コースが原則とされたのであるが、その狙いが必ずしも成功していないことは上に見たとおりである。しかし、それだけでなく、未修を原則としたことは、法科大学院教育に極めて重大な弊害をもたらしている。

　それは、未修コースは法律知識を試されないまま入学するので、入学してから法律学の履修についていくのが大変な学生が必ずどの法科大学院でも一定数出るという問題である。これは、上位校・下位校の区別なく共通した問題で、法科大学院生にとっては極めて深刻な問題となっている。すなわち、法科大学院に入学する学生は、それまでの学業成績ではそれなりの成績を収めてきた人が多い。そして、明日は法曹を夢見て、希望に胸を膨らませて入学してくるのである。

　ところが、法律学の履修に対する適合性は、人によって非常に大きな差がある。未修コースでは、入学試験で法律的知識を問うてはならないことになっているので、法律学の履修に適合性があるかどうか判定ができないまま入学が決められている。そのため、適合性が十分でない人が入学した場合、授業についていくのが大変で、毎日が針のむしろに座らされているような状態になるのである。これは、当該学生にとっては非常につらいことで、法科大学院の学生は学部の学生に比べ、病気になって保健室に通う割合が非常に高くなっている。

　次に、未修コースではどのような入学試験が行われているのかを見てみよう。まず、全国共通の適性試験を受験することが必須とされている。これは、法科大学院を受験しようとする人は全員が受けなければならない試験で、論理的判断力を測る問題、分析的判断力を測る問題、長文読解力を測る問題、表現力を測る問題からなっている。ちなみに、2012年の論理的判断力を測る問題は、次のようなものである。

【問題１】
　大臣Ａは自分の発言により辞任し、後任にＢが大臣となった。多くのマスコミは、記者の意見としてＡの辞任に賛成する記事を取り上げた。とこ

ろが、インターネット上の調査では、マスコミがＡの発言を大きく取り上げたのはＡの政策をつぶすための政治的陰謀であり、Ａの辞任に反対であるという意見が多数を占めた。

　１～５のうち、マスコミとインターネットの結論が異なる理由とはなりえないものを１つ選びなさい。
　１　メディアによっては、人々の多数意見と異なることもありうる。
　２　一般に、政治に関する詳しい情報をあまり持っていない人は、根拠をあまり深く考えずにすむ陰謀説に便乗しやすい。
　３　記者は現場に接しているので多くの情報を持っており、より適切な判断をしやすい。
　４　Ａが辞任してもＢはＡの政策を変えなかったのだから、陰謀説は成り立たない。
　５　記者の意見は常に世論と同じとは限らない。

　適性試験は、アメリカのロースクールで採用されているLSAT（Law School Admission Test）と呼ばれる試験を参考にして開発されたものである。アメリカでは、ロースクールに入学しようとする人は誰も法律知識を有していないのだから、当然このような試験しか実施することができない。日本でもこれをまねて、法律知識を一切試してはならない未修コースの入学判定資料として、適性試験の結果が採用されているのである。
　なお、適性試験の受験は、既修コースにおいても必須とされている。既修コースは入学試験で法律試験を行うのであるから、この法律試験の成績で合否を決めてもよいはずである。なぜ既修コースでも適性試験が必須とされるのか、その理由は謎である。合理的な説明は困難なのではなかろうか。
　適性試験と入学後の学業成績との間に相関関係があるかという問題については、諸説がある。しかし、筆者の経験によれば、ある程度の相関関係は認められたとしても、顕著な関係を認めるのは困難であると思う。特に、適性試験の成績が非常に悪くても入学後に大変よい成績を収める人がいる一方、適性試験の成績が非常によくても法律学の履修に適合性が乏しいと

言わざるを得ない人もいる。

　未修コースの合否は、上記適性試験の成績に加え、各法科大学院が独自に行う入学試験の結果に基づいて判定される。この独自の入学試験として多くの法科大学院で採用されているのは、書類審査、小論文、面接である。

　書類審査は、志願者の経歴や志望理由等を見るもので、これによって志願者の能力を判定することはできない。小論文は、文章表現能力や論理的思考力をある程度試すことはできても、法律学の履修に対する適合性そのものは判定することができない。しかも、小論文の採点には採点者の主観がかなり大きく作用する。採点者によって採点のばらつきが生じやすいのである。面接は、人柄を観るだけである。

　このように、現在の未修者に課されている入学試験では、法律学の履修に対する適合性の有無を判定することは不可能である。法律試験を行わない限り、的確な判断をすることはできない。

　その結果、入学してから苦労する人が出るということは先に述べたとおりであるが、問題はそれだけにとどまらない。法科大学院修了者の7～8割が司法試験に合格するという制度設計を前提とした場合、果たしてこの制度設計と適合するかという重大な問題が存在する。すなわち、法律学の履修に対する適合性に問題のある人も含めて、本当に7～8割の人を司法試験に合格させてしまってよいかという問題である。

　この問題に関しては、法律学の履修に適合性のない学生は、進級判定で厳しくチェックして、進級・修了できないようにすればよいという考えもあるかもしれない。しかし、それは法科大学院に入学できた人に対して、あまりに酷な仕打ちではないだろうか。入学できたのに進級できないというのは、当該学生にとっては大変つらいことである。入学試験で法律科目の試験が行われていれば、法律学の履修に対する適合性の有無はその段階でチェックすることができたはずである。後で後悔することのないよう、入学の段階でチェックしてあげるのが親切というものであろう。

（3）法科大学院修了を司法試験の受験資格要件としたこと

　もう1つの大きな問題は、法科大学院を修了しないと原則として司法試

験を受験することができないという制度にしたことである。アメリカでは、ABA（American Bar Association）[15]が合衆国教育省から公式のロースクール認定機関として認可されており、州によって必ずしも同一ではないが、ABAの認定を受けたロースクールの修了を司法試験の受験資格要件とする州が多い。日本では、文部科学省によって認可された法科大学院を修了しないと原則として司法試験を受験することができないようにした上で、経済的事情その他の理由で法科大学院に進学できない人もいることを考慮して、予備試験合格という別口の司法試験受験資格を設けることにした。そのため、法曹を志す人は基本的に法科大学院に進学しなければならないことになったのであるが、このことが法曹志願者に対する高い障壁となって現れることになった。

　第1に、時間の問題である。旧制度は、大学在学中に司法試験を受験することもでき、合格する人もいた。いつでも好きな時に司法試験を受験することができたのである。ところが新しい制度では、4年制の大学を卒業した後、さらに2年ないし3年間、法科大学院で勉強を続けなければならなくなった。そして、進級・修了にあたっては厳格な成績評価が要求されているので、進級・修了がスムーズにできない人も多い。そうすると、法科大学院の在学期間は、さらに3年、4年と延びていく。標準修業年限（未修は3年、既修は2年）の2倍の年数を最長の在学年限とする法科大学院が多いが、休学期間は在学期間にカウントされないので、2年間休学することができれば、未修コースの最長在学期間は8年ということになる。現に、そういう学生も存在している。さらに、法科大学院を卒業しても、すぐに司法試験に合格できるとは限らない。1回で合格できなければ、5年の間に3回、司法試験にチャレンジすることになる。法科大学院制度は、このように極めて気の長い法曹養成制度になっている。

　第2は、経済的な問題である。法科大学院の年間の学費は、国立大学法人で80万円程度のところが多く、私学では150万円程度のところもある。この他、20〜30万円程度の入学金が必要となる。そして、生活費として毎月10万円程度、これに加えて自宅から通学できる学生は限られているので、大学の近くに下宿することになると、さらに毎月の家賃が必要とな

る。これらを合計すると、3年間で1000万円前後の負担となる。奨学金を充実すればよいではないかという考えもあるかもしれないが、全員が奨学金をもらえるわけではない。しかも、奨学金を得ることができたとしても、それは基本的に貸与であり、借金として重く肩にのしかかってくることになる。現に、1000万円以上の借金を背負って法曹になることができなかった人が全国で多数出現しており、破産の相談も相次いでいる。これは、すでに深刻な社会問題であると言わなければならない。

　こうした負担に加え、司法修習生の給費制も廃止されて貸与制になり、経済的理由で法曹になることを断念する人が少なからず現れるようになっている。最近では、留年すると学費が払えないので退学せざるを得ないという学生も増えている。その一方では、法科大学院修了後3回の受験に失敗した人（三振者と言われている）が、再度司法試験の受験資格を取得するために別の法科大学院に入学するケースも増えている。このように、経済力のある家庭の子弟は、何回でも何年でも司法試験を受験することができる。経済力の格差は年々拡大しており、裕福な家庭に育った人でないと法曹になることが難しい状況が強まっている。これは、幅広い人材を法曹界に吸収しようとした法科大学院構想とは全く逆の事態であり、法曹の質という問題を考えた場合、大変由々しき事態であると言わなければならない。

　第3は、厳格な成績評価に関する問題である。法科大学院は、進級・修了にあたって厳格な成績評価を貫かなければならないとされており、認証評価（第三者評価）と文部科学省の指導もあって、年々留年者が増え、標準修業年限で修了できる学生の割合が減っている。未修1年次から2年次への進級率と、標準修業年限での修了率の推移は、以下のとおりである[16]。

　　〈未修1年次から2年次への進級率〉
　　　　2004年度　　　94.7％
　　　　2005年度　　　92.9％
　　　　2006年度　　　89.5％
　　　　2007年度　　　87.5％

```
2008 年度      84.8%
2009 年度      79.0%
2010 年度      75.8%
2011 年度      76.3%
```

〈標準修業年限での修了率〉

```
           未修      既修
2005 年度           92.6%
2006 年度   76.3%   90.0%
2007 年度   74.3%   91.5%
2008 年度   71.1%   93.1%
2009 年度   68.2%   91.3%
2010 年度   64.9%   89.6%
2011 年度   57.0%   86.7%
```

　進級・修了認定を厳格に行わなければいけないという点は、そのとおりであろう。しかし、それは法科大学院生にとって、極めて大きな精神的負担となっている。法科大学院の修了が司法試験の受験要件とされていなければ、すなわち法科大学院に通うか否かが自由な選択に任されているのであれば、自らが選んだ道なのだから、進級・修了が厳しくても納得できるかもしれない。

　しかし、多くの法科大学院生は、司法試験を受験するために好むと好まざるとにかかわらず、法科大学院への進学を強いられているのである。その法科大学院で進級できないかもしれない、修了できないかもしれないというのは、極めて大きな精神的重圧になる。そのため、病気になって保健室に通う法科大学院生が続出していることについては、すでに述べたとおりである。

　以上述べてきた、時間的・経済的・精神的負担は、学生の法科大学院離れを加速する重要な要因の1つになっている。このことが、法曹志願者数の激減という深刻な事態につながっていることは明らかである。

そしてこの現象は、社会人において特に一層顕著な問題として現れている。すなわち、夜間部や昼夜開講が実施されている法科大学院は非常に少ないので、社会人が司法試験を受験しようとすると、仕事を辞めて法科大学院に入学しなければならないことになる。しかし、法科大学院で進級できるかどうかすら分からない、修了できるかどうかも不安である、仮に修了できたとしても司法試験に合格できるかどうか分からないということになれば、退職して司法試験にチャレンジするのは冒険であり、そのような危険を冒すことはできないということになるのが普通である。法科大学院設立初年度は、法科大学院に入学すればほとんど法曹資格を取得できるという幻想が広まったため、社会人の入学者がかなり見られたが、その後は年々減少している。

〈入学者に占める社会人の割合〉[17]
　　2004年度　　　48.4%
　　2005年度　　　37.7%
　　2006年度　　　33.3%
　　2007年度　　　32.1%
　　2008年度　　　29.8%
　　2009年度　　　26.8%
　　2010年度　　　24.1%
　　2011年度　　　21.1%
　　2012年度　　　21.9%

なお、上記「社会人」の定義は各法科大学院が独自に定義したものであり、中には司法試験の受験勉強をしていても社会人にカウントされる法科大学院もある。したがって、本当の意味での社会人の割合は、さらに少ないものと思われる。このことは、総務省の政策評価でも問題にされているところである[18]。

5　理想的な法科大学院教育というドグマ──教育方法論に関する問題点

　前項では、主に制度に関する面から問題点を観察してきた。しかし、法科大学院の抱える問題はそれにとどまらない。制度に盛る教育内容においても、様々な問題点を指摘することができる。現実を無視した「理想的な法科大学院教育」とでも言うべきドグマが数多く存在しているのである。

（1）「起案＝答練」のドグマ
　プロセス教育論が予備校教育を否定するところから始まっているものであることは、すでに述べた。この予備校否定論が極致に達したものが、起案敵視政策である。すなわち、司法試験で出題されるような事例問題を出題し、学生にその解答を起案して提出することを求める、これが起案教育と言われるものであるが、この起案は予備校で行っている答案練習（答練）そのものであり、法科大学院では一切行ってはならないものであるという考え方が、一時期全国的に広がった。最近では、さすがに起案を一切しないという法科大学院は少なくなったと思われるが、現在でも「起案に対する添削はしない」という教員は多い。
　しかし、起案・添削方式の教育方法が予備校の答練と形態がよく似ているというだけで排斥するというのは、いかがなものだろうか。予備校が行っていることでも、よいものはどんどん取り入れていく必要がある。このことは前述したように、予備校教育が学生からかなり高い評価を得ていることを考えると、なおさら重要なことである。
　確かに、予備校においては司法試験に合格することが最大の目標だから、受験テクニックの伝授に傾きやすいという問題はある。しかしそれは、答案練習というスタイルに問題があるのではなく、添削や講評の中身に問題があるのである。
　筆者が勤務する愛知大学では、法科大学院設立以来、起案を重視した教育を行っており、それは一定の成果をあげてきたと考えている。教育指導の中身が単なる受験テクニックの向上に向けられたものでなく、学生が法

理論を正しく理解し、法的思考能力を高め、さらに事案分析力と応用力を身につけることによって法的諸問題を法に基づいて具体的に解決する能力を涵養し、また文章表現能力も磨いていくという方向で正しく発揮されるならば、起案・添削方式による教育方法は、非常に合理的かつ効果的な方法である。

　第1に、学生が法律学を修得する上で、「書く」ということは非常に大きな意味を持っている。すなわち、頭の中で考えていたときは「分かった」と思われたことでも、いざ紙に書こうとすると書けないということがよくある。このような場合、「書く」ことによって、本当にその問題がよく理解できているかどうかが確認されるのである。また、頭の中では漠然と考えることができるが、漠然と文章化することはできない。この頭の中で考えたことをきちんとした文章にする過程で、思考がより整理され、深化する。さらに、精緻な論理展開で説得力のある文章を書こうとすれば、ただ単に頭の中で考えていただけのときより、より多面的な方向から深く考えることが必要となり、論理的思考能力も鍛えられることになる。このように、「書く」ことの学習効果は計り知れないものがある。

　第2は、教員の側からの必要性である。すなわち、授業の前に全ての学生から起案を提出してもらうことによって、担当教員は一人ひとりの学生の理解の状況を的確に把握することができる。多くの学生が間違えている点、あるいは理解が不十分な点はどこにあるのか、そして、その原因はどこにあるのかということが、起案を読むことによって非常によく分かる。これを踏まえて授業の準備を行うことにより、問題点について学生の的確な理解を得るためのより効果的な授業運営も可能となる。

　また、ほぼ全員がよく理解できていたと思われる点については、当日の授業でそれほど時間を割かなくてもよいことになり、限られた授業時間を有効に活用することもできるようになる。さらに、個々の学生が抱えている問題点を具体的に把握することにより、授業外において適切な個別指導を実施することも可能となる。特に、全ての起案に添削を加えて返却すれば、1対1の家庭教師をするのに準じた効果を得ることができる。法科大学院がいかに少人数教育を売りにしたとしても、1クラスの人数が数十人

となれば、個別指導には自ずから限界がある。全ての起案に添削を施せば、こうした限界もある程度突破することができるのである。

　第3は、文章表現能力を高めることの必要性と重要性である。裁判員制度の実施などによって、以前よりは口頭による表現能力を必要とする機会が多少は増えたとはいえ、依然として実務上文書を作成する機会は多く、法的文書作成能力の涵養は、法曹にとって必須の課題である。この文章表現能力を鍛えるためには、繰り返し「書く」ことの訓練をすることが必要であり、また、それが最も有効な方法である。

　以上のように、起案・添削方式の教育方法は、非常に優れたものであるということができる。特に、2年ないし3年という限られた短期間の間に学生を一定の水準に到達させようとすれば、その方式の有用性は計り知れないものがある。これを、予備校と同じだというだけの理由で排斥するような法科大学院教育は、いったい何なのかと問われなければならない。教員にとっては、事例問題を作成し、答案を読み、これを添削することが一番時間と手間のかかる仕事である。それは大変な労力を要するので、できれば避けたいという衝動にも駆られる。しかし、法科大学院が法曹養成教育の中核機関として真価を発揮しようとするならば、これは避けて通ることのできない課題である。

　最近では、起案を課すこと自体を間違いだとする意見はほとんど聞かれなくなってきており、この問題に関する議論はほぼ決着がついたようにも思われる[19]。しかし、未だに添削をほとんど実施しないところも数多く残されており、学生から強い不満の声があげられている。これが許されるのは、法科大学院を修了しないと司法試験を受験することができないという、法科大学院に対する優遇措置がとられているからに他ならない。法科大学院修了が司法試験の受験要件でなくなれば、旧制度における大学と予備校の関係と同じように、法科大学院は完全に予備校に敗北し、ほとんどの学生は予備校に依存するようになるであろう。このような、予備校との競争において「下駄」をはかせてもらわなければ成り立たないような法科大学院教育の実態では、真に法曹養成教育を任せられるものであるかどうか疑わしいものがある。予備校と平等な条件で競争しても、決して負けないだ

けの教育内容と体制を確立することができて初めて、安心して法科大学院を中核とする法曹養成教育を考えることができるのではないだろうか。

（2）「双方向・多方向」のドグマ

　司法審意見書は、「教育方法は、少人数教育を基本とし、双方向的・多方向的で密度の濃いものとすべきである」としている。この「双方向」というのは、教員が順番に学生を指名して質問をし、学生がこれに答えるというやりとりを通じて授業を進める方法である。アメリカのロースクールで行われている「ソクラテス・メソッド」と呼ばれる授業方法の日本版である。また、「多方向」というのは、学生同士が討論しながら行う授業方式のことである。

　前にも述べたように、日本の法科大学院はアメリカのロースクールを金科玉条のように信奉し、それを模倣したものであるため、このソクラテス・メソッドに代表されるアメリカの教育方式も、理想的なものとして日本に持ち込まれることになった。その結果、非常に特異な教育方法論がもてはやされるようになったのであるが、その1つの代表的な例として、法科大学院の開設を翌年に控えた2003年3月15日、日弁連と法務研究財団が共催して開いたシンポジウムのパネルディスカッション「法科大学院における双方向・多方向授業のあり方を探る」で、宮川光治弁護士が述べた次のような言葉がある。やや長くなるが、非常に特徴的なものであるので、ここに引用しておく。

　「法科大学院3年制課程については、1年次は基礎科目、2年次は基幹科目を教えるとし、段階的に積み上げ的に教えていくことが望ましいことであると多くの方が考えられていた時期がありました。そのような考えは、いまなお支配的であるかもしれません。そのような考えでは、1年次は講義中心ということになろうかと思います。日弁連法科大学院センターは、2001年4月のシンポジウムにおいて、モデルカリキュラム案というものを提示し、授業実験を行いました。そこでは、そういう段階的な積み上げ方式ではなくて、1年次から、双方向・多方向の授業を展開できるのではないかと考え、授業モデルを作ってみました。（中略）まず、彼ら

に適切な体系書・基本書を与えて、それを事前によく読ませる。それ以外に、判例、事例ケース、プロブレム等を与えて十分に予習させる。授業では、最初の15分ぐらい、彼らの事前学習の成果を確認するような作業を行い、その後は、プロブレムやケースで双方向・多方向の授業を展開する。最後に、その日の授業をまとめるような講義・レクチャーを行う。」[20]

　要するに、この方法では、純粋未修者が初めて法律学の勉強をする場合であっても、教科書に書いてあることは何も教えてもらえない。「自分で教科書を読んで、理解してきなさい」と言われるだけである。

　しかし、初めて法律学の本を読んで、これを最初から理解できる人が何人いるだろうか。おそらく皆無に近いであろう。自学自習して理解ができなければ、それで終わりである。授業の最初にわずか15分を使って「事前学習の成果を確認」すると言っても、それはあくまでも「確認」であり、教えてもらえるわけではない。学生は、指名されても答えることができず、分かっていないことが確認できるだけである。その後、事例問題（プロブレム）や判例（ケース）を使って、「これは、どういう意味か」「ここで、このように考えたら、結論はどうなるか」「この判例法理は、この事案にそのまま適用することができるか」などと質問されても、学生はさっぱり分からず、ますます混迷と困惑を深めるだけである。

　このような教育方法が盛んにもてはやされ、実際にこのとおりの教育が行われた法科大学院もあった。誠に恐るべき事態であると言わなければならない。しかし、このような考え方は、決して一部の特殊な考え方でも、一部においてのみ見られた特異な例でもない。認証評価（第三者評価）においても、双方向の授業がなされているかどうかは重要なチェックポイントになっており[21]、上記宮川発言ほど徹底したものでなくても、どの法科大学院も双方向的な授業展開を強いられてきたのである。

　しかし、未修者教育がうまくいっていないのではないかとの批判が強く行われる中で、中央教育審議会（以下、中教審という）に「法学未修者教育の充実のための検討ワーキング・グループ」が設置され、2012年11月30日、報告書[22]が発表された。その中で「法学未修者に対する標準的な3年間の教育課程のうち、特に1年次の教育課程については、法学を全く

学んでいない者を含め、法学の基礎的な学識を問われずに入学している者が対象となることから、質疑応答や討論を中心とした授業方法に過度にこだわるのではなく、法学の知識や法的思考力等の基礎・基本の徹底を図るため、講義形式での授業方法を中心として取り入れるといった工夫が求められる」との提言が行われるに至った。とうとう、双方向のドグマも維持することが困難になり、未修1年次では講義形式を中心とする授業を実施することが求められるようになってきたのである。

　双方向の授業方式には、長所もあるが、短所もある。長所は、学生が一方的な講義をただ単に聴くだけでなく、自ら能動的に授業に参加できること、教員と学生のやりとりを通じて、発言している学生だけでなくこれを聴いている学生も思考が深まること、学生が眠くなりにくいこと、などであろうか。しかし、双方向の授業は時間がかかる。同じことをやるにしても、講義形式で授業をするのに比べて何倍も時間がかかるのである。ただでさえ時間が足りない法科大学院において、これはかなり大きな問題である。しかも、基礎がしっかり理解できていない学生にとっては、全く無駄な時間になってしまうということもある。前述した未修1年次の弊害は、その最たるものである。学生が基礎をしっかり理解できるようにするためには講義形式が有用であり、応用力を養うには双方向が効果的なこともある。講義と双方向それぞれの長所と短所をにらみながら、時に応じて最も合理的で有効な授業方法が選択されるべきである。2年次以降においても、双方向を絶対的なものとしてとらえるべきではない。

(3) 「幅広い知識と教養」のドグマ——法律基本科目の軽視

　法科大学院教育のドグマとして、「幅広い知識と教養を身につけた法曹を育成しなければならない」というものがある。もちろん、そのこと自体は一般論としては正しい。しかし、その理念が法科大学院教育の理想として犯すべからざるものであるとの地位を確立すると、法律基本科目の軽視という深刻な事態を招くことになる。

　法科大学院の授業は、法律基本科目、実務基礎科目、基礎法学・隣接科目、展開・先端科目の各科目群に分類される。法律基本科目は、憲法、民

法、刑法、商法、行政法、民事訴訟法、刑事訴訟法の7科目であるが、法科大学院ではこの法律基本科目に偏重した授業を行ってはならず、幅広い知識と教養を身につけるため、法律基本科目以外の科目を必ず一定の単位[23]数以上履修しなければならないとされている。法律基本科目以外の科目にはどのようなものがあるかというと、実務基礎科目には法曹倫理、民事・刑事訴訟実務基礎等、基礎法学・隣接科目には法制史、法哲学、政治学等、展開・先端科目には労働法、倒産法、知的財産法等の科目がある。

そして、たとえば独立行政法人大学評価・学位授与機構（以下、学位授与機構という）の基準によれば、修了要件単位数のうち3分の1以上が法律基本科目以外の科目でなければならないとされている[24]。しかし、未修者を3年間で司法試験合格レベルにまで引き上げるのは、かなり大変なことである。ただでさえ単位数が足りなくて四苦八苦しているのが実情であるところ、3分の1以上を法律基本科目以外の科目で占めなければならないため、法律基本科目の単位数が足りず、現場は困っている[25]。

幅広い知識と教養も必要かもしれないが、少なくとも法律基本科目に関する最低限の知識と理解、能力がなければ、法曹として完全に失格である。民法が分からないで、知的財産法や法制史等の知識を有していても、意味はないのである。「幅広い知識と教養」のドグマに犯されたカリキュラムで育てられた法曹は、法律基本科目の基礎的知識や理解に欠けるところがあると、現在様々なところから指摘を受けている[26]。このドグマから一刻も早く開放されないと、日本の法曹の質の劣化を食い止めることはできないであろう。

この問題についても最近、わずかながら改善の兆しが見えつつある。すなわち、2009年4月17日、中教審の法科大学院特別委員会が発表した「法科大学院教育の質の向上のための改善方策について（報告）」の中で、未修1年次に配当される法律基本科目の単位数を6単位増加することを認めるべきであるとの提言がなされ、これに基づく省令の改正が行われた。そして、文部科学省の積極的な指導により、多くの法科大学院で現実に法律基本科目の単位増が行われたのである。

しかし、日弁連は、上記報告に対する反対の意見書[27]をまとめ、各法

科大学院に対してもこれを配付した。その内容は、「教育内容に関しては、本報告（筆者注：上記中教審報告のこと）は各科目群の中で特に法律基本科目を重視する立場を明らかにした。法律実務基礎科目と並び法律基本科目も重要であり充実させるべきは当然である。しかし、カリキュラムが過密化し、司法試験の競争が激化している現在の状況のもとで、理論教育を量的に増強する方向に舵を切ることは、旧制度下のような知識偏重の弊害を再燃させる危険がある。特に、法学未修者について1年次の理論教育を量的に集中強化するとの発想は未修者3年課程を原則とし、理論と実務の架橋や展開・先端科目等の豊かな教育を通じて多様な人材の輩出を目指す法科大学院の理想を損ないかねない」というのである。

　法律基本科目の重要性を実務基礎科目と並列的にとらえる見方もさることながら、法科大学院において理論教育を強化することに真っ向から反対するこの見解は、前述した「幅広い知識と教養」のドグマそのものである。どうやら、日弁連がこのドグマに一番犯されているようである。

（4）「理論と実務の架橋」のドグマ

　司法審意見書は、「法科大学院では、法理論教育を中心としつつ、実務教育の導入部分（例えば、要件事実や事実認定に関する基礎的部分）をも併せて実施することとし、実務との架橋を強く意識した教育を行うべきである」とした。この「理論と実務の架橋」も、法科大学院教育を象徴するフレーズとして、随所で使用されるものである。しかし、その内容に込められた意味は、必ずしも一様ではない。

　まず、法科大学院に司法研修所における前期修習に代わる教育を期待する立場があった。しかし、上記司法審意見書は、「実務教育の導入部分」となる「要件事実や事実認定に関する基礎的部分」等の教育を行うと言っているだけで、前期修習を行うとは言っていない。その後に発表された公的文書においても、前期修習の内容をそのまま行うという方針はどこにも記載されていない。

　しかし、それにもかかわらず、前期修習を廃止してしまった。以前は、司法修習生は前期修習において、訴状や準備書面、起訴状や弁論要旨、判

決書等の実務文書を起案し、実務の概略をある程度理解してから実務修習に就いていた。ところが、今は前期修習が廃止されたため、修習生は実務文書の何たるかも全く知らないまま実務修習に放り込まれることになり、実務修習の実があがらないという重大な弊害が発生している[28]。

　法科大学院教育が前期修習に代わり得ないものであることは、最初から分かっていたはずである。ところが、この問題についてどこでどのような検討がなされたのか、あるいはなされなかったのか分からないが、一方的に前期修習が廃止されてしまい、法科大学院教育と司法修習との連続性が断たれてしまった。このように、法曹養成に関する新たなプロセス教育は、そのプロセスの過程に重大な欠陥を内包したまま発足することになったのである。

　それでは、「理論と実務の架橋」は、法科大学院教育の現実においてはどのように履践されているのだろうか。たとえば、学位授与機構の法科大学院評価基準2-1-6によれば、まず必修科目として開設しなければならない実務基礎科目は、①法曹倫理、②民事訴訟実務の基礎（要件事実、事実認定を含む）、②刑事訴訟実務の基礎（事実認定を含む）の３科目（各２単位、合計６単位）である。それ以外に、④模擬裁判、⑤ローヤリング[29]、⑥クリニック[30]、⑦エクスターンシップ[31]等の科目から、４単位が必修ないし選択必修とされなければならない。加えて、様々な授業の中で、法曹倫理、法情報調査、法文書作成に触れることが要請されている。

　問題は、このような実務を法科大学院で学ぶ積極的な意義は何かという点である。「理論と実務の架橋」というスローガンだけでは、その具体的な意味は不明である。この点につき、日弁連は「従来の法学部教育に比べ、現実に"使う"観点に基づく法理論教育が徹底されるとともに、実務教育により、法理論の定着・深化を図り、かつ、実務家としての価値観、責任感、倫理観を教えることが期待されている」[32]と説明している。

　しかし、「使う観点に基づく法理論教育」は、直接実務を教えなくても、理論教育の中で十分対応できる問題である。そして、実務を学ぶことによって「法理論の定着・深化」が図られるとは思えない。たとえば、ローヤリングの授業の中で、法律相談の技法を学ぶことが、どのような意味で

「法理論の定着・深化」につながるのであろうか。全く理解することができない。さらに、「実務家としての価値観、責任感、倫理観」は、司法試験に合格してからでも十分学ぶことができるし、むしろその方が効果的である。この法曹倫理の授業は、アメリカでは学生にとって最も評判の悪い授業であると言われており、その点は日本でも同様である。法科大学院の学生は、司法試験に合格することが最大の目的である。まだ合格できるかどうか分からない段階で実務を教えられても、身が入らないのは当然である。このことは、法曹倫理だけでなく、全ての実務科目について言えることである。法科大学院では理論教育に徹し、実務教育は司法試験に合格してから行うのが、教育効果という点から考えて最も合理的である。

前述したように、法科大学院では、法律基本科目に配当できる単位数が少なくて、教育上の支障が生じている。実務科目に振り当てる単位があれば、これを法律基本科目に配当して、学生が基本法に関する基礎的知識に欠けると指摘されることのないようにするべきである。

要するに、「理論と実務の架橋」というスローガンは、これを実務教育重視のドグマとするのではなく、次のようなものとして理解するべきである。すなわち、法科大学院では、理論教育を行うことを基本的な目的とするべきである。そして、その理論教育の中身は、単なる抽象的な理論を学ぶのではなく、現実に発生する法的な紛争を具体的に解決することのできる能力を涵養することに十分目配りのきいたものにする。学生が実務の一端に触れ、その実情を知ることは、学習のモチベーションを高めることにも役立つので、その限りにおいて実務を紹介し体験するような内容の授業を設けることは意義のあることであるが、学生の実務的技能を高めることを目的とする授業は行わない[33]。

6 「中間的とりまとめ」の問題点

(1) 教育の質の向上、定員・設置数、認証評価

「中間的取りまとめ」は、未修者教育に関する問題以外の問題を「(1) 教育の質の向上、定員・設置数、認証評価」の項でまとめて論じている。

冒頭の枠の中に記載された最初の2つの項目（以下、第1項目、第2項目という）で司法試験の問題に触れ、第3～5項目で、定員削減・統廃合の必要性に触れ、最後の第6、7項目で定員削減・統廃合を進める方法について触れている。以下、この順序に従って検討を進める。

①司法試験合格率の位置づけ

　第1項目は、「法科大学院は……修了者のうち相当程度（例えば約7～8割）が司法試験に合格できるよう、充実した教育を行うことが求められる」としている。このこと自体は、法科大学院を修了したら必ず7～8割が合格できる制度にすると言っているわけではなく、それを目指して充実した教育を行うと言っているだけなので、ある意味では当然のことである。

　しかし、プロセス教育を本当に実践しようとするのであれば、このような位置づけでは全く不十分であり、司法試験合格者数とほとんど変わらない程度の定員数になるよう厳格な定員管理が必要だったことについては、すでに詳しく述べたとおりである。

　第2項目では、法科大学院志願者を回復するために司法試験合格率の向上が必要であるということが述べられている。そして、第3項目以下についての「検討結果」では、問題のある法科大学院とは司法試験合格率の低い法科大学院であるということがはっきり指摘されており、こうした法科大学院の定員削減・統廃合が必要であるとされている。要するに、「中間的取りまとめ」は、法科大学院の志願者が激減しているのは司法試験合格率が低いからであり、これさえ改善すれば問題が解決するという立場に立ち、合格率の低い法科大学院を統廃合等によって切り捨てようとしているのである。

　しかし、志願者が激減している最大の理由は、就職難等に象徴される弁護士職の魅力の減退にある。この根本的原因を改善しないでおいて、志願者の回復はあり得ない。このことは、旧司法試験が合格者数500人程度、合格率2～3％という超難関であった時代でも、常に2～3万人が志願していたことからも明らかである。

　そして、法科大学院制度そのものが、司法試験受験生にとって時間的・経済的・精神的負担の大きいものであることが、志願者減の理由になって

いることもすでに述べたとおりである。この問題をそのままにしておいて、仮に合格率が7割程度になったとしても、若干の志願者減の歯止めにはなり得ても、志願者数の回復は到底望むことができないであろう。この問題を解決するためには、法科大学院に入学すればほとんど司法試験に合格できるという状態を保証するか、法科大学院修了を司法試験の受験資格要件から外すか、いずれかの道を選択する以外に方法はないであろう。

② 定員削減・統廃合の必要性

　第3～5項目では、定員削減・統廃合の問題が論じられているのであるが、ここでその対象になっているのは、「教育状況に課題のある法科大学院」である。ここで言う「課題」とは、「司法試験合格率が低く、入学者数が定員を大きく下回る」ことであるとされている。そして、こうした問題については「法科大学院間のばらつき」が大きいというのである。

　結局、「中間的取りまとめ」が言っていることは、上位校は充実した教育を行っていて司法試験合格率が高いが、下位校は司法試験合格率が低く問題があるので、定員削減や統廃合等の組織見直しを通して下位校を切り捨てていかなければいけないということである。そうすれば、司法試験合格率の高い上位校だけが残り、しかも、定員が少なくなることによって司法試験受験者数も減少するから、司法試験合格者数が変わらなければ、自然と司法試験合格率は向上するというものである。そして、司法試験合格率さえ向上すれば、法科大学院志願者数も回復し、全て問題は解決するというシナリオである。

　しかし、司法試験合格率さえよくなれば全て解決するといった単純な問題でないことは、すでに述べたとおりである。ここで加えて問題にしなければならないことは、各法科大学院における教育内容の充実度と司法試験合格率との間における因果関係の問題である。果たして上位校は、充実した教育を行っているから合格率がよいのだろうか。下位校は、充実していないから合格率が悪いのだろうか。確かに、下位校ほど優秀な教員を集めることが困難な条件にあるから、充実した教育を行う上で問題を抱えている法科大学院もあることは事実であろう。しかし、上位校を修了して司法試験に合格した人たちからは、「法科大学院の授業は司法試験には役立た

なかったけれども、それなりにいい内容のものでした」という声をよく聞く。すなわち、「幅広い知識と教養」という観点や、司法試験に役立つ教育を否定する立場からは、非常に充実した教育が行われていると言えるが、それは司法試験の合格率の向上にはつながっていないということである。なぜ上位校では司法試験合格率が高いかというと、上位校にはいわゆる偏差値の高い学生が入学するので、彼らは放っておかれても試験でそれなりによい成績を収めるからである。もちろん、上位校の中にも、原則的でかつ司法試験合格にもつながる、すばらしい教育が行われている例もあると聞く。しかし、率直に言って、それは一部に限られていると言わざるを得ない。

　それでは、こうした実情を前提に「中間的取りまとめ」の提言案を実行すると、どういうことになるだろうか。法科大学院は、東京を中心に大都市の上位校だけが生き残り、相当数の下位校は廃校を余儀なくされる。その結果、学生定員はかなり少なくなり、司法試験受験者数が減って、司法試験合格率もある程度向上する。その結果、上位校を中心に司法試験合格率、定員充足率、入試の競争倍率等において、見かけ上の数値としては一定の改善結果が見られるようになり、安定した状態がもたらされる。これが、文部科学省等の描くシナリオであろう。

　しかし、弁護士職の魅力が回復しない限り、志願者数の回復はあり得ない。したがって、上に見た「安定」は、少ない志願者数で優秀な人材が十分に集まらないことを前提にした、低いレベルでの底値安定状態に過ぎない。しかも、経済的に相当恵まれた家庭に育った人や、将来の就職の心配をしなくてもよい弁護士の二世等でないと、なかなか法科大学院に進学することはできない。そして、小・中・高とある程度の成績を収め、よい大学からよい法科大学院に進学した、いわゆる偏差値秀才が多くなる。経済的に困難な条件を抱えた人、石にしがみついてでも人権擁護のために頑張りたいという情熱を持った人、一念発起して法曹界への転身を志す人、独立精神の旺盛な人、個性的な人等は、法曹界に参入しにくくなる。

　これは司法界の未来にとって、大変重大な問題である。法曹界は、恵まれた家庭に育った人が、いくつかある就職先の中から選択する普通の職場

の一つでしかなくなってしまう。そうした感覚が法曹の意識に浸透していけば、司法の弱者救済・人権擁護機能の減退にもつながっていくであろう。これは、法科大学院が目的とした世界とは全く正反対のものではないだろうか。

③定員削減・統廃合を進める方法

　第6項目は、司法試験合格率の低い法科大学院に対しては、公的支援（財政的支援、人的支援）の見直しを強化することによって、自主的な組織見直し（定員削減・統廃合）が促進されるようにすることを提言している。ここで言う財政的支援の見直しとは、法科大学院に対する補助金を削減することであり、人的支援の見直しとは、法科大学院に対して教員として派遣していた裁判官、検察官を引き上げることである。

　これらの方策はすでに実行に移されている。それをさらに強化するということであるが、それにしても、こうした方策は、最終的には各法科大学院による自主的な撤退の判断を促進するものでしかないため、「生ぬるい」「効果が出るのが遅い」といった批判があげられた。その急先鋒が日弁連であり、検討会議の議論の中でも、これを支持する意見がかなり出された。

　その結果を受けて、第7項目で、上記のような公的支援の見直しをしても一定期間内に組織見直しが進まない場合、新たな法的措置を設ける可能性もあることが書き込まれることになった。この新たな法的措置とは、基準を満たさない法科大学院については、①修了しても司法試験受験資格を認めない、②組織廃止命令等により強制的に廃校とする、という二とおりの方法が考えられている。

　しかし、そのいずれの方法をとるにせよ、それは当該法科大学院において十分な教育が行われていないということを理由にするものでない限り、合理的かつ適法な処分とは言えない。しかし、司法試験合格率等の数値が各法科大学院の教育力をそのまま示したものでないことは、前に詳しく述べたとおりである。基本的には、その法科大学院（その法科大学院を擁する大学）のブランド力に依拠しているのであり、ブランド力の高い大学は優秀な学生を集めることができるから、よい結果を残すことができるというだけのことである。それにもかかわらず、よい結果を残すことができな

かった法科大学院に対し不利益処分を課すことは、違法と言わざるを得ないであろう。

　この点については、公的支援の見直しという方法であろうと、新たな法的措置による方法であろうと、基本的には同じことである。そのため、組織見直しにあたっては、こうした数値だけでなく、実質的な教育の中身も基準に加えるべきであるという議論もなされている。しかし、それを誰がどのような方法と基準で判断するのであろうか。数値化されたものでない限り、判断者の恣意が混じり込むことは避けられないことであり、そこに不公平が生じる可能性がある。しかも、実質的な判断が行われるということは、教育の自由に対する侵害にもなりかねないのであり、それは極めて危険な考えであると言わざるを得ない。

　また、強制的な法的措置として考えられている二つの方法も、法科大学院の危機的現状に対する焦りを反映したものであり、いずれも現実性に乏しいと言わなければならない。すなわち、全ての法科大学院が設置認可を受けて設立されており、その後に行われた認証評価（第三者評価）においても、ほとんどが適合の評価を受けているはずである。こうした法科大学院に対して、別の基準を持ち出して強制的に司法試験受験資格を剥奪する、あるいは組織廃止命令を出すなどということは、行政の矛盾であり、論理的に許されないことである。

　そのため、第7項目には「認証評価による適格認定の厳格化など認証評価との関係にも留意しつつ」という、意味不明の文章が盛り込まれている。これは、司法試験合格率等の一定の基準に達しない場合は不適合の判定を行うよう認証評価基準を厳しく改訂し、これを前述の法的措置に連動させるということを意味しているともとれる。しかし、もともと認証評価とは、大学に対する制裁を目的とするものではない。教育の質を保証するという観点から、問題点の改善と質の向上に向けた支援を行うというのが、その本来の目的であり性質である[34]。だからこそ、認証評価で不適合の評価を受けても、そのことが直ちに当該大学の不利益処分にはつながらないことになっている。それを前述のように改訂するということは、認証評価の性質を根本的に変更するものであり、また教育の自由を侵害するものでもあ

るので、とうてい許されることではない。

　さらに、法的措置の発動を客観的な数値に基づいて決定するのであれば、数値を形式的に基準にあてはめるだけでよいのであるから、認証評価を絡ませる必要は全くない。したがって、認証評価が必要になるのは、認証評価機関の裁量に基づく判断・評価が、法的措置を発動するか否かの結果に影響を与える場合ということになるが、認証評価機関にそこまでの強大な権限を与えるのは不適切である。

　現在、認証評価によって「不適合」との判定を受けても、当該法科大学院の存立に直接の影響はないが、それでも多くの法科大学院は不適合評価を避けるため、認証評価機関に対して迎合しなければならない状態に陥っている。それが強制的な廃止にまでつながるような権限を認証評価機関が持つということになれば、その影響は計り知れず甚大なものとなる。しかも、評価機関によって評価基準は微妙に異なっており、評価に関する判断も微妙に異なることがある。ある評価機関では適合とされた法科大学院が、他の評価機関では不適合と判定されることもあり得るのである。そのようなことで法科大学院の廃止という重大事が決まるなどということは、あってはならないことである。

（2）法学未修者の教育
①「共通到達度確認試験」について

　「中間的取りまとめ」は、「法学未修者の教育」に関する項の第1項目で、未修1年次から2年次へ進級する際に「共通到達度確認試験（仮称）」を行うことを提唱している。これは、「法学未修者は、入学選抜段階で法学の基礎的な学識を有するとの認定を受けていない者であるから」実施するのだという。しかし、それならどうして入学の時に法学の基礎的知識を認定しないのだろうか。入学試験で法律科目の試験を実施しさえすればよいのであり、それをしないで共通到達度確認試験を行う合理的な理由はない。

　また、仮に共通到達度確認試験を実施することになれば、それはおそらく短答式試験にならざるを得ないであろう。そうすると、勢い学生としては、この試験でよい成績をとるために、日常の学習においても短答式問題

の練習に力を入れざるを得ないことになる。その結果、考える力を養うというより、暗記に傾いた学習が強められることになる。これは、法科大学院における教育の質を損ないかねない重大な問題である。

さらに、共通到達度確認試験が全国で一斉に実施されることになると、おそらくこの試験で一定の成績に達しない学生は進級させるべきでないということになるだろう。現在は、適性試験の成績が全国で下位15％以下の者は、法科大学院の入試において合格させるべきでないという指導が文部科学省によって行われており、それは認証評価にも反映しているのであるが[35]、その進級版というわけである。

しかし、個々の学生を進級させるかどうかは優れて教育的な営みであり、本来であれば、それは当該学生の教育を担当した教育者のみが決定できることである。それを、このような形式的な数値（全国共通の短答式試験の得点）だけで決定するというのは問題である。短答式試験の成績が悪くても、論文式試験の成績はよいかもしれないし、場合によっては進級後に成績が伸びることが期待できる事情があるかもしれない。進級に関する大学の自主的な判断を阻害するようなことになれば、それは教育権に対する侵害と言わざるを得ないであろう。

②法律基本科目の重視について

第2項目では、「法学未修者が基本的な法律科目をより重点的に学ぶことを可能とするための仕組みの導入を検討するべきである」とされている。これまで、「幅広い知識と教養」「理論と実務の架橋」等のドグマに侵されて、法律基本科目を軽視する傾向が存在していたことはすでに指摘したとおりであるが、それが一定の範囲で是正され、特に未修者教育において法律基本科目を重視する方向が模索されていることは、大変結構なことである。

しかし、法律基本科目を重視すべきことは、未修者に限らない。既修者においても同様に考えるべきである。また「中間的取りまとめ」では、抽象的に「仕組みの導入を検討するべきである」とするのみで、具体的な提言は一切なされていないのであるが、早急にこれを具体化して実践に移すべきである。

7　まとめに代えて

　これまで、「中間的取りまとめ」の問題点を様々な角度から考察してきた。その最大の問題点は、法科大学院が内包している基本的な問題点についての考察を欠き、一部の上位校のみの形だけの生き残りを図るために、小手先の弥縫策に終始していることにある。

　そもそも法科大学院を設立したこと自体、その立法事実において十分な根拠を有するものでなかったことは、最初に詳しく述べたとおりである。そして、実際に設立された法科大学院も、その理念と具体的な制度設計等において重大な欠陥を有するものであったことも、すでに明らかにした。現在の法科大学院に見られる危機的状況を解決するにあたっては、もちろん法曹人口問題との絡みを解きほぐすことも重要なことであるが、上述のような法科大学院自体が内包する根本的問題点を解決する努力なくして、その成功はあり得ない。とにかく作ってしまったのだから、それを前提にして多少の手直しで何とか改善を図ろうというような姑息な考えでは、現在噴出している巨大な問題を解決することは到底できないであろう。

　それでは、具体的にどうしたらよいのか。紙幅の関係で、詳しくは本稿末に掲載した拙稿「法科大学院制度改革案の検討」の二（改革の方向性）をご参照いただきたいが、以下、1つの考えられる制度改革案としての管見を簡潔にまとめ、本稿の結びとしたい。

　司法試験は、基本的には資格試験としての性質を有するとしても、適切な法曹人口を確保するという観点から、政策的に合格者数が決定される側面があることは否定できない。司法試験の合格者数をどこかで決めなければならないのであれば、法科大学院の存在を前提にすると、入口（入学時点）で絞るか、出口（司法試験）で絞るかのいずれしかない。

　入口で絞る方法は、法科大学院におけるプロセス教育を維持する考え方である。この場合、司法試験は法科大学院の修了試験とほぼ同様の位置づけとなり、入学者（修了者ではない）の9割以上が司法試験に合格できることが通常の状態となる。そのためには、法科大学院の入学試験で厳格に

法律科目の試験を実施することにより、入学者は法律学を学ぶ素養のある者であることが確認されなければならない。各法科大学院で異なった判定基準によって入学が決められては、一律9割以上の司法試験合格を保証することはできないので、法科大学院の入学試験を全国共通の試験で実施し、全法科大学院の定員数に見合った数の合格者（司法試験合格者が1000人の場合は1100人程度）を選抜する。その後、合格者の希望に基づいて入学する法科大学院を決定する。定員を上回る希望者があった法科大学院は、成績上位者から入学を認め、選に漏れた人は第2希望以下の法科大学院に入学する。

司法試験のことを全く気にしないで、学生が伸び伸びと法科大学院で勉強できるようにするためには、ここまで徹底しないと効果はないであろう。この方法をとった場合、法科大学院の入学試験が従来の司法試験に代わるものとなり、そこに受験勉強の弊害が発生するのではないかという心配が持ち出されるかもしれない。しかし、その問題は、現在の既修コースでも同じ問題があるのである。もし、入試に向けた受験勉強で弊害を身につけた人が入学した場合は、これを2年間の徹底したプロセス教育で矯正するようにするべきである。それができないようでは、法科大学院を作る意味がないであろう。

問題は、果たして、そこまで法科大学院の定員を削減し管理することができるかどうかである。筆者としては、それは現実的に困難ではないかと思う。それができれば、この入口で絞る方法も一つの方法であると考えるのであるが、残念ながらこの方法は、現実的な改革案とは言えないように思う。

そこで、次に考えられる方法は、出口で絞る方法である。この方法をとった場合、法曹資格の有無は専ら司法試験で判定され、適格者は司法試験で絞られることになるので、法科大学院が何校できても、そして定員が何名であっても構わないことになる。学生は、法科大学院に入学できても、司法試験に合格できるかどうかは全く分からないので、司法試験の受験勉強に相当程度精力を注入しなければならなくなる。こうして、法科大学院におけるいわゆるプロセス教育は放棄され、法科大学院の修了を司法試験

の受験要件とする理由も必要性も消滅する。法科大学院は、予備校と対等平等の立場で競争して、司法試験の合格を競うことになる。

　この方法を採用する場合、考えられる第1の批判は、「それでは、ほとんどの法科大学院がつぶれてしまうのではないか」というものである。確かに、そのとおりであろう。しかし、それは何を意味するかというと、現在の法科大学院は、司法試験の受験要件という「下駄」をはかせてもらって初めて何とか予備校に対抗できるという、甚だ情けない存在でしかないということである。学生は、そのような法科大学院教育に期待することはできない。むしろ、そのような法科大学院を修了しないと司法試験を受験できないというのは、学生にとって迷惑なことであるとさえ言えるのではないだろうか。この出口で絞る方法を採用した場合、法曹養成教育に情熱を燃やし、対等平等の立場で予備校と競争しても負けない教育力を持った法科大学院だけが残るであろう。それこそが、真の求められる法科大学院と言えるのではないだろうか。

　考えられる第2の批判は、「そのようにすると、結局、旧司法試験制度と同じことになり、受験勉強の弊害が復活するのではないか」というものである。これに対しては、司法試験を暗記や受験技術だけでは合格することが困難な試験に少しでも近づけるための努力をすること、司法研修所を充実して、司法修習の中でその弊害が除去されるようにすることを考えるべきである。

　すなわち、司法研修所において従前の前期修習を復活することはもとより、その中で法律科目や教養科目も学び、幅広い知識と教養を身につけるとともに、法的思考能力を高め、法律家として考える力を増進するという方向を検討するべきである。そのためには、大学の協力を得て、研究者教員が司法研修所に出向して教鞭をとる制度を導入することが考えられる。そして、司法修習生の給費制も復活させるべきである。

　現在の法曹養成制度が抱える問題点を改善し、司法の危機とも言うべき状況を突破するためには、司法試験合格者数を1000人以下の適切な数に減員し、法曹養成制度を上記のような出口で絞る制度に転換することが、現実的な方策であると思う。

注
1　2013 年の適性試験の志願者数は、第 1 回（5 月 26 日）が 4387 人（対前年比 15.4％減）、第 2 回（6 月 9 日）が 4965 人（対前年比 16.8％減）で、このところ毎年 15％を上回る志願者数の減少が続いている。
2　文部大臣の諮問機関として 1987 年に設置された審議会。2001 年の省庁再編に伴って、中央教育審議会大学分科会に再編された。
3　司法制度改革審議会設置法によって内閣に設置された審議会。1999 年 7 月から約 2 年間という短期間の審議でまとめられた意見書は、年間司法試験合格者の 3000 人への増員、法科大学院の設置、裁判員制度の創設等、数々の重大な司法制度改革を提唱し、そのほとんどが実行に移された。
4　法曹三者の合意によって 1991 年 6 月に設置された協議会で、司法試験合格者数を 1500 人程度にすることを多数意見とする意見書を 1995 年 11 月に発表して解散した。
5　同様の問題意識を提起する文献は多数あるが、さしあたり大学人としての立場から書かれたものとして田中成明「法曹養成制度改革と大学の法学教育」（有斐閣『京都大学法学部百周年記念論文集』第 1 巻）、弁護士の立場から書かれたものとして柳田幸男「日本の新しい法曹養成システム（上）（下）」（『ジュリスト』1127 号、1128 号）をあげておこう。
6　森山文昭「法科大学院（ロースクール）構想の隘路」（『自由と正義』2000 年 7 月号 26 頁）。
7　前掲注 6 の 30 頁、鎌田薫「法曹養成教育と私法教育」（成文堂『ロースクールを考える』66 頁）等。
8　第二東京弁護士会法曹養成二弁センター「法科大学院（ロースクール）問題に関する第三次報告書」等。
9　中西一裕「あえてロースクール構想を擁護する」（『法と民主主義』1999 年 10 月号 45 頁）。
10　司法修習の修了認定試験。
11　司法研修所では、二回試験の前に集合修習を実施しているのであるが、2000 人の修習生を一度に収容することができないため、A 班と B 班に分けて修習をしている。まず A 班が集合修習をした後、B 班が集合修習をするようにし、他の班が集合修習をしている間は選択型修習（施設見学、模擬裁判等）を行うことになっている。そうすると、A 班は二回試験の直前に選択型修習を行うことになるので、これに身が入らないという問題（A 班問題と言われている）が生じている。詳しくは、本書のⅢ-4 を参照されたい。
12　たとえば、2011 年 12 月公益財団法人日弁連法務研究財団「法科大学院評価基準―

一解説」の第5分野の「6．評価判定の視点」（6）では、「司法試験対策・準備を主目的とした科目はないか」という視点で評価を行うと明記されている（77頁）。
13　このことは、現在の認証評価に受け継がれており、どの認証評価機関も同趣旨の評価基準を有している。たとえば、独立行政法人大学評価・学位授与機構は、法科大学院評価基準の解釈指針6-1-5-1（3）で「入学者のうちに法学を履修する課程以外の課程を履修した者、又は実務等の経験を有する者の占める割合が3割以上となるよう務めていること」という基準を設け、同（4）で「（3）の割合が2割に満たない場合には、入学者選抜の実施状況を公表するとともに、その満たなかった理由が示され、改善の措置が講じられて」いなければならないとしている。
14　第3回検討会議の資料1「法曹養成制度の理念と現状」の資料17。
15　アメリカ法曹協会。アメリカ最大の法曹組織で、弁護士にとどまらず裁判官、大学教授等を含む幅広い法曹有資格者で構成される任意加入の団体である。
16　第5回検討会議における事務局提出資料6、7。
17　第50回中央教育審議会大学分科会法科大学院特別委員会（2012年7月19日）の資料。
18　総務省「法曹人口の拡大及び法曹養成制度の改革に関する政策評価書」（2012年4月）182頁。
19　たとえば、答案指導の有用性を指摘するものとして、後藤昭「法科大学院における答案指導のあり方」（民事法研究会『ロースクール研究』No.9、25頁）等があり、独立行政法人大学評価・学位授与機構「法科大学院認証評価に関するQ＆A」（2010年10月）も、「実際の授業において、法曹として必要な論述能力を涵養するため、各教員が作成した事例問題や過去の司法試験の問題などに基づき論文を作成させ、効果的な添削指導を行うことが、教育上適切かつ必要な場合もあると考えられます」（Q28に対するA）としている。
20　JLF叢書VOL.3『法科大学院における教育方法』（商事法務・日弁連法務研究財団編）91頁。
21　たとえば独立行政法人大学評価・学位授与機構は、「法律基本科目については、とりわけ双方向的又は多方向的な討論を通じた授業が確実に実施されることが求められるとともに、法学未修者1年次においては、同一の授業科目の中でも、学修のテーマや学生の習熟度に応じて、双方向的・多方向的な討論形式を基本としつつ、必要に応じて、講義形式をそれと適切に組み合わせるなど、授業方法の工夫が図られていることが必要である」（法科大学院評価基準の解釈指針3-2-1-4）としており、1年次においても双方向を基本にしなければならないとしている。
22　中央教育審議会大学分科会法科大学院特別委員会法学未修者教育の充実のための検

討ワーキング・グループ「法学未修者教育の充実方策に関する調査検討結果報告」。
23　一般に、90分の授業1コマを半年間に15コマ開講して2単位とする例が多い。
24　法科大学院評価基準 4-2-1 (3)。
25　法律基本科目の単位数が少なすぎるのではないかという問題については、すでに法科大学院設立前から問題にされていた。森山文昭「法科大学院と法学教育」『法律時報』2000年11月号（72巻12号、通巻898号）35頁、角紀代恵「ロースクールってなあに？」（成文堂『ロースクールを考える』）17頁等参照。
26　司法試験合格者数の質が劣化しているのではないかという問題については、本稿末に掲載した拙稿「法科大学院制度改革案の検討」の一 (3) で触れているので、参照されたい。劣化の原因は、基本的には司法試験合格者数が増員された結果、合格ラインが低下していることにあると思われるが、だからこそ、法律基本科目を中心にした教育を徹底しないと、法律を知らない法曹が大量に生み出されていく危険性がある。
27　日本弁護士連合会「中央教育審議会大学分科会法科大学院特別委員会『法科大学院教育の質の向上のための改善方策について（報告）』に対する意見書」(2009年7月16日)。
28　詳細は、本書のⅢ-4を参照されたい。
29　依頼者との面接・相談・説得の技法等、弁護士としての基礎的技能を修得する科目。
30　弁護士の指導・監督のもと、生きた事件の法律相談や事件処理等を学生自らが行うことにより学ぶ科目。
31　法律事務所、企業、官庁等に出張して行われる研修。
32　2011年8月19日の理事会で採択された「法科大学院教育と司法修習との連携強化のための提言」。
33　さらに詳しくは、森山文昭「法科大学院における研究者教員の役割」『法の科学』42号115頁を参照されたい。
34　財団法人大学基準協会は、「法科大学院認証評価ハンドブック」の「Ⅰ 大学基準協会の法科大学院認証評価の概要」において、「単に法科大学院が法令要件を遵守しているかどうかの適格認定を行うのではなく、問題点の改善と質の向上のための支援を行うことを目的」とするとしている。
35　たとえば、大学評価・学位授与機構は、「入学者選抜において、適性試験の成績が、適性試験実施機関が設定する入学最低基準点に照らして、適切に利用されていることが必要である。」（法科大学院評価基準の解釈指針 6-1-4-2）としている。

【参考】以下は、2012年11月10日に東京で開かれた第43回司法制度研究集会において行われた講演を反訳したものである。日本民主法律家協会の承諾を得て、『法と民主主義』2012年12月号からその全文を転載する。

法科大学院制度改革案の検討——問題点の整理を踏まえて

ただいまご紹介にあずかりました森山でございます。私は、本籍は弁護士ですが、現在は愛知大学法科大学院の専任教員をしておりまして、大学の仕事の方が弁護士の仕事よりも多いという状況になっております。そこで、弁護士としての立場と、法科大学院の教員としての立場と、両方の立場からこの問題を眺めて、できる限り皆様方に討論の素材を提供できるような役割を果たすことができればと考えております。

一 現状と問題点

まず、法科大学院をめぐる状況についてですが、現在どのような問題が発生しているのかということをいくつかの視点からまとめてみたいと思います。

（1）法曹志願者数の激減
①現状

第一に挙げなければならないのは、法科大学院志願者数の激減という事実です。法科大学院を受験するためには必ず適性試験を受けなければなりませんので、適性試験の志願者数を見れば、法科大学院の志願者数を推定することができます。そこで、この数を見てみますと、第1回の2003年には約5万人いたと推定される志願者が、今年は6457人と、10数％にまで激減しています。

この点について、第1回は7万2800人いた志願者が、今年は1万8446人（約25％）になったと言われることが時々あります。しかし、この数字は、各法科大学院の受験者数を単純に足したものです。複数の法科大学院を受験する人がいる関係で、だぶりがありますので、この数字は志願者の実数を示すものではありません。

なお、司法試験を受験するためには原則として法科大学院を修了しなければならないのですが、予備試験に合格した人にも司法試験の受験資格が与えられます。したがって、法曹（司法試験）志願者数を把握するためには、法科大学院の志願者数と予備試験の志願者数を足す必要があります。そこで、今年の予備試験の志願者数を見てみますと、9118人ですので、この数を今年の適性試験の志願者数である6457人に足しますと、1万5575人になります。なかには、予備試験も受けるし法科大学院も受けるという方がありますし、現役の法科大学院生も予備試験を受験することができま

すので、このだぶりを除いた数が正確な法曹志願者数になるわけですが、その正確な数は分かりません。しかし、いずれにしましても、現在の司法試験志願者数は一万人強に過ぎないということになります。

司法試験の合格者数が約500人、合格率が2～3％ということで安定していた1970～1990年の時期、これだけ厳しい難関であると言われた旧司法試験に対しても、年間約2～3万人の人が受験しておられました。それが、現在では1万人強の人数に減ってしまったわけです。

このように、法科大学院の不人気は顕著で、司法試験の受検者も大幅に減少しています。このことは、司法界に優秀な人材が集まらなくなっていることを示しています。日本の司法の未来にとって、大変危機的な事態が進行していると言わなければならないと思います。

②原因

この志願者数激減の原因がどこにあるかということですが、私はまず第一に、弁護士の職業的魅力の低下を挙げなければならないと思います。具体的には、弁護士の就職難、収入減といった実情があります。

司法修習を修了して弁護士になる人は、毎年12月に登録を行います。この登録率は、昔はほぼ100％だったのですが、年々下がってきております。一番新しい昨年12月の新64期を見てみますと、実に400人、20.1％の方がこの時点で弁護士会への登録ができない。つまり、弁護士としての開業ができないという状況になっています。その主要な原因は、就職先が見つからないという点にあります。

こうした弁護士の就職難は、弁護士の就業形態にも深刻な影響を与えております。これまでは、弁護士登録した最初は、勤務弁護士（イソ弁）として既存の事務所から給料をもらって仕事をし、何年かしたら独立するというのが普通でした。ところが、今では、既設の事務所の一角に机だけ置かせていただき、給料をもらわないで全く1人で独立して細々と仕事をする「ノキ弁」、あるいは、そのような就職先すらなくて、弁護士登録と同時に1人で独立して開業する「即独」（ソクドク）、こういったような形態が増えております。

弁護士は、勤務弁護士時代に親弁、兄弁からいろいろ仕事を教えてもらい、1人で仕事ができるようになったら独立するというのが普通です。勤務弁護士制度は、このように弁護士のOJTとしての重要な機能を有していたのですが、それが今や崩れつつあります。その結果、手術を1回もしたことがない人がすぐに1人で手術をするという、国民にとっては大変心配な状況が生まれようとしています。

弁護士の収入も、この間、大幅に低下しております。国税庁は、全弁護士の確定申告の結果をまとめたデータを公表していますが、これによりますと、年間所得70万円以下の弁護士が、2010年には22％にも達しています。この数字は、2008年には

11.3％でしたので、年々増加していることが分かります。また、最も多くの弁護士が所属する所得階級は、2008年当時は1500～2000万円でしたが、2010年には800～1000万円にまで低下してきております。

　志願者激減の二番目の大きな原因としましては、法科大学院制度そのものに内在する問題があるかと思います。具体的には、法科大学院を出ないと司法試験を受験することができない。しかし、法科大学院に入学しても、進級、卒業、そして司法試験に合格できる保証もない。法科大学院で学ぶためには、大変な金銭的負担がある。そして、司法試験に合格しても、司法修習生の給費制が廃止され貸与制になってしまった。

　こういう状況の中で、法曹志望者も法科大学院生も、大変な苦難を背負った生活をしています。そして、経済的に恵まれない人は、法曹になることをあきらめざるを得ないという状況が強まっています。この点については、先ほどビギナーズ・ネットの渡部弁護士から詳しくご報告があったとおりです。

　私は、基本的にこの二点が大きな原因ではないかと思っているのですが、法科大学院制度を肯定的に評価される方々は、司法試験合格率の低下が主要な要因であるという分析をしておられます。確かに、司法試験合格率は、初年度の2006年には48.3％だったものが、今年は25.1％にまで低下しております。しかし、どれだけ合格率をよくしても、弁護士の職としての魅力を回復しない限り、志願者は増えないと思います。このことは、合格者500人、合格率2～3％という難関だった時代でも、2～3万人の人が司法試験を受験されていたという事実からも明らかではないかと思います。

（２）未修者教育について
①現状
　次に、未修者教育がうまくいっていないのではないかという指摘について触れたいと思います。まず、司法試験の合格率ですが、2011年において既修者は35.4％であったのに対し、未修者は16.2％と、かなり低くなっています。2007年には既修者46.0％、未修者32.3％であったのと比べますと、この差も年々広がっております。

　それから、既修者は2年、未修者は3年という標準修業年限で法科大学院を修了できる人も、未修者の方が圧倒的に少なくなっています。2009年度入学者においては、既修者の89.6％が標準修業年限で修了できていますが、未修者は57.0％となっています。2004年度入学者では、既修者が92.6％に対し、未修者が76.3％でしたから、未修者の落ち込みは、司法試験合格率より顕著になっています。
②原因
　この原因ですが、まず大きな柱として、制度的要因に関するいくつかの問題を挙げることができると思います。第一に、法科大学院の入試において、未修者に対しては法律科目の試験を実施することができないという問題があります。つまり、法律科目

の試験を行っていないので、この方が入学されてから法律学の学習に適合性があるかどうかは、入試の段階では一切判定ができていないわけです。このため、どんな上位校であっても、一定数の未修者の方が入学後、法律学の履修についていくのが大変で苦労されるという事態が生まれています。

　第二に、未修者は3年で卒業するわけですが、1年目は未修者だけで授業を受け、2年目からは既修者と全く同じクラスで同じ授業を受けるというシステムになっています。ということは、未修者は1年で既修者と全く同じレベルに到達しなければならないという制度になっているわけですが、はたしてこれが可能なのかどうなのかという問題があります。

　さらに言いますと、第三に、はたして3年で本当に純粋未修者が司法試験合格レベルにまで到達できるのかという問題もあるのではないかと思います。最近では、この純粋未修者が3年で合格できるような司法試験にしなければならないという意識が司法試験委員会の中におそらくあるのだと思いますが、司法試験の問題が年々易しくなってきています。しかし、私は、純粋未修者が3年で合格できる試験にしなければならないというのは本末転倒であって、本来備えるべき水準に、3年かかろうが、4年かかろうが到達させるというのが法科大学院の本来の使命ではないかと思っております。

　次の大きな柱として、教育的側面から見た要因について触れたいと思います。先ほどまで、何人かの報告者の方から認証評価の問題が指摘されていますが、この認証評価の中で、未修者を対象とする1年次の授業においても、双方向、多方向の授業をやらないと不適合評価を受けるという問題があります。双方向というのは、教員が学生に質問し、対話をしながら授業を進める方法で、多方向というのは、学生同士が討論することによって授業を進める方法です。

　法科大学院教育のあり方の理想として語られるものの一つに、法律学の基礎的な知識は学生が教科書を自分で読んで身につけるものであって、法科大学院は学生に手取り足取り教えてはならないという理念があります。これは、学生が自主的に自分の頭で考える力を身につけることができるようにするために考えられたことだろうと思われますが、そのため極端なことを言いますと、未修者に対してもあらかじめ教科書の指定された部分を自分で読んで来るように指示し、そこが分かったことを前提にして大量の判例を与え、この判例を読んで分析してきなさいという宿題を出す。そして、授業の当日は、双方向で教員が学生に対して質問をし、判例分析に関する授業を行うということが行われていた大学もあります。

　さすがに最近では、そんなことは通用しなくなってきているのではないかと思いますが、理念はまだ変わっていなくて、1年生に対しても双方向・多方向の授業をしなければならない、講義が基本になってはならないという建前になっています。

しかし、これから初めて法律を勉強しようとする人、まだ右も左もわからない人に対して、はたしてそういう授業が効果的なのかという疑問があります。やはり、初めて法律を学ぼうとする人に対しては、少なくとも一年次においては講義を主体にして、手取り足取り分かりやすく法律学を教えてあげることが必要なのではないかと思います。しかし、それができないという現状があります。

それから、法科大学院では司法試験を意識した教育を一切してはならないという問題もあります。学生は、司法試験に合格するために法科大学院に来ているのですから、これは非常に大きなフラストレーションになります。もちろん、単なる受験テクニックを磨くだけという教育はするべきでないと思いますが、本当に学生が力をつけるための教育を自由に展開できないというのは、大変な桎梏になっています。それにもかかわらず、司法試験の合格率が悪いと補助金が削減されるというのですから、こんな矛盾した制度はないということも言えると思います。

最後に、未修者教育を担うことのできる教員の数が不足しているという問題もありますが、詳細は割愛したいと思います。

(3) 司法試験合格者の質
①現状

こうした実情の中で、司法試験合格者の質が心配だという声も聞かれるようになっています。二回試験というのは司法研修所の修了試験ですが、この二回試験に不合格となる人が増えています。59期から一気に増えているわけですが、この59期は不動産の即時取得を論じた答案があったということで、業界では大変話題になった期です。即時取得というのは動産に限って認められる制度で、これが不動産でも認められるなどというのは、法曹としてはとても考えられないことであるわけです。

60期は、初めて法科大学院を修了した人で構成された期です。この60期について、最高裁判所が「新第60期司法修習生考試における不可答案の概要」という文書を発表しているのですが、これによりますと、「民法、刑法等の基本法における基礎的な事項についての論理的・体系的な理解が不足している」という指摘が行われています。たとえば民法では、相殺の抗弁が認められた場合、債権は消滅せず、引換給付の判決を書かなければならないという答案が出てきた。あるいは、お金をもらって猫を預かっておくという仕事をしていた人が、預かっている途中で猫を死なせてしまったという事例で、生きたまま猫を返還する義務はないので、猫を死なせてしまっても債務不履行にはならないという答案があった等々、考えられないような事態がたくさん紹介されています。

弁護士登録後においても、被疑者と接見を全く行わなかった若い弁護人の方が、裁判官から「どうして接見しなかったのですか。」と質問されたのに対して、「接見禁止

になっていたからです。」と答えられたという例があります。接見禁止というのは一般の方に対する話であって、弁護人が接見できないということは憲法上許されないわけですが、そこが理解できていない。

　また、私が所属しております愛知県弁護士会では、今年になって名古屋地方裁判所から弁護士会に申し入れがありまして、昨年12月に弁護士登録された一番新しい64期の弁護士全員を対象にする研修会が、裁判官を講師にして行われました。これは、最近の若手の弁護士は裁判実務に耐えないということで、裁判官が困っておられるという事態を反映しているのではないかと思います。

②原因

　この原因ですが、59期という旧司法試験組からこういう問題が顕著に現れていることから見ても、基本的には法科大学院教育の問題というよりは、司法試験合格者数の増加に問題があるのではないかと思います。すなわち、58期まで司法試験の合格者は約1000人でした。これが59期には約1500人と、一気に増えたのですが、これ以降、先ほどご紹介したような問題現象がかなり顕著に現れるようになってきています。ということは、この合格者の大量増員によって、基本法に関する基礎的理解を欠いたまま合格する人が増えているということが言えるのではないかと思います。

　それから、司法修習が希薄化していることについては、先ほど白浜弁護士から詳細なご報告がありました。特に、法科大学院教育と司法修習のミス・マッチという問題は、大変深刻な問題であると思います。司法修習では前期修習が廃止され、それは法科大学院で行うことが期待されていたのですが、実際にはとてもそれどころではないという実態があります。その結果、実務文書の書き方が全く分からない人がいきなり実務修習に放り込まれ、実務修習の実があがらないという実態があります。

　そして、先ほど、弁護士の就職難によって、OJTとして最も重要な勤務弁護士制度が崩れつつあるという実態をご紹介いたしましたが、このOJTの希薄化も弁護士の質の劣化に大きな影響を与えていると思います。

（4）予備試験について

　一昨日（11月8日）、予備試験の結果が発表されました。今年（2012年）の予備試験の出願者数は9118人で、昨年より若干増えています。このうち合格された方が219人で、その内訳は大学生が69人、法科大学院生が61人となっています。このように、合格者のうち大学か法科大学院に在学している人が130人にのぼるのですが、これは全体の合格者数の約60％を占めるに至っています。

　昨年のデータでは、予備試験の出願者が8971人、合格者が116人で、合格者のうちに大学と法科大学院の在学生が占める割合は約40％でした。したがって、在学生の占める割合は約1.5倍に増えたことになります。このことからも、ますます大学生

の法科大学院離れが進んでおり、そして法科大学院生ですら予備試験の受験をする方が増えているということが分かります。

(5) 存亡の危機に立つ法科大学院

こうした中で、法科大学院の経営が非常に困難になってきております。今年のデータで見ますと、入学定員4484人に対し、法科大学院の入試を志願された方は5801人にとどまっています。入学定員に対する競争倍率は1.29倍ということで、法科大学院は現在ほぼ全入に近い状態になってきております。

そして今年、実際に法科大学院に入学された人の数は3150人で、全体の定員充足率は70.2％となっています。今年入試を行った73校の法科大学院のうち、定員を満たしているのは10校しかありません。逆に、定員充足率が30％以下の法科大学院が21校もあります。そして、入学者が10人に満たない法科大学院が21校もあります。

このような厳しい状況の中で、すでに学生募集の停止を発表したところが5校にものぼっています。

一方、法科大学院は多様なバックグラウンドを有する人材を多数法曹界に受け入れるために作られたとされていますが、こちらの方もはかばかしい成果をあげておりません。入学者に占める社会人の割合は年々低下しており、2012年度は21.9％になっております。この社会人というのは、大学によって定義が異なっておりまして、本当の意味での社会人経験を有する人というのは、もっと少ないものと思われます。やはり、実際に職を持っている人が職をなげうって入学するには、法科大学院の敷居は相当高いものがあると言わなければならないと思います。

また、非法学部出身の入学者も、2012年度入学者では18.8％に低下しており、未修者コースもほとんどが法学部卒業者で占められるといった状況になっております。

二　改革の方向性

このような実情を受けて、このままではいけないということについては、ほぼどなたも異論のないところであろうと思われます。しかし、どのような方法でこれを改善していったらよいのかという点については意見が分かれておりますので、改革の方向性に関する様々な見解を整理しながら、これをどのように考えていったらよいのかを検討してみたいと思います。

(1) 法科大学院を中核とする構想
①法科大学院中核構想の考え方

この問題を眺めてみますと、法科大学院を法曹養成制度の中核に据えるのか否かと

いうことで、根本的に制度改革をどのように考えるかということが大きく分かれてくることに気づかされます。

法科大学院を中核に据えるというのはどういうことかと申しますと、それまでの司法試験は点による選抜であり、司法試験一発勝負だったので、試験に受かるためだけの技術を磨くことに受験生は専念していた。そのため、法曹にとって真に必要な能力が磨かれてこなかった。こういう反省の上に立って、法科大学院に入学すれば、ほぼ7～8割の人が司法試験に合格できるという条件の下で、司法試験を気にすることなく理想的な学習を法科大学院で続けることができるという制度を作る必要がある。そうすることによって初めて、理想的な法科大学院教育を受けた人が理想的な法曹に育ってくれるという考え方です。こうした「点からプロセスへ」というスローガンに示される理念が、法科大学院中核論の基本になっているわけです。

②文部科学省の改革案

この考え方に基づいていくつかの改革構想が出されています。まず文部科学省の政策ですが、結論を簡単に要約しますと、入学者と修了者の数を減らすことによって、司法試験受験者数を減らし、司法試験合格率を上げる。そして、それ以外の方策も併せて入学者と修了者の質を確保し、司法試験合格者の質も向上させるというものです。

もう少し具体的に説明しますと、まず入学者の質の確保策として、入学定員の削減と法科大学院の統廃合を進めます。このことにより、入学者数が減りますので、その結果、一定程度入学者の質が確保されることになります。そして、これに加えて、どの法科大学院も入試の競争倍率が2倍以上になるようにするとともに、入試に合格するためには適性試験の成績が一定程度以上でなければならないという制度を導入することによって、入学者の質を確保するという政策が打ち出されています。

そして次に、修了者の質の確保策ですが、まず進級、修了判定を厳しくすることによって卒業者の数を減らします。入学者数を減らすことに加えて、修了判定も厳しくすることによって、法科大学院を卒業できる人を減らす。その結果、司法試験を受験する人が減りますので、こうして分母を減らせば、分子の司法試験合格者数が変わらない限り、合格率は上がることになるという考え方です。

これは、司法試験の合格率を上げれば法曹を志願する人も増え、問題は解決するはずだという考え方に基づいています。このように、私が冒頭に述べました、志願者数激減の理由をどのように考えるのかということが、改革案を具体的に考える上でも大きな意味を持ってくるということが分かります。

文部科学省は、これ以外に修了者の質を確保する方策として、コア・カリキュラムの徹底と未修者教育の充実ということも言っています。コア・カリキュラムについては、戒能先生の基調報告でも触れられました。

未修者教育の充実という点では、すでに未修者1年次に履修すべき法律基本科目の

単位数の上限を引き上げるということが行われています。これまでは、どちらかというと法律基本科目を制限するようなことが強調されてきたことを考えますと、このこと自体は歓迎できることだと思います。

文部科学省がこのような政策をどのような方法で実現しようとしているかといいますと、基準を満たさない法科大学院に対しては補助金を削減することによって、自主的にご退陣願おうという政策を強力に推し進めています。それはかなりきついものがありまして、今後も学生募集の停止、統廃合、定員削減等に追い込まれる法科大学院は増えていくのではないかと思われます。

③日弁連の改革案

日弁連も、法科大学院中核構想の上に立った改革提言を行っており、定員削減、統廃合などを目指す基本的な方向は文部科学省と同じです。ただ、日弁連は法科大学院の地域適正配置を主張しておりまして、地方の法科大学院や夜間の法科大学院については、基準を満たさなくてもしばらくの間は存続を認めるという優遇措置を考えるべきであるとしています。しかし、地方の弱小法科大学院が基準を満たすことは大変難しい面がありますので、猶予期間が過ぎれば統廃合の対象になってしまうことは必至です。したがって、基準を満たさない法科大学院を統廃合するという見地を維持する限り、地域適正配置を貫くことはかなり難しいのではないかと思われます。

そして、日弁連が文部科学省と異なる最大の点は、定員削減や統廃合等を進める手段の点にあります。すなわち、先ほど述べましたように、文部科学省は基準を満たさない法科大学院に対しては補助金を削減することによって自主的にご退場いただくという政策を採っているのですが、日弁連はそれでは生ぬるいと主張しています。もっと強力に改革の効果を上げるためには、法令の根拠に基づいて強制力を持って法科大学院の統廃合等を進めるべきであるという方針を掲げております。現在、様々な議論が行われておりますが、具体的には一定の条件を満たさない法科大学院については、司法試験受験資格を認めないようにするべきであるという考え方が有力になっています。

いずれにしましても、日弁連が国より権力的な方策を主張するというのは、ある意味、驚愕的な事実であると言わざるを得ないと思います。

④検討課題

こうした法科大学院を中核に据えた改革構想を考えていく上で、いくつか検討しなければならない問題があるのではないかと思います。

まず第一に、本当に志願者数が激減した最大の原因は、これらの改革構想がいうような司法試験合格率の低下にあるのだろうかという問題があります。この点については、基本的には先ほど申し上げたとおりです。若干これにつけ加えておきますと、もし志願者数激減の最大の理由がそうではなく、就職難等による弁護士の職に対する魅力の低下にあるとすると、司法試験合格者数を相当程度減らさなければならなくなる

わけですが、その合格者数によっては、法科大学院がこれと両立しないという事態も考えられるのではないかという問題があるように思います。

　二番目には、未修者教育をどう考えるかということです。先ほども少し触れましたが、法律科目の試験を経ないで法科大学院に入学しますと、法律学の履修に適合しないで大変苦労される方が必ずどの大学でも一定数出るという問題があります。この実情を前提とする限り、法科大学院に入学すればほとんどの方が司法試験に合格できるという制度設計はあり得ないのではないかと思います。なぜなら、入学した人がほとんど司法試験に合格できるということになれば、このような法律学の履修に適合性のない人もみんな合格させなければならなくなってしまうからです。私は、基本的には誰でも、正しい勉強を一定期間続ければ、司法試験に合格できるだけの力をつけることができると考えています。しかし、それには個人差がありまして、人によっては3年では無理という人もあります。それを一律合格させるという制度は、あり得ないと思っています。

　点から線へのプロセス教育を完璧なものにするということを考えますと、法科大学院に入学した人は基本的に全員、司法試験に合格できるという環境を整備してあげる必要がありますが、そのためにはやはり法科大学院入学の時点で法律科目の試験を実施して、法律学の学習に対する適合性を判定する必要があるのではないかと、私は思います。ただ、もしそういうふうにすると、法科大学院への入学試験と司法試験の2回、法律の試験を行うことになり、だぶってくることになるのではないか。そうすると、法科大学院と司法修習のどこが違うのかという問題も出てくるわけで、ここらへんも解決が必要になってくるのではないかと思います。

　第三番目には、文部科学省や日弁連のいうこれらの改革が実現したあと、どのような状況になるのかという問題があります。

　一定の基準に基づいて統廃合を進めれば、生き残るのは大都市の上位校だけではないか。地方の法科大学院は撤退を余儀なくされ、法科大学院の多様性は失われるのではないか。大都市の上位校に進学できるのは、経済的に余裕のある一部の限られた人に限定されるようになっていくのではないか。経済的に恵まれなくても人権擁護のために力を尽くしたいという情熱を持った人や多彩な人材がますます法曹界に集まらなくなってしまうのではないか。これらは、全て法科大学院の当初の目的に真っ向から反する事態です。そのようにならないためにはどうしたらよいか、真剣な検討が必要ではないかと思われます。

　さらに、そのような改革が行われますと、法科大学院存続のための基準が非常に重い意味を持つようになります。現在ただでさえ、認証評価という重荷を背負わされている法科大学院が、さらに新たな基準に縛られ、文部科学省や日弁連からの強い監督や干渉にさらされることにならないかという心配もあります。

(2) 法科大学院を中核としない構想
①いくつかの具体案
　これに対して、法科大学院を中核としない構想もいくつか出されていますので、最後にそれを見ていきたいと思います。
　一つは、志願者の激減に待ったをかけて志願者数の回復を図るためには、法科大学院修了を司法試験受験要件からはずすべきであるという見解がかなり出されています。愛知県弁護士会も、そのような意見書を発表しているところです。この構想は、志願者数激減の理由の一つに法科大学院の敷居の高さがあると見て、志願者を増やすためには法科大学院を修了しなくても司法試験を受験できるようにする必要があると考えるものです。
　冒頭の基調報告の中で戒能先生からご報告がありましたインジャンクション論も、この一つに挙げられると思いますが、このインジャンクション論は、ただ単に法科大学院修了を司法試験受験資格から外せばよいと考えるのではなく、とりあえず受験要件から外した上で、よりよい制度を考えようという点に特徴があります。
　また、長野県弁護士会からは、現在の法科大学院をそのまま法曹養成学部あるいは法学部の法曹養成学科に衣替えしてはどうかという斬新的な構想が発表されています。これは、法学部を擁する我が国において、法科大学院は屋上屋を重ねるものであり、大学における法曹養成教育は法学部教育を充実させることによって実現するべきであるという基本的見地に立つものです。法曹養成学部（学科）は、教養課程１～２年、専門課程前期２年、専門課程後期２年の５～６年からなり、専門課程前期では基本法を学び、修了者には学士の資格が与えられます。専門課程後期では、基本法だけでなく展開先端分野の法や実務も学び、法を実際の紛争解決に役立てる能力を養います。そして、修了者には司法書士、行政書士の資格を与えるか、その試験科目の一部を免除するという構想です。
　これは大変魅力的な提案ですが、法曹養成学部（学科）を修了しないと司法試験を受けられないという構想になっていますので、いまの法科大学院が抱えている問題点がそのまま法曹養成学部（学科）に横滑りするだけではないかという疑問も若干ありまして、その点をどう考えていったらいいのか、どう解決したらいいのかということを検討する必要があるのではないかと思います。
　さらに、弁護士の中では法科大学院廃止論も大変有力に唱えられています。法曹人口問題全国会議が全国の弁護士を対象に行ったアンケート調査では、法科大学院を廃止して２年間の司法修習を復活させることに賛成が61％、反対が21％となっており、むしろ多数の弁護士が法科大学院を廃止するべきであると考えていることが示されています。

②検討課題

　法科大学院を中核と考えない改革構想は、結局司法試験による選抜を中心に考えるということになります。この場合、この司法試験前後における法曹養成課程をどのように構想するかという点をもう少し具体化して検討しておく必要があるのではないかと思います。この点については、二つの方向が考えられると思います。一つは、司法試験合格前の大学における法曹養成教育に重点を置く方向であり、もう一つは、司法試験合格後の司法修習に重点を置く方向です。

【司法試験前に重点を置く制度】

　先ほどご紹介いたしました長野県弁護士会の案は、司法試験前の大学における教育に重点を置く考え方です。この案によりますと、法曹養成学部（学科）を修了しないと司法試験を受けられないわけですから、大学の関与は法的根拠に基づいて制度化されたものとなります。したがって、その内容は極めて明確になります。しかし、先ほど述べたような、現在の法科大学院の抱える問題点がそのまま横滑りしないかという問題もありますので、この点に関する慎重な検討が必要になると思われます。

　それでは、大学の卒業を司法試験受験要件にしないと考えた場合はどうなるでしょうか。この場合は、基本的に旧司法試験の時代と同じということになりますので、司法試験合格前の大学における法曹養成教育のあり方について、全国一律の制度を構築するのは難しくなるだろうと思います。したがって、それぞれの大学ごとに、どのような形でどのように法曹養成教育にかかわっていくのかを自由に自主的に検討することになると思います。そうなった場合、全国一律の質を担保するという意味において、司法試験合格後の教育が非常に重要な意味を持ってくるように思われます。

【司法試験後に重点を置く制度】

　このように、司法試験受験のための資格要件を設けないようにしますと、必然的に司法試験の選抜機能と司法試験合格後の教育機能に大きな期待がかけられることになります。

　しかし、司法試験による選抜を中心に考えますと、どうしても予備校が繁栄します。これはやむを得ないことだと思います。そうしますと、以前の旧司法試験のときのような一定程度の弊害も考えられますので、これにどう対処するかを考えておく必要があると思います

　そこで、司法試験合格後に行われる司法修習の中に、現在の法科大学院が目指した大学の積極的な関与による理論教育を盛り込んでいってはどうかという構想を考えてみたいと思います。すなわち、現在の制度では、既修者コースで法科大学院に入学してきた人の中には、いわゆる予備校教育の弊害に染まった人がいることも考えられるのですが、これを2年間の法科大学院教育でもって鍛え直すという制度設計になっています。これを法科大学院ではなく、司法研修所でできないかという構想です。

私は先ほど、プロセス教育を徹底するためには、入学の段階で法律科目の試験を行う必要があるということを申し上げました。そして、そうすると、法科大学院の入学試験と司法試験の2回にわたって法律の試験を行うことになり、だぶってくることになるのではないか、ということも述べさせていただきました。こうした観点からも、法科大学院入試と司法試験を一本化して、司法試験合格後に司法修習と現在の法科大学院教育を合体させたような内容で修習するという制度設計は、十分考えられるのではないかと思います。

　もう少し具体的に説明させていただきます。まず、司法試験科目を大幅に削減して、受験勉強のために必要な時間を短縮させます。そして、司法試験合格後に、大学の先生のご協力を得て、法律基本科目、基礎法、隣接科目、展開先端科目等についても学ぶことができるようにします。この中で、修習生は批判的精神に基づき、自分の頭で自主的に考える力を身につけられるようにします。

　これまでの司法修習で行われてきた前期・後期の修習、実務修習が行われるのは当然ですが、それに加えて、法科大学院で行われてきた法曹倫理、事実認定、尋問技術、ロイヤリング等の実務教育も行います。

　このような内容の修習を行うためには、2年でも足りませんので、3年程度の修習期間を考える必要があると思います。そして、この新しい司法研修所は、法曹三者と大学の共同で運営することを考えてはどうかと思います。修習生に対する給費制も復活させる必要があります。

　司法試験に合格すれば、よほどのことがない限り二回試験にも合格し、法曹資格を取得することができますので、この新しい司法研修所で修習生は、二回試験のことを気にすることなく、理想的な学習に専念することができます。こうして、法科大学院では実現することのできなかった、理想的なプロセス教育が花開くことになるのではないかと思います。

　これは、考えられる一つの案にすぎません。これ以外にも、すでにいくつかの改革提言がありますし、これからも新しい提案がどんどん出されてくるかもしれません。このあとの討議で、是非これらに限らない多彩なご意見を出していただきまして、積極的な実りある討論を期待したいと思います。

3　司法試験・予備試験について

森山文昭

1　はじめに

　司法試験は、プロセスとしての法曹養成制度の要をなすものであるから、本来は法曹養成制度全体をどうするかという大きな構想の中で論じられるべき問題である。しかし、「中間的取りまとめ」は、現在の法科大学院制度を珠玉のものとしてそのまま維持することを前提として、司法試験に関する問題としては、主に受験回数制限や予備試験の問題など限られた問題を審議しただけで、「中間的取りまとめ」では、科目削減等の極々限られた問題のみを提言するに終わった。

　こうした意味において、「中間的取りまとめ」は極めて不十分なものであると言わなければならないのであるが、ここでは紙幅の関係上、「中間的取りまとめ」に現れた項目に従って、順次検討を加えるにとどめることとしたい。

2　受験回数制限

　現在の司法試験は、法科大学院を修了した後5年以内に3回だけ受験することができるとされている。この受験回数制限については、検討会議の中でも廃止ないし緩和すべきであるという強い意見が出された。それにもかかわらず、「中間的取りまとめ」は、「その制限を一定程度緩和することが適当かどうか、更に検討する」という表現で、基本的に現状どおりという結論を示した。そして、「受験回数制限を設けること自体は合理的である」（検討結果の第1段落）として、前記検討の対象となるものから「廃止」を除き、「緩和」に限定して「検討」するとしている。

司法試験の受験回数制限は、旧司法試験の時代からたびたび俎上にのぼっていた問題である。その都度、日弁連等の強い反対で実現に至らなかったのであるが、法科大学院の創設と同時に初めて実行に移されたという経過がある。この段階で日弁連も賛成に転じ、検討会議においても弁護士の丸島俊介委員は、「法科大学院で学んだ者が、その到達点を確認する司法試験という趣旨からいうならば、一定の回数制限を設けなければいけないだろう」とし、当面5年以内に5回と制限を緩和した後、「将来的に合格率が高まる時代が来れば、そこはもう1回、見直すということもあっていいと思います」[1]と発言している。

　しかし、法科大学院生にとって最も重い精神的重圧の原因は、この受験回数制限にあると言っても過言ではない。中には、長い時間をかけて粘り強く努力した結果、合格ラインに到達するという人もいる。そういう人には法曹資格がないと、どうして言えるのだろうか。検討会議では、受験回数制限を緩和すると司法試験合格率が低下するという議論が盛んに行われた。前述の丸島委員も、受験回数制限を緩和してもそれほど合格率が下がることにはならないという視点からの議論を盛んに展開している。しかし、司法試験合格率を上げるために受験回数制限をするなどという考えは、人権侵害も甚だしいものである。本書のⅢ-2「法科大学院の抱える問題点と改革の方向」でも詳しく述べたが、ここにも合格率アップを至上命題とし、合格率さえ上がれば全て問題が解決するという偏頗な考えが横たわっていることを指摘しなければならない。

　検討会議では、受験回数制限を撤廃するべきであるという立場から、和田吉弘委員が以下のような意見を述べられている。問題点が全面的に網羅されており、大変参考になるものであるので、該当部分を引用しておく。

　　私は、現状では法科大学院修了を司法試験の受験要件から外すべきだというふうに考えていますけれども、仮に外さないこととした場合にも、3回又は5年という現在の回数制限、期間制限は廃止すべきではないかというふうに考えています。その理由を述べさせていただきたいと思います。

まず第1に、もともとは、「普通に勉強していれば修了生の7、8割が司法試験に合格するということなので、3回以内あるいは5年以内に合格しない人はよほど法律に向いていないのだろう」という前提があったはずだと思います。多くの人がそういうふうに理解したからこそ、そのような制度導入に反対意見がほとんどなかったんだと思います。ところが、司法試験の合格率が2、3割である現状というのは、全くそのような前提ではなくなっているわけで、制度導入のときの合理性はなくなっているというべきだと思います。

　第2に、私は、この制度が学生に対して極めて大きな精神的負担となっているということを、改めて認識する必要があると思います。私は、法科大学院修了の少し前の状態にある教え子と話をしたことがありますけれども、彼はこういうことを言っていました。既に数百万円もの借金を抱えた状態であると。もし今後3回以内あるいは5年以内に司法試験に合格できずに受験資格を失った場合のことを考えると、その場合には自殺するということも真剣に選択肢の中に入っている、というふうに言っていました。そこまで人を追い詰めることになる制度というのは、制度としておかしいと思います。医師の国家試験が9割以上の合格率でも回数制限がないということと比べても、受験生に余りにも酷な制度になっていると思います。

　第3に、司法試験の受験資格の回数制限、期間制限について、法科大学院における教育効果が3回程度ないし5年程度で薄れるということを根拠にする考え方は、建前論にすぎるように思います。実態は、多くの法科大学院では、以前お話ししましたように、司法試験に余り役に立たず、実務にも余り役に立たないという授業が多く行われていて、そのために、一般の学生は法科大学院の修了が決まった段階から本格的に司法試験の勉強を始めるわけです。そのように言っている修了生は非常に多いです。だから、受験の準備が間に合わずに受け控えする人が多いわけです。私には、法科大学院における教育効果が薄れたら受験する資格がない、とする合理性はないように思われます。

さらにもし、法科大学院における教育効果が時間とともに薄れるというのであれば、それは不合格の場合に限らず、合格した場合でも薄れてしまうはずであって、その点からも回数制限、期間制限の根拠とするのは疑問があると思います。
　第4に、回数制限、期間制限を廃止すると、司法試験の受験者数は増えますので、司法試験の全体の合格率は低下することになります。そうすると、法曹志願者がさらに減少するかもしれないという可能性の点も検討する必要があると思います。
　しかし、現在のままでも、回数制限、期間制限によって、多額の借金を抱えたまま受験資格を失うという極めて大きなリスクがあり、それも大きな一因となって、法曹志願者が減少し続けているわけです。それと比べると、回数制限、期間制限を廃止した場合には、司法試験の合格率は低下しても受験資格は失わないのですから、その方が法曹志願者がさらに減少する、とは即断できないように思われます。
　さらに実質的に考えた場合には、司法試験受験者が回数、年数を重ねれば重ねるほど、先ほど資料にありましたように、司法試験の合格率は下がるのが実態のようです。つまり、例えば1回目に受けた人たちの合格率よりも、2回目に受けた人たちの合格率の方が低いということですね。そうすると、回数制限、期間制限を廃止して、長期にわたって受験する人がいたとしても、もともと早期に合格する力のある人の合格率は、実質的にはそれほど下がらないように思われます。
　そして、もし法曹志願者を減少させないよう、司法試験の合格率が下がらないようにするために、回数制限、期間制限を維持するとすれば、それは回数制限、期間制限の本来の趣旨と異なっているわけで、そうである以上、せめて法科大学院生全員に対するアンケートで、現在の制度と司法試験の合格率が低下しても回数制限、期間制限がない制度とのどちらが望ましいか、という点についての調査をすべきであるように思われます。

第 5 に、いつまでも受験できるとすると、その人のためにならない、その人に別の道への転進を促すために回数制限、期間制限が必要である、という議論も先ほどのようにあります。しかし、それはその人が決めるべきことで、その人が「受験を続けたい」と言っているのに、「これ以上の受験はあなたのためにならない」と言うのは、過度の介入であるように思われます。また、もし本人のために受験回数、受験期間を制限するというのであれば、本人がその制限にかからないように、本人のために法科大学院で受験指導をすることを公式に認めるべきであって、法科大学院で公式には受験指導を禁止しながら本人のために回数制限、期間制限をするというのは、私には矛盾があるように思われます。以上です[2]。

　上記和田委員の意見は誠に正鵠を射たものであると思う。司法試験の受験回数制限は、直ちに全面的に廃止されるべきである。

3　方式・内容、合格基準・合格者決定

　「中間的取りまとめ」は、「法科大学院教育との連携や、司法試験受験者の負担軽減を考慮し、試験科目の削減を行うことなどを更に検討する」とした。この司法試験科目をどうするべきかという問題は、司法試験をどのようなものとして位置づけるかということによって、かなり結論が異なってくる問題である。そこで、ここではさしあたり、現在の法科大学院と司法試験のあり方を前提として、この問題を考えてみたい。
　「検討結果」の第 1 段落では、削減の対象となる科目として選択科目のみが例としてあげられている。そして、その理由の 1 つとして、今後、法律基本科目をより重点的に学ぶように改善することになるので、司法試験科目もそれに合わせるべきであるという趣旨が述べられている。
　しかし、現状を前提として、選択科目を廃止することには賛成することができない。法科大学院の学習において法律基本科目の比重を重くすることには賛成であるが、それでも展開・先端科目がなくなるわけではない。

司法試験の選択科目は、この展開・先端科目群の中に位置づけられており、必修あるいは選択必修として、学生は必ず何科目かの展開・先端科目を履修しなければならないとされている。こうした状態をそのままにしておいて、選択科目を司法試験科目から外すということだけを行えば、学生は司法試験科目にない科目の学習を強いられることになる。現在でも、学生は司法試験科目にない科目の履修を強いられており、その学習には身が入らないという問題が発生しているのであるが、これを拡大する結果になるだけである。

　法科大学院における必修科目を法律基本科目に限定するというのであれば、選択科目を司法試験科目から削除することも選択肢の一つとして検討されてよい。しかし、展開・先端科目の必修制度を残したまま、司法試験科目の選択科目を廃止したとしても、受験生の負担軽減策としては全く小手先の弥縫策と言わざるを得ないことになろう。

　なお、司法試験の短答式試験科目を削減するべきであるという意見もある。しかし、短答式試験も単なる足切りのためだけに存在している試験ではなく、それ自体重要な意義を有する試験であることを再度確認するべきである。

　すなわち、論文式試験は、受験者の基本的な理解と法的な思考能力、文章表現能力を試す上で非常に重要な意義を有しており、司法試験科目の基本と位置づけられるべきは当然である。しかし、論文式試験問題の性質上、論点でないところや単なる条文の知識にすぎないところ等、試験では問われない部分がどうしても発生する。受験者が論文式試験対策だけに学習を絞った場合、そういった部分が学習上の盲点（穴）として残ってしまうのである。

　実務家としては、基本法に関する網羅的な知識が必要不可欠である。ある条文の存在を知っていれば簡単に解決したはずの問題が、それを知らなかったがために弁護過誤を犯してしまうといった事態は、日常頻繁に発生し得る問題である。短答式試験は、基本法の網羅的な知識を確認する上で重要な意義を有している。したがって、基本法についての短答式試験は、できる限り実施するのが望ましい。

4　予備試験制度

　予備試験制度をどうするかについては、検討会議において賛否両論相半ばしたため、何の方向性も打ち出すことができなかった。「予備試験制度については、現時点では、制度の実施後間もないことから、引き続き、予備試験の結果の推移、予備試験合格者の受験する司法試験の結果の推移等について必要なデータの収集を継続して行った上で、法科大学院教育の改善状況も見ながら、予備試験制度を見直す必要があるかどうかを検討すべきである」とされたのみである。

　この予備試験制度に関する問題は、法科大学院制度をどう考えるかという立場の違いによって、くっきり考え方が分かれる。すなわち、法科大学院制度を肯定的に評価する立場からは、予備試験は制限するべきだということになる。予備試験ルートが太くなれば、法科大学院に入学しないで予備試験を経て司法試験を受験する人が増え、法科大学院制度の崩壊につながる恐れがあると考えるのである。この立場からは、予備試験合格者数の制限や、予備試験受験資格の制限（たとえば、法科大学院生や一定の年齢以下の者は受験することができない）等が主張されることになる。

　これに対し、法科大学院を否定的に評価する立場からは、予備試験制度を積極的に評価し、予備試験ルートを太くすることが主張される。

　筆者は、本書のⅢ-2「法科大学院の抱える問題点と改革の方向」で述べたように、法科大学院の修了を司法試験の受験資格要件から外し、誰でも司法試験を受験できるようにすることを提案しているので、この立場からは、予備試験は不要な制度ということになる。予備試験は、法科大学院を修了していなくても司法試験を受験できるようにするための制度だからである。しかし、ここでは、とりあえずその立場から離れ、法科大学院が司法試験の受験資格要件とされている現状を前提として、この問題を考えることにする。

　法科大学院を肯定的に評価する立場は、前述したように予備試験を否定的にとらえるのであるが、それは司法試験受験資格という「下駄」を履か

せてもらったのと同様に、ここでも予備試験ルートの制限という「下駄」を要求する立場であると言うことができる。このように、いくつもの「下駄」を履かせてもらえないと成り立たない法科大学院制度とは、いったい何なのであろうか。法科大学院が豊かで実りのある法学教育を提供し、司法試験が真にその成果を試すことのできる試験として実施されるならば、そのような「下駄」を履かせてもらわなくても、法科大学院には自然と多くの人が集まってくるようになるであろう。そのようにならないと、法科大学院制度はこの社会に深く根を下ろすことはできないのではないだろうか。

　また、予備試験は「経済的事情や既に実社会で十分な経験を積んでいるなどの理由により法科大学院を経由しない者にも、法曹資格取得のための適切な途を確保すべきである」(司法審意見書) という目的で設けられたものである。この「法科大学院を経由しない」理由には、様々なものがある。「この理由はよくても、この理由はだめだ」というような判断は、軽々に行うことはできない。この点に関しては、司法試験受験者の判断が尊重されるべきである。こうした自由を阻害するような制度は、やはり社会に定着することはできないであろう。

　以上のことから、筆者は予備試験を制限することには反対である。最後に、こうした立場から、いくつかの具体的な提案を行いたい。

　第1は、予備試験ルートと法科大学院ルートを平等に扱うということである。2005年3月25日に閣議決定された「規制改革推進のための3か年計画」によれば、「予備試験合格者に占める本試験 (筆者注：司法試験のこと) 合格者の割合と法科大学院修了者に占める本試験合格者の割合とを均衡させるとともに、予備試験合格者数が絞られることで実質的に予備試験受験者が法科大学院を修了する者と比べて、本試験受験の機会において不利に扱われることのないようにする」とされている。当面、この閣議決定を遵守することが求められる。

　第1回の予備試験合格者が受験した2012年の司法試験の合格率は、予備試験合格組が68.2%、法科大学院修了組が25.1%であった。一方、第1回の予備試験 (2011年) 合格者は116名であったのに対し、第2回予備

試験（2012年）の合格者は219人と、ほぼ倍増された。これは、上記閣議決定を考慮したものと思われるが、2012年の司法試験の結果を見る限り、倍増されてもまだ予備試験合格組の司法試験合格率の方が高いことが予想される。したがって、両者の合格率が均衡するまで、さらに予備試験の合格者を増員するべきである。

　第2は、予備試験をもう少し簡素化することである。予備試験は、5月に短答式試験（憲法、行政法、民法、商法、民事訴訟法、刑法、刑事訴訟法、一般教養）、7月に論文式試験（短答式試験の科目に加え、法律実務基礎科目）、10月に口述試験（法律実務基礎科目）が行われ、この3つの試験に合格して最終合格となる。ほとんど本番の司法試験に匹敵する内容の試験であり、試験科目はそれより多くなっている。予備試験ルートで司法試験にチャレンジする受験生は、この予備試験に1年がかりで合格した後、その翌年になってやっと司法試験を受験することができるのであり、事実上2年がかりで2回、司法試験を受験するに等しい負担を強いられている。

　そこで、予備試験合格者は、いずれにしても翌年に司法試験を受験することになるのであるから、試験の重複を避けるため、たとえば短答式試験の受験科目を少なくする、論文式試験も試験時間を短縮してもう少し簡易な問題にする等の改善策が考えられるべきである。そして、一般教養科目の試験は、あまりにも難解で奇をてらった問題が多いので、廃止するべきである。

　なお、本稿脱稿後に、2013年の予備試験出願者数が公表された。今年は、ついに1万人を突破し、1万1255人に出願者が達したとのことである。昨年までの出願者数・合格者数とその内訳については、本書のⅢ-2末尾に掲載した拙稿「法科大学院制度改革案の検討」を参照していただきたいが、さしあたり出願者数だけの推移を見れば、第1回の2011年が8971人、第2回の2012年が9118人（1.6％増）であったのに対し、第3回目の今年は一挙に対前年比23.4％増という急増ぶりである。

　やはり本稿脱稿後に、2013年の適性試験の志願者数が公表された。こ

れによれば、第1回(5月26日)が4387人(対前年比15.4％減)、第2回(6月9日)が4965人(対前年比16.8％減)となっている。重複して出願する人も多いので、まだ志願者の実人数は分からないが、2013年度の法科大学院実入学者数がついに3000人を割り、2698人になってしまったこともあわせて考えるならば、法科大学院の不人気ぶりは明らかである。これに比べ、予備試験に対する期待は、急速にふくれあがってきている。

　このように、法科大学院制度が法曹志願者数を激減させてしまったのに対して、予備試験制度がかろうじて受験者の司法試験離れを食い止め、法曹志願者数の減少を下支えしていることが分かる。予備試験がなかったら、法曹志願者数の減少はどうなっていたかを考えると、空恐ろしいものすら感じる。予備試験は、司法界に多様な人材を確保する上でも、積極的な役割を果たしていると評価すべきなのではないだろうか。

注
1　法曹養成制度検討会議第6回議事録10〜11頁
2　法曹養成制度検討会議第6回議事録7〜8頁

4 司法修習の現状と問題

白浜徹朗

1 法科大学院制度が準備される以前の司法修習

(1) 司法修習とは

　司法修習は、弁護士・裁判官・検察官という法曹三者の実際の仕事を実際に経験させる中で、法律家を育成する仕組みである。法曹一元の制度は、官としての法律家である裁判官や検察官を弁護士という民間の中で育成するものであるが、日本の司法修習は、法曹三者の仕事を実際に実務に就く前に全て最初に経験させて、法曹三者が共同で育成するものである。

　この司法修習の中でも弁護修習は、官たる裁判官・検察官になる者の研修に民間たる弁護士に関わることになっていること、逆に言えば、民間の仕事を官たる裁判官・検察官になる者に実際に経験し理解させるという点と、何かあっても弁護士として仕事をする道がつながっているということが、上司などに逆らってでも自らの職権を行使するという職務の独立性を補助的に支えることになるという点で、重要な役割を有している。このため、弁護修習がうまく機能しなくなってしまえば、日本の司法が変質してしまう程の大きな影響が生じる可能性があるわけである。

(2) 司法修習制度はどのようにして発足したのか

　日弁連が1979年（昭和54年）に発行した法曹養成白書によると、大日本帝国憲法の下では、「司法行政権が司法大臣に掌握され、裁判所は行政権の強い影響下におかれ、国民の自由と権利を擁護する姿勢に……欠け」るところがあり、「法曹養成についても、官僚としての判・検事と民間の弁護士とを厳然と差別し、判・検事の養成は弁護士の養成よりも一環して優位におかれた」と評価されている。「司法研修所は、……戦後の司法制

度の民主的改革の一環として設置され、戦前の特権的な判・検事を生み出した分離修習制度への反省から統一・平等・公正な修習の場として設置されたものである」とされ、「法曹一元の一過程として設立された」との評価もあった（同白書の1、2頁）。

（3）いわゆる臨司意見書と司法修習

　1964年（昭和39年）に発表された臨時司法制度調査会の報告書（「臨司意見書」と言われることが多いもの）では、法曹養成に関し、「実務修習の期間を短縮することを検討すること」、「司法研修所における修習の充実を図るとともに、司法修習生に対する監督、修習成績の評定及び考試を一層厳正に行ない、法曹にふさわしい品位と能力を十分に備えさせるようにすること」などの提言を行っている。その後は、分離修習化の動きなどに反対する運動が日弁連を中心に行われて、統一修習という制度は、現在まで維持されている。上記の法曹養成白書は、このような運動の中で発行されたものである。統一修習という制度は、このような運動に支えられて、維持されてきたわけである。

（4）実際にどのような修習が行われていたのか

　司法修習は、司法試験500人合格時代は2年間の修習で、そのうち最初と最後の4ヶ月が司法研修所での前期後期の集合修習となっていて、残りの16ヶ月は、弁護実務・民事裁判・刑事裁判・検察の実務修習を各4ヶ月行うということになっていた（ただし、1999年の第53期から、修習期間が1年6ヶ月、各修習期間もそれぞれ3ヶ月に短縮されている）。このように、司法修習制度は、修習の基本を実務修習におき、修習生は、体験的・臨床的に実務修習のなかから法律技術と法曹のあり方を主体的に追求するという教育方法が採られていた。

　司法試験合格者の増員に伴い、1999年（平成11年）から、修習期間が1年6ヶ月となり（第53期）、各修習期間もそれぞれ3ヶ月に短縮された。私は、これは予算と人員特に研修所教官確保のために短縮されたものと考えている。

なお、第59期司法修習生の修習生便覧では、司法修習を次のように説明している。そして、この説明は、最新の第66期司法修習生の司法修習ハンドブックでも引用されている。つまり理念上は、司法修習は法科大学院を経由する前と後でも変わりはないものとして位置づけられていることになる。

　司法修習生の修習目的は、「高い見識と円満な常識を養い、法律に関する理論と実務を身につけ、裁判官、検察官又は弁護士にふさわしい品位と能力を備える」ことにある。司法修習生の1年6箇月間の修習は、この理想ができるかぎり実現するように行わなければならない。
　第1に留意すべきことは、司法修習生の修習は、裁判官、検察官又は弁護士すなわち法律実務家となるべき者の修習であることである。法律実務家は、いずれも「生きた事件」を取り扱うものであるが、「生きた事件」は一見簡単に見えるものでも複雑な社会関係から生じたものであって、決して簡単ではない。「生きた事件」の事実関係をいかに把握し、いかに判断するかということが、法律実務家の仕事の中核を形成するのであり、これに関する修習こそ司法修習生の修習の中心をなすものである。この点において、司法修習生の修習は単なる法律理論の探究とは趣を異にする。しかし、法律実務家の仕事は、本来学問的理論的要素を多分に含むものであって、この面の研究を軽視すべきでないことも当然であり、実務に即した学問、実務に即した理論の習得に努めるべきである。
　第2に、司法修習生の修習は、法律専門家となるための修業である。いずれの職業分野であっても、専門の道の修業は決してはたから見るような容易なものではない。法律実務家たるための修業も同様である。いずれも専門も技術的な面を多分に伴うものであるが、法律実務家たるためにも多くの技術の修練を必要とする。司法修習生は、この技術的な面を軽視してはならない。要は、技術を重んじつつ、その技術の奉仕すべき目的を見失わないことである。

第3に留意すべきことは、司法研修所が、単に裁判官だけの養成機関でもなく、同様に検察官あるいは弁護士だけの養成機関でもなく、広く法律実務家を養成するための機関であるということである。司法修習生は、将来の志望のいかんにかかわらず。裁判、検察及び弁護の3部門について、虚心坦懐、偏らない修習をするよう心掛けなければならない。そうすることによって司法修習生は、将来、そのうちいずれの道をとるにせよ、法曹全体に対する理解を深め、「法曹は一つである」ことを体得するに至るのである。

(5) 前期後期の集合修習はどのような機能を有していたのか

　前期修習は、司法試験合格者が実際に実務修習の現場に配属されるに際しての導入的な教育の期間である。白表紙という教科書的な記録に基づいて、実際に実務で関わることのある訴状や準備書面の起案や判決の起案などを経験し、裁判実務の具体的なイメージを身につけさせることに意味があった。

　これに対し後期修習は、実務修習で培った経験を整理し、実務家法曹として最終的に社会に送り出すための総仕上げの期間であって、その合否は、二回試験という統一的な試験で判定することとなっていた。ただ、二回試験で不合格となる修習生はごくわずかな数に留まっていた。

　実務修習が個別指導であるのに対して、集合修習は、前期後期共に、一定レベル以上の標準的な実務能力を習得させることにその存在意義があったといえるだろう。

　この点、第59期司法修習生の修習生便覧では、前期修習を次のように紹介している。

　　　前期修習は、まず、裁判、検察及び弁護制度の機構とその手続の概略を実務の面から解説し、その各々の使命を明らかにすることから出発する。そこでは、大学で学んだ法律学と司法研修所で行う実務に即した修習との関係、殊に、法律実務は、既に確定された事実に対して法律を適用していくものではなく、まず生きた事実をいか

に把握し、いかに判断し、確定するかが重要であることが強調される。修習は、講義、問題研究のほか、現実の事件記録を修正し編集したものを用いて行う法律文書作成（訴状、起訴状、判決書などの起案）とその講釈、討論とを中心とし、司法修習生が主体となって積極的に取り組む参加型カリキュラムが用意されている。また、視聴覚教育機器を活用し、訴訟手続、捜査手続などに関するビデオ教材により、実務の実際の的確な理解や事実認定能力の向上に役立てている。

同じ修習生便覧では、後期修習を次のように紹介している。

　　前期修習は実務修習のための導入教育としての意味があるのに対して、後期修習は修習の総仕上げの性質をもつため、各科目とも前期より高度な内容である。また、後期においても、通常の講義などのほか、民事交互尋問、刑事模擬裁判などの司法修習生の参加型カリキュラムが用意される。……このようにして1年6箇月の修習を終え、……考試に合格した司法修習生は、各自の志望する法曹の各分野に巣立っていく。

参考までに、最新版である第66期司法修習生向の修習ハンドブックでは、昔の後期修習にあたる集合修習を次のように紹介している。

　　集合修習は、分野別実務修習の体験を保管して、体系的、汎用的な実務教育を行い、法律実務のスタンダードを身につけさせることを旨として行われる。各科目とも、司法修習の総仕上げと実務家として活動するための準備にふさわしい高度な内容を修習する。

この修習生便覧における説明からも、前期後期の集合修習には、一定レベル以上の標準的な実務能力を習得させることにその存在意義があったということは、ご理解いただけるはずである。

2　司法修習は法科大学院制度の導入に伴ってどう変化したのか

(1) 新司法修習

　法科大学院を経た新司法試験合格者のための司法修習は、新修習と呼ばれ、60 期 (2007 年) から開始されたが、65 期までは現行型 (旧試験の合格者を対象とする修習) と新司法修習が併存していた。

　新司法修習では修習期間が 1 年となり、前期修習がなくなり、実務修習期間は各 2 か月となった。修習の末期には、司法研修所での集合修習が行われるが、A 班と B 班とに分けられ、A 班が先に集合修習を受け、B 班はその間、実務修習先で選択型修習というものを受け、2 ヶ月後に交代することになっている。修習の合否が最終的に二回試験で判定されるところは、従来と変化がない。

　2011 年 (平成 23 年) 11 月の新 65 期から貸与制が導入され、修習生に給与は支払われなくなった。二回試験も改革され、合格留保の処分がなくなって不合格処理に一本化され、不合格者に対しては残り 2 回しか受験を認めず、3 回不合格となった者は司法修習が終了できなかったことになるものとされている。

　なお、新司法修習では、クラス編成は実務修習地単位となっている。このクラス編成も、全国各地の修習地から混在した形でクラス編成が行われていた旧試験時代の修習とは大きく異なるところである。

(2) 修習期間の短縮の問題

　臨司意見書ですら修習期間の短縮が指摘されていたわけであるが、簡単に短縮されることがなかったのは、体験的で臨床的な実務修習が重視されていたからである。

　実務修習の 4 つのクールでの 4 か月の実務修習期間というものは、民事弁護の場合、相談から提訴、第 1 回期日、場合によっては判決までとか、刑事弁護でも、捜査段階から起訴、判決までというように、生きた事件のサイクルにほぼ接することができる期間が確保されていた。これは、刑事

裁判の場合も同様で、起訴から判決に至るまでほぼ関わることができたし、民事裁判でも、第1回期日から判決に至るまで関わる機会は確保されていた。検察の場合は、逮捕から起訴、場合によっては判決に至るまで経験することができた。

ところが、修習期間が全体として1年に短縮されたことで、各実務修習も2か月に短縮されてしまった。これにより、修習生は事件の一部にしか接することができない事態が常態化することになった。弁護実務修習では、刑事弁護事件に接したり、民事事件の証人調や執行の現場、公正証書遺言の作成などに立ち会うことも難しくなっている。実務修習が、修習生が実際に実務に関わる中で体験的・臨床的な経験を積むのではなく、見学に近いような研修になってしまっているのではないかとの懸念が生じている。

この修習期間の短縮は、法科大学院でも実務教育が実施されることが前提になっていたはずであるが、後に述べるように、法科大学院における実務教育が極めて不十分なものとなっていることから、司法修習のOJT機能を大きく減退させるだけのことになってしまっている。

（3）前期修習の廃止の問題

新司法修習制度における司法研修所での集合修習（従前の前期修習）と法科大学院における実務導入教育の役割分担の在り方について、2001年（平成13年）6月12日付司法制度改革審議会意見書（以下「改革審意見書」という）では、「今後、法科大学院の制度が整備され、定着するのに応じ、随時見直していくことが望ましい」とされていたが、2004年（平成16年）7月2日の最高裁司法修習委員会で、「現在の前期集合修習に相当する教育は法科大学院に委ねることとし、新司法修習は実務修習から開始」するとしつつ、「法科大学院設立当初は、いわば実務への導入教育の成熟途上といえるので、当面、司法修習の1年間の課程の冒頭に、法科大学院における実務導入教育を補完するための教育を行うことが相当である」とされて、初年度の第60期では、前期修習が実施された。

ところが、2007年（平成19年）11月9日の最高裁司法修習委員会（第11回）で、新61期以降、司法研修所での導入研修を廃止し、「集合形式

での実施に代えて」、実務修習地に教官が出張して講義を行う形で実施することにされた。慎重論もあったが、「法科大学院で実務への導入教育をすることで制度設計されており、本来は導入研修は要らないはず」との制度論と、「司法研修所教官と配属庁会の連携をより強化する」というメリットが強調され、司法研修所での導入研修に代えて出張講義を行うことが了承され、以後は、この形が踏襲されてきている。

これに対し、日弁連の司法修習委員会の中では、法科大学院の中には実務導入教育ができていないところもある中、いきなり実務修習から開始することには、修習生だけでなく指導弁護士にも混乱が生じること、会員数の少ない単位会では導入的な研修の実施が困難であることから、前期修習類似の制度を復活させるべきであるとの意見を述べる者も多く、地方単位会を中心として、未だに前期修習復活の声は根強く残っている。

ただ現状では、最高裁司法修習委員会において司法修習生を研修所に集める形での導入修習の復活には否定的な意見が支配的で、今日に至るも、導入修習の復活の目処は立っていない。実際、現状の修習生数である2000人を超える人数を司法研修所で一度に収容することは不可能である。

そのような中、66期からは、統一的な導入修習の実施が困難な弁護修習についてのみ、各地でインターネットを通じた2日間の導入修習を実施することになった。現状の修習生の数を前提とする限り、修習生を司法研修所に集めて実務修習開始前の導入的な集合修習を行うことは困難なため、妥協的な産物として考え出された制度ではあるが、日弁連の中では、重要な改革として位置づけられている。貸与制の関係で、修習生の交通費の負担問題にも配慮が必要となっているし、研修所の教官の派遣講義の機会の増加は教官の負担が大きすぎて無理があるから、インターネットを通じで全国一斉に研修を行うことについては、今後も経験を蓄積し改善を図ってゆく必要があるように思う。

ところで、前期修習が廃止された経緯のところで指摘したとおり、前期修習の廃止は、法科大学院において前期修習に値する教育が実施されていることが前提となっていたはずである。ところが、現実には、法科大学院での教育は、前期修習に代わるものになっているとは到底言えない状況に

ある。
　私が、修習生からのアンケート結果や実際に修習生と面談して理解している法科大学院教育の現状は、以下のとおりである。
１）要件事実教育は、各法科大学院でも重視されており、修習生の中でも習得の実感を持っている者が多いが、具体的な事例へのあてはめは苦手と述べる修習生も多い。
２）事実認定については、法科大学院によっては、何らの教育もされていないのではないかと思われるところもあり、修習生も実務修習の際に最も戸惑いを覚える者が多い。
３）法曹倫理については、ほとんどの法科大学院で教育がされているが、実務で実際に身近に接しての教育ではないので、実感が湧かなかったとの感想を述べる者が多い。
４）訴状や答弁書、弁論要旨など、実務的な文章を起案したことがない修習生がかなりの割合となっており、実務的な文書の作成の経験については、法科大学院によって、大きな差が生じている。
５）判例や文献などの検索能力には長けている修習生は多いが、個別事件への具体的なあてはめや文章展開は苦手な修習生も多い。
６）事実認定論や法曹倫理が司法試験科目となっていないため、法科大学院での学習では身につかないとの感想を述べる修習生も多い。
７）なお、弁護士として登録した直後の研修の際のアンケート結果によれば、過半数をはるかに超える人達が予備校も利用しているし、法科大学院での教育には、法律の基礎知識を学ぶことには満足している人が多いものの、実務指導や臨床教育には不満を述べる人が多く、人間性に関わる教育については満足度が更に低くなっている。前期修習がないことには、過半数をはるかに超える人が不都合を感じているということのようである。
　以上述べたような修習生側の実感や指導担当弁護士としての経験などから考えると、法科大学院での教育では、前期修習に代わるような教育的成果は達成できていないし、実際にも、そのような機能を果たすことを期待することは無理だと言わざるを得ない。そもそも実務的な文書の作成などは司法試験科目とはなっていないし、合格するかどうかもわからない状況

で司法試験合格に直接に関連しない科目について教育したとしても、その教育の成果などあがるはずもない。

　つまり、法科大学院には、その構造上、実務家養成のための教育は期待できないわけである。実際、法科大学院関係者には、法科大学院教育には前期修習の代替はできないと公言している者もいる。このような発言からは、法科大学院における教育の成果がこれまでの法律実務家に期待されたものとはほど遠いものにしかなっていないことが実務修習の現場に混乱を与えていることや、実際に弁護士になった後に依頼者に満足できる法的サービスを与えることができていない者も出現していることに対する社会的責任の自覚を感じることはできない。そのような考えの人達が教鞭を執っている以上、法科大学院における実務家教育に期待できないのは当たり前だと言うこともできるように思う。

　現場で実務修習の指導にあたっている法律実務家は、修習を終えた後、実際に仕事を1人でやれるのか、国民に迷惑をかけるようなことがないかという視点で指導にあたっていることと比べると、法科大学院の指導教員との感覚には大きなずれがあるように思えてならない。この感覚のずれは、最高裁司法修習委員会での大学関係者の発言からも実感するところである。

（4）選択型実務修習の現状と課題

　選択型実務修習は、「分野別実務修習の各分野を一通り体験した後に、司法修習生各自が、その実情に応じて、主体的に選択、設計することにより、分野別実務修習の成果の深化と補完を図ったり、分野別実務修習の課程では体験できない領域における実務修習を行ったりする課程」とされ、その期間は2か月とされている。

　この選択型修習では、ホームグラウンド修習制度というものが採用されている。選択型修習の期間中でも、弁護実務修習先で最低1週間は修習することとなっていることから、弁護修習の期間は多少長くなっている。選択型修習は各地で工夫を凝らして実施されており、愛知県や京都府など地元企業での研修を実施しているところなどもある。施設見学や模擬裁判など、従来の実務修習で実施していたものを実施するようにしている修習地

も多いようである。特に模擬裁判は修習効果が大きいため、ほとんどの修習地で事実上の必修となっているが、修習生の負担も大きいことから、就職活動などへの余裕がなくなることや、二回試験への不安からそのための勉強時間を確保したいというような動機で、この模擬裁判を担当しないようにする修習生が増えてきているのが、ごく最近の傾向となっている。

　特に、集合修習の後に選択型修習を行うことになるA班には、選択型修習に不熱心な傾向のある修習生が多いということが指摘されていて、これをA班問題と称している。また、A班には東京や大阪、埼玉などの大規模修習地の修習生を配置しているために、B班の修習生には集合修習の際に司法研修所の寮に入ることができない人が出ている。法曹養成制度検討会議の第8回会議での小林審議官の報告によれば、新65期では117名にも達しているという不公平な処遇も発生しており、貸与制の中で深刻な生活問題が生じている。この他にも、裁判官や検察官への就職希望者が、裁判所や検察庁の提供プログラムを希望することも増えており、分離修習的な傾向が出現しているのではないかとの懸念を訴える声もでてきている。

3　最高裁の司法修習委員会の議論と法曹養成制度改革について

（1）最高裁判所司法修習委員会とは

　司法修習の実務を具体的に決定するのは、最高裁判所の司法修習委員会である。この司法修習委員会は、司法修習委員会規則（最高裁判所規則第11号）に基づいて設置されている。その設置目的は、第1条で「司法修習生の修習（以下「司法修習」という）及びこれに係る司法研修所の管理運営に関し、司法修習の充実及び法科大学院における教育と司法修習との有機的連携の確保並びに法曹相互の協力の強化を図る」というものであって、委員構成は、第4条で、裁判官、検察官、弁護士、司法研修所所長、法科大学院の教員その他の学識経験者となっている。この司法修習委員会の議論状況は、最高裁のホームページで公開されている。

（2）修習委員会の委員構成など

　最高裁判所司法修習委員会の現在の委員構成は、法曹関係者からは、弁護士1名、裁判官1名（東京高裁判事）、検察官1名（最高検総務部長）と司法研修所所長となっているが、学識経験者としては、法科大学院関係者が3名（鎌田薫・早稲田大学総長、酒巻匡・京都大学大学院法学研究科教授、高橋宏志・中央大学法科大学院教授）、財界から1名、医療関係から1名、独立行政法人から1名となっている。この委員構成は法科大学院関係者の比率が高くなってしまっている上、法科大学院関係者の高橋宏志が委員長を務めているなど、法科大学院関係者が優位に議論を進めやすくなってしまっている。

　しかもこの中には、2012年8月に設置された法曹養成政策会議と重複している人がいる。具体的には、翁百合、鎌田薫の2名であるが、法科大学院の利益の代表となっている鎌田薫が重複委員となっている点は、決して軽視することはできないと思う。というのも、実務教育の問題や貸与制の問題など、これら法科大学院関係者が司法修習のあり方について発言していることが法曹養成制度検討会議での議論にも大きな影響を与えているからである。

（3）法科大学院教育における実務教育の問題

　第19回委員会（2011年3月7日）における大橋委員（出身母体：日弁連）の発言では、日弁連主催の法科大学院の実務家教員の交流会では、法科大学院でもっと起案をさせてほしいとの弁護士会の実務指導担当者からの意見に対して、法科大学院の実務教員から、「法科大学院はそのような起案をさせるところではないし、そこまでやれる余裕がない」という、もの凄い反発や強い批判がでたということが紹介されている。

　他方で、酒巻委員（京都大学法科大学院）からは、「正しい日本語が書けるかどうかというレベルになると、法科大学院教育というよりは、むしろその方のこれまでの日本語についての能力の習得に関わるところが大きいのではないか」という発言があり、法科大学院卒業生の起案能力の問題は、日本の教育全般に関わる問題であるかのごとく理解しているようであ

る。この発言からは、法科大学院で教育し国民の役に立ち迷惑をかけたりすることのない法律実務家を養成しなければならないとする責任感が欠けているように思う。

　高橋委員長（中央大学法科大学院）も、「法曹養成全体の質がどうこうということではなく、そういう状況のもとで何か変わったのかということを、どこまで弁護士の方に分かってもらえるのかという問題ではないか。弁護士はまだ昔のことを頭に置いている方がやや多く、戸惑いを感じていらっしゃるのだろうと思うが、現在は過渡期で、今の修習生が指導者になる10年後にはあまり問題にならなくなってくるのではないか」と起案能力の全般的低下は仕方がないことであり、卒業生の受入先である弁護士の業界で現状に慣れるべきだという開き直りの発言が行われている。

　鎌田委員（早大法科大学院）も「大橋委員（日弁委員）のお話の中で一番興味深かったのは、実務修習を担当する弁護士はもっと起案をさせろと言い、法科大学院の実務家教員はそれは自分たちの役割でないと言っているという点である。その両者の考えている起案が同じ内容のものなのかどうか、同じ内容のものだとしたらそれはどういうものなのかというところがこの話の一番のポイントで、そこにやはり少しずれがあるではないかという感じがする」と発言して、修習現場が望んでいる修習生の質と自らが送り出している学生の質との違いについて、法科大学院側には卒業生を受け取る側である修習現場の要求に合わせる意思はないということが明言されている。

　なお、第17回委員会（2010年9月1日）では、裁判検察の教官らは、3名共に実務的な書式に触れていなくても特に修習には支障を来さないと発言して、前期修習の復活の必要はないことを一致して強調している。他方で、裁判教官は、民事刑事共に修習生が実体法の理解に欠けているという指摘をしていて、法科大学院教育を受けてきた修習生には実体法の知識が欠けている者が多いことが、実務修習を担当する裁判官の共通認識となっていることを示唆している。

（4）選択型修習の問題

　選択型修習については、第 16 回と第 17 回の委員会で議論が行われ、第 17 回委員会（2010 年 9 月 1 日）では、笠井司法研修所事務局長が、以下のまとめをしている。「選択型実務修習については、A 班問題をはじめ、様々な問題点が指摘されており、一層の実情の把握に努めるべきことを実感している。この点については、各配属庁会にお手数をおかけすることになるが、司法研修所に対する報告等の在り方を検討する必要があると感じている。また、個別修習プログラムについては、この委員会でも紹介されたとおり、各配属庁会で意欲的な取組等がなされているが、そのような経験が共有されていない結果、全体としての改善や質の向上につながっていないのではないかとも思われる」。

　また、高橋委員長も以下のまとめをしている。「A 班問題に対する具体的な改善方策だが、……例えば、自主性・主体性の重視という理念を踏まえ、意欲に欠ける修習生に対して制裁を科すことで取組を強制するのではなく、そのインセンティブを積極的に引き出す方向での方策を考えるべきであるとして、修習生に選択型実務修習全体を通じた獲得目標等を記載した書面又は計画書を作成させて指導担当弁護士に提出し、修習生に自己評価をさせるような枠組みを導入すべきではないか。……続いて、弁護士会提供の個別修習プログラムについては、大規模会と小規模会で提供されているプログラムの種類等に差があることを問題視する見解もある。もっとも、当委員会の議論としては、実務修習は、本来、その実務修習地の実情に合わせて実施されるものであり、この点は選択型実務修習についても同様であり、各単位会においては、ホームグラウンド修習を含め、配属された司法修習生の興味・関心に実質的に応えられる枠組みを作っていくことが肝要であり、その実務修習地の実情に応じた選択型実務修習を育てていくことが期待されるという認識であった。また、現在、多くの小規模会においても、関係者の努力の結果、多種多様なプログラムが提供されているが、このような努力を正当に評価すべきであるとの認識であった」。

　以上のように、最高裁司法修習委員会でも、いわゆる A 班問題があることを認識していたし、大規模弁護士会と小規模弁護士会との格差問題など

も認識されていたわけである。この選択型修習の問題については、この司法修習委員会での議論状況を踏まえて法曹養成検討会議でも議論されたが、特に改善案が提案されることもないままに終わってしまったわけである。

4 修習の変容

　法科大学院を経由した司法修習となったことで、司法修習も実態も大きく変容してきているのであるが、公式にその変容を示した書類はない。そこで参考となるのが、最高裁の司法修習委員会での議論である。

（1）石井幹事の発言
　まず、第17回委員会（2010年9月1日）において、石井幹事（民事弁護教官）は以下のように発言し、現在行われている合同修習は、法科大学院制度が組み込まれる前の時代の前期修習や後期修習とは大きく異なっていることを明言している。
「現在の集合修習においては、いわゆる表題部、事件番号や代理人の名称を書かせて、フルに起案をさせるということはもうしておらず、例えば、ある一つの法的な主張に絞って、その部分に関して証拠と関連付けて文書で書けという起案をさせている。したがって、起案で求める内容は質的に変わっていると理解していただいてよい。修習指導担当弁護士は、修習生が最終準備書面を書けるようにならなくてはならないということで困っておられるようであるが、もうその必要はないので、このことは各種の会議でも申し上げようと思っている。……前期修習を経てきたという前提で修習生のレベルを考えておられるので、現実に来た修習生は、従前のレベルと違うから前期修習をしなさいという方向に行っている。しかし、その点は、考え方を改めていただく必要があるという気がする。また、従前の前期修習、実務修習及び後期修習を通じてある一定の法廷実務家を実務に出していた時代のシステムとは違うというところをきちんと理解していただく必要がある。今の修習生は本当に熱心に勉強している。我々の修習生のころに比べると、格段の努力をし、質的にも短い間で一生懸命勉強して

いる。決して修習生のレベルが下がっていると思わないし、むしろ非常にまじめに修習をしている。修習指導担当弁護士の御自身の経験を踏まえて、書面の形式によらなくていいと思うので、修習生の法的思考能力を鍛えていただければ、司法修習も非常にスムーズにいくだろうし、良い法律家が誕生するのではないか」

　この最後の指摘は、起案の出来不出来にはこだわらない指導をしているということを示唆しているようである。

（2）二瓶幹事の発言
　同じ委員会において二瓶幹事（刑事弁護教官）は、以下のように述べている。
「現在の刑事弁護教官室における集合修習の取り組みについてご説明する。従前は、修習生に記録を読ませて、裁判所に提出することを前提に、弁論要旨を作成するというカリキュラムが長年にわたって行われてきたが、本年度からは、裁判所に提出することを前提に書面を作成し準備させるということ自体は、余り意味を持つものではないと考え、その前提となる事実の認定能力、証拠の分析能力や表現力、構成力、説得力といったものに主眼を置いた訓練が必要なのではないかというふうに考え方を改めている。つまり、新しい司法修習制度において、修習生について、法廷実務家に限られない幅広い分野での法曹としての活動に共通として必要とされる能力を培うというのであれば、刑事弁護科目においても、法廷での活動に余りとらわれずに、白表紙記録を見ながら、具体的な事実を検討し、法科大学院で養ってきた法的な基礎訓練や実務の基礎といった能力を深化、発展させることになると思う。具体的に言うと、従前は、具体的な記録をもとに、例えば証拠の構造についてどう理解しているのか、その証拠について何が重要だと考えるのか、その証拠が法廷なりに最終的に顕出されるに至ったプロセスにおいて、弁護人の立場から何か意見が言えないのだろうかといったという観点から、まず証拠が当然にあって、その上で最終的な弁論要旨を書かせるというのが指導の仕方、あるいは研修所として求める起案であった。しかし、今はそうではなく、証拠について、証拠が出され

るそのプロセスを考えさせたり、手続の最終的な段階にとどまらず、証拠調べの段階、あるいはそれ以前の段階や主張の整理の段階で何か考えられないかといったように、もっと刑事手続を幅広くとらえて、その時点その時点でさまざまに考えさせるようにしている。最終的な弁論要旨を書かせるにしても、すべてを検討させるというよりも、むしろ重要と思われる事項について深く具体的に考えさせ、そういう中で証拠の評価の仕方や、あるいは事実の認定の仕方、あるいは説得力を持った文章を構成していくような能力を修習生に学ばせたいと考えて取り組んでいる。今、申し上げたような取り組みを刑事弁護教官室で行っているということが、単位会等に情報が十分に伝わっていないという部分は確かにあると思うので、今後も機会をとらえて、広く情報をお伝えし、御意見を伺っていかなければならないと考えている」

　この発言からは、集合修習における刑事弁護の指導は、最終的な弁論要旨を書きあげる能力を持たせて実務に送り出すというものではなくなっているということを示している。

（3）升味幹事の発言

　第20回委員会（平成2011年9月6日）で升味幹事（刑事弁護教官）は、以下のように述べている。

「古典的な指導方法である弁論要旨とか、保釈請求書の起案というような形にはこだわらないほうがいい……研修所で修習生と接していると、当事者として主張する、事実を見るという姿勢を持つこと自体に、とても苦労している修習生が多い。もう一つは、ロースクールで手にした知識というツールを現実の事件の中でどうやって使うかというところがまさに司法修習だと思うが、そのツールの使い方に関する導入がないために、いつまでたってもその知識は知識としてあるけれども、現実の事件を解明する時に役立った形で使えないというところがある。それと、もう一つは、……どうしても修習生はマニュアルに引っ張られる。例えば弁論要旨を書けと言うと、弁論要旨の項目を書く。また、自白とか供述の信用性を弾劾しろと言うと、……客観的証拠との不整合とか、不合理な変遷とか、内容が不合

理だとか、虚偽供述の動機があるとかいうことを一番上の行に書いてくる。私たちはそんなことを整理して書いてもらいたいと思っているわけではなくて、現実の事件を見て、例えば検察官はどういう主張をしていて、それはどういう立証の構造になっているかということをまず理解する。それに対して、弁護側は検察官の主張立証のどこが弱くてどういうふうに弾劾したらよいかということを、現実の事案に基づいて組み立てていく。その過程でロースクールにおいて身に付けた法的な知識や実務修習の間に身に付けた事実の見方についての認定、基本的手法を使ってほしいと。そして最後に、それらを上手に相手に伝えるためにはどういう表現がよいかというところまで進んでほしいのであるが、なかなかそこまではいかずに、その手前でとても苦労している。……何か法的な思考、基本的な事実の見方のところで、とても苦労している現実がある」

このように修習生の変化を指摘している。続けて、その変化に対する対応として、

「今年の４月であるが、刑事弁護教官室は、これまで検討を重ねてきた実験的な取組みを行った。……冒頭修習を行うとしたら、……一つはこれからの実務修習の中で、検察修習や刑裁修習の場面もきちんと生かした修習をしてほしい、そのためには、どのように今後の修習に取り組んだらいいかというところをぜひ話して、修習生が理解してくれたらいいと思っている。……証拠開示に関する刑事系教官室共同の講義、問題研究（の際）類型証拠開示として員面調書と検面調書しか挙げられない修習生もいる。既に検察修習も終えており、送致記録に様々なものが含まれていると分かっているはずだと思うのだが、それも生かせていない。刑裁教官が講評の際に、『検察修習の時、検察官が請求している証拠以外にいろいろ送致されてきた書類はあっただろう。どのようなものがあったか見なかったのか』とお聞きになったぐらいで、十分生かし切れていない。このあたりを解決できるような冒頭修習があるといい……刑事弁護教官室は、そういう基本的な事実認定の仕方が分かるような簡単な事案を使って、いわゆる弁論要旨の起案にこだわらない格好で、頭を使ってメモを作成するというようなもので導入カリキュラムができればいいと考えている」

と述べ、今の修習生に合わせてカリキュラムなどを大きく変更させていることを明言している。

(4) 笠井研修所事務局長の発言

　最終的に、第20回委員会（2011年9月6日）において、笠井研修所事務局長は、以下のようなとりまとめをしている。
「新司法修習の到達目標は、法廷実務に限られない幅広い法曹の活動に共通して必要とされる基本的なスキルとマインドのかん養であるが、これは、これまでの法曹の活動の実質を改めて確認し、その核心部分が何であるかを探求した上で必要な基礎力のかん養を図ろうとするものであり、当然ながらスタートラインに立つ段階での法曹としての質を下げるものではないとされている。また、ここでいう基礎力を、実質的な意味での法的分析能力、事実認定能力等と捉えるのであれば、法廷実務家に必要とされる基本的素養と法廷に限られない幅広い分野で活動する法律実務家に必要とされる基本的な素養に本質的な違いはないとされているところである。次に、弁護実務修習の指導の在り方について、法的紛争解決の最終手段である訴訟事件には、法廷実務家に限られない幅広い法曹の活動に必要な法的分析能力や事実認定能力を身につけるのに必要な要素が多く含まれていることから、新司法修習においても、訴訟事件を素材として指導を行うことも有効な方策であることが確認されている。また、弁護実務修習の指導においても、法廷実務家に固有の書面の形式等に関する知識の修得よりも実質的な法的分析能力や事実認定能力のかん養に向けた指導を行うことが重要であり、実質的な能力のかん養という点を意識して行われるのであれば、訴状、準備書面、弁論要旨等の法律文書を作成させることも有効な指導方法となり得るという点についても異論は見られなかった。なお、法科大学院教育に訴状、弁論要旨等の起案の実施を求めることについて、法科大学院教育に求められる範囲の法律文書の起案の機会を付与すべきことは認証評価基準からも明らかである旨の指摘、法科大学院教育で求められている『起案』、法的文書の作成については、法理論教育を前提に法的に見て必要な事柄を過不足なく論理的に順序立てて書くことであり、弁護士の視点で

法的問題を書面に整理して記載することは司法修習の課題である旨の指摘があった。最後に導入的な教育の在り方について、司法研修所における導入研修の復活が相当ではないこと、法科大学院教育がかつての前期修習を代替するものではないことは、従前から確認されてきたところであるが、少なくとも現状においては、何らかの導入的教育を行う必要性自体は否定されないこともまた、異論なく確認されたところである。問題はその具体的な内容や実施方法であり、現在、司法研修所、日弁連等において検討がなされているところであるが、一般論としては、共通的到達目標の内容等を前提として法科大学院に期待されている教育内容や新司法修習の理念を踏まえ、さらに議論を重ねる必要があるとされた。この点、法科大学院については、導入的教育をしなくてもよい程度にまで法科大学院が教育すべきであるという裏腹の問題はあるとしても、ここでいう導入的教育に携わるわけではないとの認識も示されたところである」

　この発言は、法廷実務の研修が今でも意味があるのだと弁解しながらも、司法修習が法廷実務に限られない幅広い法曹の活動に共通して必要とされる基本的なスキルとマインドのかん養であると明言している点で、司法修習のあり方が実態だけでなく理念としても大きく変容してきていることを端的に示している。

　この笠井事務局長の発言は、二瓶幹事（刑事弁護教官）が指摘した「法廷実務家に限られない幅広い分野での法曹としての活動に共通として必要とされる能力を培う」という発言などからしても、司法研修所の教官室での共通の認識になっているのかも知れない。

　しかし、実務修習の担当弁護士との認識とは大きなずれがあるように思えてならない。私個人としては、二回試験を合格したら、一人前の法律家として国民のために働くことができるようにして送り出すというのが司法修習の役割であって、それはユーザーである国民に対する責務であると考えて指導にあたってきたが、今の司法研修所は、司法修習を終えても一人前の法廷実務家としての品質の保証はできないと宣言しているように思えてならない。

（5）司法修習委員会の役割とは

　私は、独立した地位が与えられていて選挙による選抜などの民主的基盤がない最高裁判所に設置された司法修習委員会に与えられている役割は、実務上の問題の処理と調整の機能を果たすことであって、最高裁司法修習委員会には、司法修習のあり方を大きく変えてしまうような権限はないと思っている。司法修習のあり方を大きく変容させるようなことについては、国会などでの民主的な議論を踏まえて実施されるべきことだと思う。その意味で、教官や事務局長の発言は、司法修習生として送られてきている人達の実体法の知識などの法的素養や文章力などを踏まえた上で、1年で修習を終えるためにどうすべきかということが語られているのではないかと思う。

　また同様の意味で、司法修習委員会に法科大学院関係者が参加することとなっているのは、自分達が送り出した卒業生がどのような修習を送っているのかを理解してもらい、法科大学院での教育を自省し、修正してもらうように役立てることに意味があると考えている。法科大学院関係者が、司法修習のあり方がどうあるべきかなどということまで意見するのは、自分達の立場を誤解しているのではないかと思いたくもなる。

5　二回試験不合格者の増加問題

（1）不合格者急増の背景

　修習生の質の低下と言われるが、これは、法科大学院制度の導入だけが原因なのではなく、合格者の急増に伴って生じていると言って間違いないものと思われる。というのも、下に示すように、修習生の質を示すバロメーターとなる二回試験不合格者の数は、司法試験合格者が1200人となった時期（57期）から急増しているからである。

図表 3-4-1　二回試験不合格者

修習期	受験者数	不合格者数（※）	比率
54 期	979 人	3 人	0.3%
55 期	990 人	1 人	0.1%
56 期	1006 人	0 人	0.0%
57 期	1183 人	5 人	0.4%
58 期	1189 人	2 人	0.2%
59 期	1493 人	16 人	1.1%
現 60 期	1468 人	71 人	4.8%
新 60 期	1055 人	76 人	7.2%
現 61 期	642 人	33 人	5.1%
新 61 期	1844 人	113 人	6.1%
現 62 期	377 人	23 人	6.1%
新 62 期	2067 人	75 人	3.6%
現 63 期	223 人	28 人	12.5%
新 63 期	2039 人	90 人	4.4%
新 64 期	2047 人	56 人	2.7%
新 65 期	2052 人	41 人	2.0%

※　不合格者数には、合格留保とされた人を含めている。

（2）期待におよばない法科大学院の教育成果

　58 期や 59 期など法科大学院卒ではない修習生でも不合格が高くなったという問題は、法科大学院の設置に伴って、旧司法試験の受験生の中からかなりの人が法科大学院に入学した人がでたことに加えて、回数制限が導入されたことにより、旧司法試験からの受験生の移動があったということを考慮する必要がある。58 期と 59 期は、受験生の大量移動が開始され、法科大学院に入学した人が旧試験をあまり受験しなかったという空白の 2 年間に旧試験に合格した人であるが、この期から二回試験の不合格者が急増しているということは、合格者を急増させたことが、司法修習生の質の低下を招いたということが導かれるように思う。

　しかし、このような受験生の移動があったことを考慮しても、法科大学院経由の新 60 期以降も二回試験の不合格者が多かったということは、法科大学院における教育の成果は、法曹実務家が期待するものとはほど遠いものだったし、司法試験合格者の急増をカバーすることはできなかったということが示されているようにも思う。

（3）法曹養成制度の構造的欠陥

新64期からは、不合格率が低下しているが、その原因としては、試験の内容や判定基準が変更されたと考えるべきだろうと思う。但し、公式には、試験内容が変更されたことを示す資料はない。最高裁の司法修習委員会の議事録にも掲載されていない。

しかし、漏れ伝わってくるところでは、合格させるための救済がしやすいように小問形式が採用されるなど、試験問題が大きく変更されていることは間違いない。実務修習での成績評価をしていると、従前は、優良可の判定のうち、「可」の判定をしなければならない修習生はほとんどいなかったのだが、最近は、「可」の判定もやむなしとなる修習生がかなりの数となっているから、修習生の水準が低下していることは間違いないので、そのような中、不合格者が減っているということは、我々弁護修習実務に関わる弁護士の指導や二回試験対策がよかったからというようなことでは説明できないのである。

なお、今の修習生の名誉のために言っておくが、この数年の修習生は大変よく勉強していて、遊び回っているような人はまずいない。つまり問題は、修習生の側にあるのではなく、これまで実務が要求していた水準に達しない状態で、司法修習に送り込まれているという司法試験の合格基準の低下や法科大学院を経由した法曹養成制度の構造的欠陥にあると言わざるを得ないのである。

6　貸与制の問題

（1）給費制から貸与制へ

新65期から給費制が廃止されて、貸与制に切り替わっている。司法修習生に給与を与えないこととして、生活費を貸与するという制度にしたわけである。この貸与制の採用は、弁護士の所得が高い時期に考えられたものであって、高い所得を得られるようになる弁護士が研修を受けるのに給与をもらうのはおかしいのではないかという発想に基づくものではないかと推測している。

しかしながら、人的需要を無視した過剰な供給によって、弁護士の初任給水準は急激に悪化しているし、そもそも就職ができない修習生が大量に出現する事態となっているから、最初からこの前提条件が大きく崩れてしまった。貸与制の採用は、法科大学院制度の強要に伴う学費等の負担増とあいまって、経済的理由で法曹への進路を断念する者を大量に作り出す原因となってしまっている。

(2) 貸与制の具体的問題

具体的にも、以下のような問題事象が生じている。まず、貸与を受けた者は被扶養者ではなくなってしまい、社会保険などの負担が家族単位でみれば大きくなってしまっている。学生ではないので学割もなく、交通費の負担は社会人扱いとなるが、無収入という評価を受けるため賃貸住宅の入居も難しくなる。子どもがいる修習生の場合、11月末という中途半端な時期の入所となる上、待機者の中では実際に働く人が優先されるため、保育所に子どもを預けての修習は極めて困難となっている。

この結果、修習生の中には、生活保護の需給申請を考えたという者も出現しているし、法律書の購入にも消極的となっていたり、宴会などの交際費の支出に敏感な者が増えている。私の知っている修習生はテレビのない部屋で暮らしていた。修習生は、記録を検討したり起案をしたりするなどして、実際に業務に従事している側面もあることから、単に研修を受けるだけの警察学校や税務学校ですら給与が支払われている中、司法修習生に給与の支払がないのは、憲法違反ではないかと言う修習生もいる。この修習生の人権感覚の方が、この制度を考え出した人よりもはるかにまともなように思う。

(3) 貸与制をめぐる議論

この貸与制については、最高裁の第18回司法修習委員会（2010年9月22日）などで、かなり白熱した議論が行われている。

今田委員は、「……法科大学院の構想時、従来は、教育機関のキャパシティを文部省が決めて全国的に人数などの適正化を図っていた、いわば入

口規制をしていたが、法科大学院については、ある意味自由な市場に任せて設立を認め、結果で見ていくということになったのではないか。つまり、法科大学院は、賢い消費者が賢い選択をした結果、適正な規模になるという哲学のもとにつくられたわけである。そういう意味で、日弁連として、法科大学院の志願者数の減少という現状は、ただ今申し上げた賢い選択の結果ではなく、何か別の理由で減少している、何か非常に深刻な問題があると、そういう考えなのか。また、司法試験の合格率が予想していた7割よりもはるかに低い水準にあるというのは、簡単に結論は出せないにしても、司法試験の受験者が多いということではないか。そういうことからすると、法曹の志願者が激減しているという言い方が正しいのか。むしろ、私は、法科大学院のキャパシティが多くて、司法試験の受験者が多いため、合格率が低下しているのではないかと思う。もちろん試験の合格者が適正かどうかというのは、内容やレベルなどで評価しなければならず、率だけではかることはできないが、賢い消費者が賢い教育機会を選択するというモデルからすると、法科大学院が余りおいしくない食べ物になりつつあるから志願者が減っているという見方もできるのではないか」と述べて、法科大学院が市場から見放されているのではないかとの指摘をしている。

これに対して鎌田委員（早稲田大学法科大学院）は、「若い世代の中での法曹志望者がかなりの速度で減りつつあるということは、かなり深刻な事態だと受けとめている」と言いつつ、「しかし、今日の課題である給費制とその受験生減との間にどのくらいの相関性があるのかというのは判断が非常に難しい」として、貸与制の問題と法科大学院志望者の減少とは関連しないとの自説を展開して、貸与制問題が法科大学院問題に波及しないように擁護する発言をしている。この考えは、法曹養成制度検討会議でも同様に展開されている。

高橋委員長（中央大学法科大学院）は、この鎌田委員の意見を受けて、「法曹志願者が激減したと表現されているが、それは少し正確ではなく、問題は、数が減ったこと自体ではなく、優秀な人材が法曹の世界に来なくなっているということである。優秀な人材が法律家にならなくなってきているのかどうかについては、きちんとしたデータがあるわけではない

が、他学部、社会人の法曹志願者が当初より減っているのは事実であろう。しかし、社会人の法曹志願者が減ったことが貸与制の導入に起因するのかどうかについては、強い疑念が表明された」として、貸与制問題と法科大学院問題を切り離したようなとりまとめをしているが、これが、法曹養成検討会議でも、同様な議論が行われることにつながっているようである。

しかしながら、司法修習の問題について、法科大学院関係者が、法科大学院につぎ込まれる予算と法曹養成全体にかかる予算の問題との比較の問題とか、司法修習生の数すなわち司法試験合格者数との関連で、合格者数を増やすための予算的支障となる給費制に反対して貸与制を維持するべきだとの意見を述べたとしても、そのことが司法修習のあり方を決める材料とされることはいかがなものかと思う。予算分配に影響を受ける団体が、国家的政策を決定するにあたって強い影響力を行使することが許されるべきではないと思うからである。

(4) 修習生の生活実態

法曹養成制度検討会議でも、貸与制に関しては同様な議論が行われているが、そこでは、法曹養成制度検討会議の第3回会議における橋本オブザーバーの発言が参考になる。具体的には、65期修習生の生活実態アンケートの結果が以下のように紹介されている。「修習を辞退することを考えたことがあるという者が実に28％おりまして、その86％の者が理由として、貸与制に移行したことによる経済的な不安を挙げてい」るとか、「修習生の周囲には、合格しても経済的な面から修習を断念した者がいるという記載も複数」あるとの指摘もある。

なお、このアンケートからは、修習生の「1日の従事時間が約7.3時間程度であり、ほとんどの修習生がそれ以外の時間でも研鑽をしている」ことがわかる。貸与制は修習生を困窮させており、「書籍購入や医者にかかることを自粛する、食費を削るという事態が生じていることが見てとれ」る状態にあり、「1か月の食費が3万5800円、1日に換算して1200円となって」いたり、「共済に加入できなくなったことから、勤務場所にある裁判所、検察庁の庁内の診療所が利用できなくなった、無職者と扱われる

ために認可保育所の優先順位が下がった、貸与される金は収入として扱われるため、親の扶養親族から外れてしまって、新たに国民健康保険に加入し保険料を支払うという必要が生じた、アパートの賃借契約が自分名義ではできない、というような生活上の具体的な不都合も生じて」いるということが紹介されている。この指摘は、司法修習生と身近に接してきた私達が実際にこの耳で聞いていることと同じである。

(5) 修習専念義務の問題

　貸与制と絡んで、司法修習生の修習専念義務が問題となっている。専念義務がある以上給与制が維持されるべきだとの意見に対して、これを緩和したら貸与制でも問題ないのではないかという乱暴な議論があるようである。しかし、修習生の修習専念義務の緩和をしたところで、修習生は、時間外でも修習のための勉強に相当な時間を費やしているし、時間外の勉強をしなければ到底修習についてゆくことはできない生活をしているから、アルバイトなどで生計を支えることなどできるはずもない。つまり、専念義務を外しても、実際上、修習に専念できない修習生は修習についてゆくことができないのである。

　また、現状の就職難を考えると、修習生に対するアルバイトの許容は、修習生が法律相談をしたり、法律に関連する文書の作成代行をするなどの弁護士法違反などの問題を招来するおそれがある。なによりも、アルバイトに力が入りすぎて修習もおろそかになる修習生が出現したりすれば、ただでさえ短くなった修習期間の中で、実のある修習など期待できないことは明らかである。

　また、根拠となる法律の観点から考えてもおかしなことになる。つまり、修習専念義務は、公務員の職務専念義務を準公務員となる司法修習生にも同様に求めただけのものであるから、実務研修をさせる以上は外しようがない規定だからである。仮にこの規定が削除された場合、司法修習生はいつでも休んでもよいというようなことになりかねない。そのようなことが許されるようになれば、司法修習の現場の混乱は避けられない。例えば、取調を予定していた被疑者に対して、「修習生が休んだので取調を延

期します」と言って帰ってもらうようなことが許されるはずはない。被疑者接見にゆく予定だった修習生が急に休むことになったので弁護士が接見に遅れてしまい、被疑者が他の施設に移動したので接見ができなくなってしまったというようなことが日常的に発生したとしたら、実務修習は混乱してしまう。

このように考えると、専念義務を外せばいいというような提案が乱暴な話であることはおわかりいただけるものと思う。

（6）貸与制導入に伴って負のスパイラルが発生している問題

弁護士の就職難や就労環境の悪化に伴い、法曹になるまでに抱え込んだ負債返済が困難になる者が司法修習を終えた者の中に沢山出現するおそれが大きくなっている。このことや修習を終えた後の生活の困窮が世間に知れる頃には、法曹志願者が更に減少することになるだろう。ここでも、法曹志望者減少の負のスパイラルが発生することになる。

そのような事態を招かないためにも、給費制の復活と司法修習生の減員が急務となっているわけである。

7　就職難の問題

司法修習生の就職難は、既に世間一般に広く知れ渡っている。しかも、年々ひどくなっている。就職先が早く決まる修習生は、修習開始前に決まっているが、著名な大学をストレートで優秀な成績で卒業したような人にほぼ限られている。そのような経歴ではない一般的な修習生の中には、数十通の履歴書を送付しても面接にさえたどり着けないという者もかなりの数となっていて、しかも、その比率は年々増えている。新61期の時代なら、弁護士会によっては、弁護士事務所が2桁の数が集まるような就職説明会が開かれたこともあったが、新62期以降は、正規に雇用意思のある事務所は片手で数えられるほどなのに100名ほどの修習生が集まるということが普通になってしまっていて、今では、このような就職説明会は開かないようにしている弁護士会もある。

これは、大学生の就職説明会でもみられないような光景である。司法試験に合格するような人材は、法学部の中でも優秀な人材だったはずなだけに、普通の大学生よりも厳しい就職状況に置かれているのは、何とも皮肉な話である。
　過疎地を紹介する説明会でも、今では、説明会に参加すらしない単位会が多くなっているし、修習生を歓迎するような話などでてこないのが実情で、地方に来ても就職はありませんよというような話ばかりという状況である。
　都市部に配属された修習生はまだいい方で、九州や北海道など大都市から離れた地域に配属された修習生は、就職活動に費やす交通費等の負担が大変厳しいものになっている。就職活動に追われて、勉強の時間を確保することも難しくなっている修習生も増えてきている。選択型修習の問題状況について述べたように、この就職難は、選択型修習の問題にもつながってきている。
　しかも、たとえ採用されたとしても、給与水準が急激に下がってきているし、そもそも事務所に籍を置いてもらうだけで給与はもらえないとか、もらえても極めて低額の薄給となっているノキ弁という雇用形態も出現していて、その割合は急激に上昇している。
　勤務先を確保できないまま最初から独立開業するという即独という業務形態も出現しているほどである。この即独は、OJTの機会をもらえないこととなるため、法曹の養成課程としてあまり推奨できるものではないが、年々増加傾向にある。なお、ノキ弁はまだ指導を受けられるだけ即独よりましなどと言われていたが、ノキ弁であれば、OJTの機会が保証されているかというとそうでもないようで、事務所では教えてくれないので研修所の教官や実務修習先の弁護士に指導を仰ぐような弁護士も増えているようである。
　就職が困難になっていることは、修習生が就職活動に追われて、修習のための学習の時間を確保しにくいということにつながっており、修習の現場にも大きな影響を与えている。選択型修習の中で模擬裁判に参加しない修習生には、就職活動の問題を指摘する者もいる。実際、模擬裁判に参加

しない修習生が増加する傾向は、一括登録時点で弁護士登録をしない修習修了者が200名を超えた新63期から出現してきている。選択型修習の登録が行われる初夏の時点で就職が決まっていない修習生が3分の1以上というようなことになれば、時間や労力を費やす模擬裁判への参加に躊躇する修習生が層として出現するのはある意味当然で、参加しない修習生を非難することはできないし、修習現場で指導したとしてもあまり効果は期待できないように思う。

このように、就職難は修習に大きな影響を与えている。

8 修習辞退者の急増問題

貸与制で修習期間中に借金が増える中、修習を終えても就職ができるかどうかもわからない状態となっている以上、辞退者が増加するのは当然のことである。数字の上からは、今や辞退者が100名を超える時代が近づいているという事態となっている。このことは、司法試験合格という資格の価値が大きく低下していること、資格競争の市場からは既に見放されつつあることを示していると言わざるを得ないと思う。

図表 3-4-2　修習辞退者の推移

年度	新司法試験合格者数	修習生数	ずれ
2009 年度	2043 人合格	新 63 期 2021 人	22 名
2010 年度	2074 人合格	新 64 期 2022 人	52 名
2011 年度	2063 人合格	新 65 期 2001 人	62 名
2012 年度	2102 人合格	新 66 期 2035 人	67 名

9 修習を担う側の問題点――指導担当弁護士確保すら困難な状況の出現

（1）修習指導担当弁護士の不足

修習現場、特に弁護修習実務の最大の問題は、修習生の数に対応する修習指導担当弁護士の確保が年々困難となってきていることである。

従来、修習指導担当弁護士は、経験が豊富で修習生を指導するのに相応しい弁護士が選ばれていて、経験年数が10年など、資格には厳しい条件が設定されていたが、2000人という修習生数に対応するため、弁護士経験数を5年にするなど、大幅に資格を緩和せざるを得なかった。これは、豊富な経験を伝えるという弁護実務修習のOJTとしての機能を大きく減退させてしまった。

　加えて最近では、京都などの会員数の多い弁護士会でも、指導担当弁護士の確保が困難になってきている。経験のある弁護士の数は増えない中、人数としては増えてきたはずの中堅どころの弁護士が、修習生にみてもらう事件がないとか、無理をして若い弁護士を雇い入れたのでスペースがないとか、そもそも事務所に修習生が座れるスペースがないとか、就職のことで相談に乗ることが心理的に負担であるなどの理由で指導弁護士となることを断る事例が続出しているためである。結果的に弁護実務修習は、5年前と比較すると質・量共に相対的に低下傾向にあることは間違いない。

（2）負担に耐えられない単位会の出現と支部修習問題

　会員数の少ない小さな単位会では、資格のある弁護士のほとんどが、毎年修習生を抱えているなど、負担が重すぎることが問題となってきている。この問題は、教官派遣講義の関係で修習地の組み合わせを変えにくいということもあって、改善が難しくなっている。大きな支部にも修習生を配置するということも考えられて当然だろうが、裁判所や検察庁の事務的な都合が優先されて、東京地裁の立川支部以外の支部には修習生が配置されていないため、弁護士会だけに交通費の負担など経済的なしわ寄せが来ている。日弁連の修習委員会では、支部修習問題について議論しているが、裁判所や検察庁の壁は大きく、支部修習の拡充は極めて困難な状況にある。

　この点についての日弁連関係者の認識には切迫感がないように思えてならない。法曹養成制度検討会議の第2回会議での丸島委員の「構造としてもかなり無理を強いている」との抽象的な発言があるぐらいであるが、弁護士ではない田島委員が、第9回会議での発言や第10回会議での意見書で、具体的な問題点を指摘してくれている。日弁連としてもこの問題を

もっと真摯に受け止めて、早急に対策を練るべきだと思う。

中間的とりまとめでも、この問題については、ほとんど触れられていないが、結局のところ、この現場の負担過重という問題も、修習生の数を現場に合わせて大きく削減することで解消できる簡単な問題だということが忘れられているように思えてならない。

10　司法修習に人材を送り出す機関としての法科大学院の問題

繰返しになるかも知れないが、私は、今の法科大学院は、司法修習に人材を送り出す機関としては致命的な問題があると考えている。少なくとも、司法試験の受験資格として、法科大学院の卒業が必要となっているという資格要件は、早急に撤廃されなければならないと考えている。その理由は、以下のとおりである。

①法科大学院には前期修習の代わりとなることが期待されていたが、そのような機能を果たすことができていない

既に指摘したことだが、要件事実と法曹倫理に関する教育はできているとの感想を持つ修習生は多いのであるが、事実認定に関することは、教育を全く受けていない修習生もいる。訴状や答弁書、弁論要旨など、実務的な文書の作成の経験については、法科大学院によって大きな差がある。事実認定論や法曹倫理は、法科大学院で講座が設けられていたとしても、司法試験科目となっていないため、法科大学院での学習では身につきにくいし、修習で具体的な事例に基づいて検討しないと、教科書のようなものの説明では理解しにくいという話をする修習生も多くいる。また、判例や文献などの検索能力には長けているが、個別事件への具体的なあてはめや文章展開は苦手な修習生が多く、文章を書くことが多い実務家の養成機関としては、根本的な欠陥がある。

なお、法科大学院に前期修習の代わりを求めるべきではないということは、法科大学院関係者自身が認めている（法曹の養成に関するフォーラム第13回会議〈2012年4月24日開催〉における井上正仁発言）。

②文章起案に関する指導も十分にできておらず、起案能力を向上させることができていない

　司法試験の受験指導が禁止されていることを理由として、起案の指導などもできていない法科大学院が存在する。法科大学院の中では、教員ではなくOBの弁護士に受験生指導を委ねているところもある。結果として、司法修習生の起案能力は、かなり低下してしまっている。

③法学部以外からの参入が困難で志願者も激減しており司法修習の場に多様な人材を送り出すことができていない

　法曹養成制度検討会議の第4回会議の事務局提出資料が参考になるが、二重の意味（未修者全体の減少と法学部出身者の増加）での志願者減が生じている。

　改善策として入学前支援などが提案されているが、法的な知識を問わないという選抜システムそのものを抜本的に見直すべきだろうし、他分野からの参入が減っているのは、就職先がないということが一番の原因なので、全体としての供給を市場のニーズに合わせて、抜本的に見直すことが最優先される必要がある。そのようなことが行われたとしても、法科大学院を卒業しなければ司法試験の受験資格が得られないことと、たとえ卒業したとしても司法試験に合格できるとは限らないのでは、仕事に就いている人がその仕事をやめて転職することは期待できないと思う。このように考えると、法科大学院は、転職への重大な障害になっていると言わざるを得ない。

④既修も含め、志願者が激減している

　法曹養成制度検討会議の第4回会議における和田委員提出にかかる民主党の「法曹養成制度検討プロジェクトチーム中間とりまとめ（メモ）」によれば、法科大学院を志望する学生が激減している。法曹養成制度検討会議の第9回会議での鎌田委員の発言では、「今度の4月に入学してくる人は多分2800人ぐらいにな」るとのことである。これは、法曹となる人達が層として減少したということを示している。つまり、優秀な人材が法曹とならないという社会現象を引き起こしているということになる。

　ところで現在、法曹養成制度検討会議の中間的とりまとめに対して、パ

ブリックコメントが募集されているところであるが、法科大学院協会では、2013年度の入学者数の統計的資料を自主的には公開していない。パブコメの締切とされていた2013年5月13日の直前である5月8日には、文部科学省の法科大学院特別委員会（第54回）が開催されて、入学者数が2698人であり、90％超の64校で定員割れだったということがマスコミを通じて報道されているだけで、5月9日の段階では、議事録や資料は公開されないままとなっていた。

結果的に、パブコメを書くあたって参考とされるべき重要な事実（これは政策決定に関する重要情報でもある）が隠匿されているようになってしまっている。このような姿勢は、国家的な経済支援を受けている団体のあり方として大いに問題があると思う。

⑤二回試験不合格者も激増し、試験内容や基準の変更という事態を招いている

既に指摘したとおりだが、司法試験合格者数の急増によって、二回試験の不合格者が急増し、法科大学院卒業生が司法修習生となってからも、その傾向に変化がなかったため、二回試験の試験内容も変更せざるを得なくなっている。この点に関しては、法曹養成制度検討会議の第7回会議での最高裁提出にかかる資料も参考になる。その資料からは、新60期の不合格者は76名（7.2％）、同じく新61期は113名（6.1％）、新62期は75名（3.6％）、新63期は90名（4.4％）と旧試験時代と比べて激増したことがわかる。

⑥旧試験の時代よりもよくなったとの法科大学院側の評価には疑問がある

統計をとったわけではないが、修習生を身近にみている限り、法科大学院の学生にはかなりの割合で旧試験の受験生がいて、むしろ、この旧試験受験者が法科大学院の学生のレベルを引き上げていた中、旧試験受験生の中で実力のある人達が合格してゆき、法科大学院への進学者も減っていく過程で、修習生の基礎的な法知識の欠如などが問題となってきたように思う。

このように考えると、法科大学院における新司法試験の合格者の確保には、旧試験受験生が大きく寄与していることは否めないと思う。既に指摘

したとおり、今の修習生は実体法の理解に欠けているという評価をする法律実務家が多くなっていることからすれば、旧試験の時代よりも問題が生じていることは明らかである。修習生にも、「法科大学院で勉強したことは役に立たなかった。自分で勉強した」というような感想を述べる人がかなりの割合でいる。

　実際に、法科大学院の受験者が毎年減少していて歯止めも効かないような状態となっている反面、予備試験のバイパスともいえる予備試験の受験生が増えており、平成25年度は急増とも言えるような状況となっている。今や法科大学院は、学生からも見放されつつあると言えるのではなかろうか。

⑦**卒業させてから試験を受けさせるというシステムには構造的欠陥がある**

　法科大学院の卒業が司法試験の受験資格となっているために、在学中には最終目標である司法試験を受験することができないことになっている。このため、司法試験の受験生は、その全てが学生ではない無職者ということになっている。旧試験の時代は、大学在学中に合格する人もかなりの割合でいたことと比較すると、大きな違いがある。22歳を過ぎた無職者ということが社会的にどのような評価を受けるかということを考えた場合、学生だけでなく、その保護者も含めて、法科大学院への進学を躊躇する傾向が生じるのは当たり前である。

　法科大学院としても、卒業後に合否が判明するわけであるから、その進路指導は卒業生に対してしか行うことはできない。在学生と卒業生を比較すれば、卒業生への進路指導が困難なことは明らかである。また、司法試験の合格が秋口に決まることから、司法修習は年末に開始し、年末に終えるということになっている。12月中旬過ぎに新しい職場に入るということは、日本の就職事情からすれば、極めて異例なことである。必然的に、企業などへの就職に際しても、中途入社扱いとなるなどのハンデキャップを与えることになる。弁護士への就職がまず難しい状態になっている中、このようなハンデキャップは致命的なものとなる。

　最近では、12月の弁護士事務所就職が激減し、1月就職が増えているが、これは経済的な必然だと思う。結果的に司法修習を終了した人は、年末に

無職の状態となる確率も高くなってしまっている。これでは人材が集まるはずがない。これらの問題は全て、法科大学院の卒業を司法試験の受験資格としていることから生じている。

⑧合格者の平均年齢も高くなっており、職に就くまでの期間が長くなりすぎている

図表3-4-3は、旧司法試験の合格者に関する法務省のデータをまとめたものであるが、合格者の平均年齢は28歳を下回るときもあった。在学生の比率も、4分の1に達していたときがあった。2005年度からは合格者の年齢が高くなっているが、これは、法科大学院が発足して受験生がシフトしたためである。なお、新司法試験が開始され、旧司法試験の合格者数が減った後にも在学生の合格比率が高くなっていることは注目に値する。

図表3-4-3　旧司法試験の合格者に関する法務省データ

年度	合格者数（人）	平均年齢（歳）	女性比率（％）	在学生比率（％）
2001年度	990	27.42	22.5	26.8
2002年度	1183	27.57	23.4	24.0
2003年度	1170	28.15	23.5	23.4
2004年度	1483	28.95	24.5	16.3
2005年度	1464	29.03	28.5	14.4
2006年度	549	29.92	23.0	15.8
2007年度	248	28.54	25.9	14.9
2008年度	144	29.75	27.1	20.1
2009年度	92	29.48	17.4	27.2
2010年度	59	28.80	10.2	39.0

これに対して、新司法試験の合格者に関する法務省のデータ（図表3-4-4）を比較すると、合格者の平均年齢は29歳前後に留まっていて、旧司法試験と比較しても、特に平均年齢が下がっていないことが裏づけられている。この結果からすれば、20代は勉強に費やして、30歳になってから実務に就く者ばかりということになっていることになるが、これは、職に就くまでの準備期間としては長すぎるのではないか。

図表 3-4-4　新司法試験に関する法務省データ

年度	合格者数（人）	平均年齢（歳）	女性比率（％）
2006 年度	1009	28.87	22.60
2007 年度	1851	29.20	27.93
2008 年度	2065	28.98	27.31
2009 年度	2043	28.84	26.43
2010 年度	2074	29.07	28.54
2011 年度	2063	28.50	23.17
2012 年度	2102	28.54	25.93

　司法試験の受験資格が法科大学院の卒業となっているために、卒業生しか受験できず、在学生の比率は統計データをとることもできない状態になっているわけであるが、これも他の職業と比較すれば、おかしなものとなっていると言わざるを得ないと思う。

⑨短縮された修習期間を少しでも延長する方が OJT の観点からはより効果的である

　既に何度か指摘したように、法科大学院で勉強してきていることが、修習期間短縮の大きな理由となっていたわけであるが、この修習期間の短縮によって、司法修習の OJT 機能が大きく削がれてしまっている。法科大学院における勉強があまり効果的なものとなっていないという現実がある以上、むしろ、修習期間を延ばした方が法曹の研修という意味からは効果的である。法科大学院に通っている時間が長いということの方がもったいないように思う。

　この点に関しては、武蔵大学の木下富夫教授が、『戦後司法制度の経済学的分析』という著書の中で、法曹志望者をどの段階で絞り込むのかという「入口論と出口論」の問題について、出口で絞る政策の方が個々の学生に対して無駄な教育投資（時間と金銭）を誘ったことになると指摘されていて参考になる。この著書の中では、多くの国は、入口を狭くして、出口を緩くしているのに対して、日本だけが出口で絞っているということも紹介されている。このご指摘は至極当然なものだと私は思う。

11 司法修習にはどのような改善が求められているのか

①給費制の復活

　貸与制の導入に大きな問題があることは、既に詳しく述べたとおりである。まずは、貸与制を廃止して、給費制を復活させ、修習生が修習に専念できる環境が整えられるべきである。

②修習生の数を適正規模に減員すること

　修習生の就職難が修習に大きな悪影響を与えているから、修習生の数を社会的な需要に応じた数に減員することが必要である。また、現場を無視した過大な数の司法修習生が実務修習に送られていることによって、指導担当弁護士の確保の問題など、実務を支える現場にも大きな負担が生じていて、前期修習の実施などにも障害となっているということからしても、修習生の数を適正規模に減員し、各弁護士会への配置数も再考することが早急に行われるべきである。

③前期修習の復活

　法科大学院では前期修習に代わる教育機能が果たせていないことを考えると、前期修習を復活させて、実務修習に向けての導入教育を実施するべきである。修習生の数を適正規模に減員すれば、今の司法研修所の施設でも十分に可能なはずである。

④実務修習期間、特に弁護修習期間の拡充

　実務修習期間が短いことによって、生きた事件に接する中での体験的・臨床的修習が難しくなっている上に、法科大学院では、修習期間を短くする前提として期待されていた教育的成果が上がっていないことから、修習期間を延長することが求められている。なお、法曹の活動分野を広げるという観点からは、法廷での修習の延長よりも、法廷外の活動分野が広がっている弁護修習の充実こそが求められていることは間違いない。今のように2000人程度の修習生の数では、弁護修習期間の延長は困難であるが、修習生が適正規模に減員されれば、弁護修習の期間の延長も可能となる。

⑤選択型修習の抜本的改革

修習生が主体的に修習先を探すことも可能となっていることや各地で独自の研修が可能となっているなど、選択型修習は司法修習の幅を広げているから、廃止されるよりは、その拡充が望ましいことは間違いない。ただ、修習地によっては、修習生に提供できる修習が限られているところもあるなどの問題もある中、他府県での研修、ましてや外国での研修などもできなくなっているところは、法廷法曹養成のイメージから脱却できていないのではないかとの批判を受けても仕方がないところである。従って、例えば、高裁管内単位でのカリキュラムを設置し高度な研修が地方配属の修習生にも受講可能とするとか、逆に都市部の修習生にも人口過疎地域での弁護修習も可能とするとか、外国や企業、大学、行政での研修なども可能とするなど、選択型修習の幅を拡充すれば、司法修習はさらに幅の広いものとなる。また選択型修習の期間は、全国的な公平を図るため、A班B班に分けることなく、同時期に行うようにするべきである。これも修習生の数を適正規模に減員すれば、問題なく実施できることである。

⑥支部修習の拡充

　支部で司法修習を実施しないということは、裁判所や検察庁の事務的な都合の問題である。全国各地に法律家を配置するという観点からは、川崎支部や堺支部、小倉支部、姫路支部などの大規模な支部には、司法修習生を配置するようにすべきだろう。少なくとも、弁護士会が実施している支部修習に対しては、修習生にも弁護士にも交通費などの援助が行われることが必要である。

⑦修習終了時期の変更

　就職にあたって、他の求職者などとのハンデキャップを減らすためには、修習の終了時期は、現在のように年末にするのではなく、できれば3月末になるようにすることが望ましいと思う。

⑧司法試験の合格率や試験内容の変更は、良質な司法修習生の確保のために効果的な対策とはいえない

　法曹志望者の減少傾向に歯止めがかからない以上、司法試験の合格率を上げたり、試験内容を変更したところで、司法試験受験者は増えるはずがない。司法試験が職業選択のための資格試験である以上、合格したら職が

あるということにならない限り、資格試験としての魅力はなくなってしまう。従って、司法試験の合格者数の減員、すなわち司法修習生の数の減員こそが、法曹志望者の減少傾向をくい止めることができるのであって、司法試験の合格率を上げても何らの効果もない。試験内容の変更も同じで、志望者の減少を減らすことには結びつかない。

⑨法科大学院の定員削減や統廃合の促進、未修者対策をしたとしても、良質な司法修習生の確保のために効果的な対策とはいえない

　教育体制が十分でない法科大学院の定員削減や統廃合などの組織見直しの促進や、法学未修者教育の充実なども問題となっているが、著名な大学の法科大学院ですら入学者の確保が困難となっている状況では、統廃合さえすれば事足りるというような暢気な話をされても意味がないと思う。また、未修者については、全く法的知識がない人に1年で法的な知識や素養を身につけさせようとしているシステムそのものに問題がある。法科大学院の改革としては、基本的な法的素養を合格要件としていない未修者の選抜制度の見直こそが必要である。法科大学院に入学した後の教育を改善するぐらいのことでは、対策としては不十分である。

12　中間的とりまとめの問題点

　これまで司法修習の現状と問題点について、実務家の立場からの分析を加えてきたが、2013年4月、法曹養成制度検討会議が中間的とりまとめを発表したので、それについて触れておくこととする。私がこの中間的とりまとめについて司法修習との関連で問題があると考えるところは、以下のとおりである。

①法科大学院教育の評価はお手盛りでは？
　中間的とりまとめは、「法科大学院を中核とする『プロセス』としての法曹養成の考え方を放棄し、法科大学院修了を司法試験の受験資格とする制度を撤廃すれば、法科大学院教育の成果が活かされず、法曹志願者全体の質の低下を招くおそれがある」とした上で、ソクラティックメソッド等

による双方向性の議論を重視した授業が行われていることなどが強調され、法科大学院を中核とする「プロセス」としての法曹養成が成果を上げているようなまとめをしている。しかしこれは、法曹養成制度会議の委員構成が、この会議の結果の影響を直接に受ける法曹関係者の比率を少なくした上で、国からの補助を受けている団体である法科大学院関係者の比率を増やすようにするといういびつなものにされたために歪められたいわばお手盛りの案であると言わざるを得ないと思う。

既に指摘させていただいたとおり、法科大学院の教育が受験生にとって有益なものではないとの認識は、受験生の中でもかなりの割合になっていて、何よりも法科大学院への受験希望者が減少し歯止めもかからない状態である。そもそも、法科大学院は、大教室でのマスプロ教育が可能な大学法学部とは異なり、まさに上記のような双方向の議論が重視されて、個別指導が行われることが予定されているために、構造的に教育費が高くなる傾向があるところ、この結果として、司法修習生の多くの者が奨学金など法科大学院時代に抱え込んだ多額の債務を抱えているという事態となってしまっている。つまり、法曹養成制度の中に法科大学院を組み込んでいること自体が、現在の法曹養成制度の問題状況を招いた主因となっているわけであるから、法科大学院修了を司法試験の受験資格から外すことが最優先課題とされるべきなのである。

②法科大学院の定員削減や統廃合の促進や未修者対策では効果がない

中間的とりまとめは、「『プロセス』としての法曹養成の理念を堅持した上で、制度をより実効的に機能させるため、教育体制が十分でない法科大学院の定員削減や統廃合などの組織見直しの促進とともに、法学未修者教育の充実など法科大学院教育の質の向上について必要な方策をとる必要がある」としている。確かに、教育成果が認められないような法科大学院については、統廃合の必要もあるだろうが、志願者が急激に減少していて、著名な大学の法科大学院ですら入学者の確保が困難となっている状況では、統廃合さえすれば事足りるというような暢気な話をされても意味がない。より抜本的な対策が示されるべき時期なのである。

また、未修者については、全く法的知識がない人に1年で法的な知識や

素養を身につけさせようとしているシステムに問題があることは明らかである。基本的な法的素養を合格要件としていない未修者の選抜制度の見直こそが必要であって、法科大学院に入学した後の教育を改善するぐらいのことでは、対策としては不十分である。

③**法科大学院そのものがリスクとなっているとの認識は正しいとして理由付は問題**

　中間的とりまとめは、「法曹志願者の減少は、司法試験の合格状況における法科大学院間のばらつきが大きく、全体としての司法試験合格率は高くなっておらず、また、司法修習終了後の就職状況が厳しい一方で、法科大学院において一定の時間的・経済的負担を要することから、法曹を志願して法科大学院に入学することにリスクがあるととらえられていることが原因である」としている。法科大学院そのものがリスクとしての存在となっているという点を率直に認めたところは評価できるし、その理由として、「司法修習を終えた後も、法律事務所等に就職して活動を始めることが困難な者が増加しているといわれる状況にある一方、大学を卒業した後の数年にわたる法科大学院での就学やそのための相当額の金銭的負担を要すること」を指摘しているところも、正鵠を射ていると思う。

　既に何度も指摘しているとおり、法科大学院は、構造的に学費がかかる経済効率の悪い学校である。司法修習は法科大学院よりもはるかに密度の高い個別指導を行っているが、その大部分が法曹三者のボランティアに支えられているために維持することができている。司法試験に合格するかどうかもわからない段階の人のために個別指導的な教育を実施するよりも、厳しい選別を通過した人材に対して、個別指導などで徹底した鍛錬を行うことの方がはるかに効率的であるが、今の日本の法曹養成は、その逆のことを行っているわけである。このことが、受験生の経済的負担を大きなものとしているとすれば、志願者が減少するのは当たり前のことだと思う。

④**司法試験の合格率を問題としていることはおかしい**

　中間的とりまとめは、「司法試験の合格状況における法科大学院間のばらつきが大きく、全体としての司法試験合格率は高くなっておらず、また、司法修習終了後の就職状況が厳しい一方で、法科大学院において一定の時

間的・経済的負担を要することから、法曹を志願して法科大学院に入学することにリスクがあるととらえられている」ことから、法曹志望者が減少しているととらえている。既に指摘したとおり、この中で法曹を志願しようとしている人達が法科大学院入学にリスクがあると理解しているとするところは正しいのだが、司法試験合格率が高くなっていないことがその原因かのような記述となっているところはところは、間違いである。司法試験は、職業選択のための資格試験であるところ、資格を得ても仕事があるかどうかもわからない状態になっているところが、最大の原因なのである。

何度も指摘することだが、旧司法試験は２％の合格率でも、沢山の受験生がいたのである。志望者が確保できるかどうかは試験の合格率の問題ではないのである。資格取得後に、どんな仕事ができるかという仕事の魅力が最も大事なことなのである。法曹志望者の減少は、法曹になるための関門である司法試験が合格しても就職先がないような資格になってしまっている上に、その関門に行き着くまでに法科大学院という二重の関門が置かれ、そこでも時間と金をとられてしまうことに原因があるのである。資格さえとれれば何らかの就職はできるかのごとき話で落ち着かせようとしているのでは、資格商法詐欺とあまり変わらないような議論をしていると非難されてもおかしくないように思う。

⑤司法試験の合格率を変えたり、その内容の変更をしても無意味である

中間的とりまとめは、法曹志望者が減少している要因を「可能な限り解消して、法曹志願者の増加や多様性の確保を図るため、法曹としての質の維持に留意しつつ、個々の論点における具体的な方策を講ずる必要がある」としつつも、その方策としては、「（法科大学院）修了者のうち相当程度（例えば約７〜８割）が司法試験に合格できるよう、充実した教育を行う」とか、「司法試験合格の見通しを制度的に高めて、資質ある多くの者が法科大学院を志願するようになる観点からも、修了者のうち相当程度の者が司法試験に合格できる状態を目指す」として司法試験の合格率を上げたり、内容を変更すれば、志願者を増やすことができ、多様性も確保できるかのごとく提言している。

しかしながら、何度も指摘しているとおり、旧司法試験では合格率が

2％であっても、沢山の受験生が確保できていたのであるから、合格率の上昇があれば志願者が増えるという結果が当然に導かれるものではない。現に、法科大学院の受験者数は激減し、2000人を下回るのも間近な状態となっているが、そうなれば今の合格者数とほぼ等しくなってしまうので司法試験はほとんどの者が合格できる試験となるはずなのに、最近では法学部ですら志願者が減るなど、法曹志願者の減少には歯止めがかかる気配すらない。そもそも司法試験が職業選択のための資格試験である以上、職業としての魅力があるかどうかが最も重要なことなのである。

　ところが、司法試験が合格しても就職先がないような職業資格試験になってしまった現状では、たとえ合格率が高くなったり試験内容が易しくなったとしても、志願者が増えるはずはない。ましてや、法科大学院という時間も金もかかる関門が更にあるということでは志願者が減るのは自明のことである。法科大学院を受験資格から外して、少なくとも費用はあまりかからなくした上で、合格者数を社会の需要に合わせて削減して合格後の就職先の確保の道筋もつく状態となれば志願者は増えるだろうし、転職者も増加するはずである。また、既に何度も指摘したとおり、未修者対策としては、法的素養を問うように選抜方法を改めることが肝要で、入学後の授業などを改善しても意味はない。転職して修習を終えたら確実に就職できるような需給改善も重要なこととなる。

⑥給費制復活の否定から始まるのではなく給費制の復活こそが求められている

　中間的とりまとめは、「司法修習生に対する経済的支援の在り方については、貸与制を前提とした上で、司法修習の位置付けを踏まえつつ、より良い法曹養成という観点から、経済的な事情によって法曹への道を断念する事態を招くことがないよう、司法修習生の修習専念義務の在り方なども含め、必要となる措置を更に検討する必要がある」として、司法修習生の経済的支援として給与制の復活を挙げずに貸与制の維持を頑強に指摘するだけで、修習専念義務のあり方などの再検討しか指摘できていない。しかしながら、貸与制の復活が急務であることは、既に何度も指摘したとおりである。貸与制の採用に加えて、弁護士の就職難や就労環境の悪化が進行

したことによって、司法修習を終えた者の中から、法曹になるまでに抱え込んだ負債返済が困難になる者が続出するおそれが大きくなっているわけであるが、その生活の困窮が世間に知れる頃には、法曹志願者が更に減少するようになることは間違いない。ここでも、法曹志望者減少の負のスパイラルが発生することになってしまう。そのような事態を招かないためにも、給費制の復活と司法修習生の減員は急務なのである。

⑦前期修習の復活が指摘されていないことも問題である

中間的とりまとめは、「司法修習について、法科大学院教育との役割分担を踏まえ、法科大学院教育との連携が図られているが、今後ともその連携状況を把握しつつ、その連携の更なる充実に向けた検討を行うべきである」として、司法修習と法科大学院との連携につき、再検討を述べるだけで、前期修習の復活が提言できていない。これまで再三にわたって指摘してきたように、およそ法科大学院では実務家養成のための教育は充分にできていないし、構造的にも実務家教育に期待できないことがそもそも理解されていない。そもそも実務的な文書の作成などは司法試験科目となっていないし、合格するかどうかもわからない状況で司法試験合格に直接に関連しない科目について教育したとしても、その教育の成果などあがるはずもないのである。要するに、法科大学院には、その構造上、実務家養成のための教育は期待できないのである。従って、法科大学院に司法修習との連携など期待できるはずもない。実務導入的教育の効果は、司法試験合格後の集合的な研修にこそ期待できるのであるから、修習効果を高めるためには、前期修習の復活こそが実施されるべきなのである。

⑧抽象的に司法修習の充実を求めるだけで具体的な改善案は何ら提言できていない

中間的とりまとめは、「司法修習の実情を踏まえつつ、選択型実務修習も含めて、今後とも司法修習の更なる充実に向けた検討を行うべきである」として、司法修習の更なる充実に向けた検討をすべきであると抽象的な提言をしているだけに留まっている。選択型修習が二回試験の直前に行われることで、修習生の関心が二回試験に向かってしまい、模擬裁判など時間と労力を費やすような科目を避けるような修習生が出現しているとい

ういわゆるA班問題についてすら触れられていないし、貸与制が実施されている状況の中で100名を超える修習生が入寮できずに過大な経済的負担を強いられているというB班問題についても、一切触れていない。現場を無視した過剰な修習生が送り込まれることによって、弁護修習の指導担当弁護士の確保も困難になってきているという問題にも触れていない。

　結果的に、現状の司法修習の問題点を何ら把握できないままに、抽象論を述べるだけで、何らの改善案も提言できていない。国費を使って時間もかけて何を議論していたのかとの非難を受けても仕方がないように思う。

⑨法曹となった後の継続教育の充実を指摘するのは職務放棄では？

　中間的とりまとめは、「法曹となった者に対する継続教育の在り方について、弁護士会の取組を更に進めるとともに、法科大学院においても、法曹資格取得後の継続教育について、必要な協力を行うことを検討すべきである。また、法科大学院には、法曹が先端的分野等を学ぶ機会を積極的に提供することも期待される」として、法曹となった後の継続教育の充実を指摘しているが、これは、この会議に求められている現状の法曹養成制度の問題点の分析と改善案の提案からは外れた提言である。結果的に、法科大学院を中心とした現行制度では、二回試験終了までに、国民が安心して利用できる法律家を養成することはできないから、法律家となった後の研修を充実させることで対応してほしいと宣言しているに等しいことになってしまっている。これは、極めて無責任な提言だと言わざるを得ない。実施してまもない状態で既に破綻した政策をどうするかという緊急の問題を検討しているはずなのに、その養成制度の欠陥を弁護士や裁判所・検察庁が自力でカバーしろと言っているようなものである。

　しかも、正常な就職先のないノキ弁や即独が増えている状況では、受入先である弁護士業界の側では登録初期のOJTの充実など期待できないことを考えれば、これは絵に描いた餅を食べよと言っているに等しい。法的素養や実務経験に乏しい弁護士が大量発生したことに伴って問題事例が発生したときの懲戒や事後処理を担当するのは弁護士会であるし、社会的非難を受けるのも弁護士会ということになるわけであるが、そもそもそのようなことが発生しないような十分な養成を行って送り出すことが法科大学

院に求められていたのであって、何故、弁護士会が養成不足のまま社会に送り出された人達の養成を継続的に行わなければならないのか、私には理解できない。

　また、弁護士の研修をどう改革するべきかということは、本来、弁護士会が決めるべきことであって、法曹養成制度検討会議がこのような提言をするのは、弁護士の自治権に対する配慮を欠いたものでもある。そもそも期待されるような司法修習生を送り出すことさえ満足にできていない法科大学院が、法曹の継続教育に助力すると言われても、説得力は全くないのではなかろうか。

13　最後に

　現在の司法修習は、法科大学院を卒業した人達が入ってくるシステムとなっているため、司法修習のことを検討するにあたっても、法科大学院制度についてどうしても論じる必要がでてきてしまう。私は、法科大学院制度ができた頃には、最高裁判所の強い影響力の下にある司法研修所における教育を変えてくれるかも知れないと期待したところもあったが、この原稿を書きながら、今発生している沢山の問題について考えいく中で、法科大学院制度の欠陥があまりにも大きすぎるということを痛感せざるを得なかった。そして、最高裁の司法修習委員会や法曹養成フォーラム、法曹養成制度検討会議での発言をチェックしていく中で、法科大学院関係者の国民に対する責任感のなさに驚いた。優秀な人材を法律家として社会に送り出すことができなければ司法サービスを利用する沢山の人が迷惑することになるということや、そのようなことにならないように人材を育成するべく国からの経済的支援も行われているということへの理解や配慮があるのだろうかと疑問を持たざるを得なかった。

　また、果たして学費をもらって勉強した卒業生が国民の役に立てる人材として育ち、実際に活躍できるようになるのかということを卒業生一人ひとりの顔を思い浮かべながら考えることができているのだろうか、本音のところでは司法試験に合格させてやりさえすれば、自分達の役割は終わり

だなどと考えているのではないだろうかと思えるほどの卒業生への思いやりのなさにも驚いた。司法修習制度の検討の中で、法科大学院制度の問題点や法科大学院関係者の発言などを多く取り上げたのは、このためである。

　また、率直に言って、日本の司法制度はかつてない危機にあると思う。今までは、先人達が作り上げてきた司法基盤の下で何とか弁護士という業務分野が維持できていたが、常識を外れたような異常な増員が続いたことで、弁護士の業務基盤そのものが大きく崩れようとしているように感じている。この問題は、最初は司法修習終了者の就職難として発現したが、その後、ノキ弁や即独の増加というOJT機能の弱体化という問題が続いて発生し、今は、弁護修習指導担当弁護士の不足などに象徴されるように、ある程度の経験を積んだ弁護士の業務基盤の脆弱化という問題に移ってきている。今後は、研修やOJTの不足に伴う弁護過誤や誤判の増加など、国民が実際に被害を受けるような問題が多発するのではないかということが懸念されるし、実際に、そのような事例に接したという声も耳にするようになってきている。

　このような問題が常態化するようなことにならないためにも、今すぐにでも、法曹養成制度を抜本的に改めなければならない。もはや弁護士という業界の問題ではなく、国民が被害者となりかねない事態が目前に迫ってきているのである。私の論稿が、そのことを考える一つの材料の提供につながれば、幸いである。

Ⅳ　法曹養成制度検討会議に対する私のパブリックコメント

打田正俊

1　検討会議の構成について

　法曹養成制度検討会議には、司法改革を推し進めたメンバーが多く、しかも改革の結果生み出された法科大学院に関係する委員も多い。これらの委員は、司法改革が間違いであったといわれることに生理的な反感を覚えるらしく、いつも改革の理念は正しかったとの前置きから話を始め、改革擁護に徹している。その様な委員の意見は基本理念から説き起こしているようでいて、実は、実情と関係のない抽象的な観念を弄んでいるだけで、中身は空疎である。

　そのような立場の委員は、改革が間違っていたとか、法科大学院は不要だなどといわれることには耐えられないようで、そのような発言に対しては真摯に聞く耳を持たず、改革の理念を持ち出して直ちに反駁し、検討会議は根本的な議論が難しい状態である。

　改革の結果、今日の混乱が生じているのであるから、正しい改革などではなかったことが誰の目にも明らかであるにも拘わらず、誰一人その責任を認めようとはしない。

　このような委員が多数参画するこの諮問会議の議論は、司法改革を進めた責任を追及されたくないとか、法科大学院にとって不利益な方向は避けなければならないとかの不純な動機を持つ委員が多いことから来るバイアスが掛かっていると言わなければならず、その答申は初めから方向性が決まっているようなものである。

　各種審議会に共通する弊害とはいえ、このような審議会の意見を基に、国家の基本的な制度である司法の先行きが決められることは、国民にとって実に不幸なことといわなければならない。

　また、検討会議の前身である「法曹の養成に関するフォーラム」当時から委員であった者が17名中13名を占めており、これではフォーラムの結論と異なる意見でまとまるはずがない。

　フォーラムのとりまとめでは問題解決にならないから検討会議が設けられたにも拘わらず、フォーラムの議論からはみ出ることを拒否する委員が

多く、新しい委員からはそれでは意味がないとの不満も表明されている。

　検討会議発足に際して新しく選ばれた4名の委員は、行きがかりにとらわれず、真剣に考えて真摯な意見交換をしており、好感が持てる。この先の国会においては、行きがかりにとらわれない真摯な議論がのぞまれる。

2　もともと深刻な弁護士不足などなかった

　司法改革は、司法の拡充を目指したとされるが、裁判官や検察官はろくに増員されることなく、弁護士のみが激増する結果となっている。そして、弁護士があふれかえる現在においても、改革を進めた者達からは、未だ弁護士は不足しているとの論が、臆面もなく繰り返されている。

　そもそも、改革以前において、深刻な弁護士不足などはなかったのである。無医村が医師を求める様に、どこかの弁護士過疎地の自治体が、弁護士獲得を目指して活動しているとか、どこかの業界が弁護士不足を問題にしているなどという話は、当時にあっても聞いたことがなかった。我が町にも弁護士を招こうというような話が報道された記憶さえもない。

　当時、弁護士は平均的に仕事が忙しかったことから、ある程度は増やしても良いだろうというのが平均的な弁護士の実感であったにすぎなかった。当時においてさえ、弁護士不足が急場の問題とされたことはなかったのであるが、当時と比較して弁護士が激増した現在、弁護士不足などということはあり得ない。

　弁護士激増政策が提起された当時、これに反対する弁護士達は、当時500名程度であった司法試験合格者を当面700人から800人程度に増員して様子を見るべきと主張していた。

　もしそのような漸増政策が採用されていたならば、法科大学院を設ける必要もなく、就職出来ない弁護士があふれかえるという状況にもならなかったはずで、司法は今よりもずっと安定し充実していたはずである。

　今でも弁護士不足があると主張する者は、「益々高度化し複雑化するから」などという抽象的な憶測を述べるのではなく、どの分野にどの程度の弁護士不足があるのかを実証的に明らかにすべきである。

3　法曹激増政策の目的

　消費生活相談員の岡田委員や連合の南雲委員までもが、現在でも弁護士増員が望ましいというが、その根拠は「社会の紛争が増えているから」とか、「潜在的な需要はあり今後も拡大の可能性がある」とかの独断的な抽象論であって、全く薄弱といわなければならない。
　司法改革が新自由主義改革に基づき、政治改革、行政改革に次ぐ改革の総仕上げとして実施され、新自由主義改革の結果、競争に落ちこぼれた弱者が引き起こす抵抗運動が社会秩序を害するのを防ぐ為、民事・刑事の紛争を効率よく処理する為（有り体に言えば不満を押さえ込む為）にこそ、司法改革が必要だと考えられたものである。
　かつて、司法のあり方などに興味さえも持ったことがなく、小さな政府を唱えていた経済界が、「大きな司法」などと率先して司法改革を謳ったのは、この間の事情をよく表わしている。体よくいえば、司法改革はセーフティーネットの一環なのである。
　この方向を無反省に進めることは弱者救済に背く結果をもたらすことを、消費者や労働者を代表する委員達が、どうして理解しないのであろうか。弁護士を庶民とかけ離れた特権階級とでも位置づけていて、「彼らが食うに事欠いても知ったことではない」と思っているのであろうか。改革に反対する弁護士達が、弱者の為に行動して来たことを知らないのであろうか。
　これらの委員には、我が国の弁護士が弱者の権利を守ってきた歴史を知って、弁護士激増政策が何をねらったものであるのかを正しく理解してほしいものである。
　弁護士激増政策の目的はこのようであったが、実際には、紛争は多発しなかった。新自由主義改革は格差社会をもたらしはしたが法令の改廃を伴っているのであって、我が国では普通、法に抗って紛争を起こす者は少ないことから、紛争が激増する事態は生じなかったのであろう。その結果、余り反る弁護士だけが取り残される結果となった。
　しかし、法科大学院という弁護士の過剰生産設備を作ってしまったこと

から、それが桎梏となって、容易には後戻りできないでいるのが現状である。

4　潜在的需要などはない

　検討会議では、未だに法的な潜在需要があるとの誤った議論をしている。潜在需要を掘り起こす為、弁護士の活動領域を拡大する必要があるとか、そのためにどうすればよいかなどの議論が喧しい。

　しかしこれらの議論は、実は司法改革の結果有り余る弁護士が生み出され、法科大学院が乱立していて今後も弁護士激増が続くにも拘わらず、そのはけ口が容易に見つからずに困り果てているということに他ならない。需要があるから弁護士を増員するのではなく、弁護士を過剰生産する設備を作ってしまった結果、製品を卸す先を見つける必要に迫られているのである。

　国民は、少なくとも現在においては、弁護士不足などとは少しも考えていないと思われる。企業に送り込めとか自治体に送り込めとか、その他にも潜在的には大きな需要があるとかの議論が盛んであるが、企業も自治体も、以前から弁護士との接触はあったのだから、本当に必要ならば、弁護士が余り反っていて安い費用で雇える現在、容易に吸収されていく筈であるが、そのような現象は起きない。

　消費者センターが弁護士を必要とするのであれば、余り反る弁護士がいる現在、なぜ採用しないのか。財政的制約があるというかも知れないが、インハウスローヤーは現状、特別な待遇ではない。一般職員の枠を当てれば充分に採用可能である。

　したがって、潜在需要などという話は、妄想といって悪ければ机上の空論でしかない。もし、今後ニーズが顕在化して弁護士不足が生じれば、その時点で増員すればよい。それでは間に合わないというような急迫な需要は考えられない。弁護士不足を前提とする議論は為にするもので、まともに取り合う値打ちもない。

5　法曹有資格者の活動領域のあり方

　営利事業、特に最近の営業においては、物もサービスも既に隅々まで行き渡っているにも拘わらず、心理学までも動員してコマーシャルを流し続け、消費者の購買意欲をかき立てて、物やサービスを売り込むことが当然とされている。そこでは、本当の意味でのニーズがあるなしに拘わらず、消費者を煽り、消費者の不安をかき立て、消費者の心理を操作して、自発的欲求に基づかない物やサービスを売りつけるのが当然視されている。

　そのような感覚に慣らされた者は、弁護士業についても、うまく消費者の購買意欲をかき立てて、業務を拡大すればいいとの発想に陥っている。

　しかし、弁護士は営業ではなく、弁護士の業務の目的は公益である（弁護士法1条）。したがって、自発的な依頼もないのに、消費者を勧誘して仕事を作り出すことは避けるべきである。「業務拡大の努力」を強調する意見は、弁護士業務の公益的性格を充分理解しないものである。

6　法曹養成の理念

　変化する社会の需要に応えるべく、質・量共に豊かな法曹を養成するとの理念は、言葉としてはそれなりに立派であるが、その理念に基づいて設けられたはずの法科大学院は、実際には司法試験合格者を激増させる為に作られた制度に過ぎない。

　そのような理念は、法科大学院のみが立脚するものではなく、改革前においても基本的には同様であったというべきで、以前の法曹養成制度に根本的な問題があったから、新たな理念が導かれた訳でもない。

　ただ、従前の司法研修所における養成制度では、人的・物的能力からして、年間3000人に及ぶ合格者を養成することなど出来ないことから、司法試験以前に教育をして、司法修習は簡略に済ませる為に作られたのが法科大学院である。

　法科大学院を創設する代わりに、司法修習を2年から1年に短縮した。

このことは、従前2年を掛けて行ってきた実務家養成教育のうちの1年分を法科大学院に移管したことを意味するが、現状の法科大学院が、そのような機能を代替してはいないことは明らかである。その結果、最低限の実務能力にさえも欠ける弁護士が大量に生み出されている。

つまるところ、法科大学院は法曹激増政策を支える為に作られたものにすぎず、その理念などは取って付けたに過ぎないものである。このような理念を振りかざしたからといって、望ましい法曹養成制度が導かれるものではなく、未だにその理念を金科玉条のように奉るのは、笑止の沙汰といわなければならない。

7　7〜8割の合格率はなぜ必要か

司法改革論者や法科大学院関係者は、7〜8割の合格率ということを言い続けるが、なぜ7〜8割が必要なのかを考えるに、多額の学費を払い、2〜3年に亘る貴重な時間をつぎ込ませるためには、法科大学院に入学すれば概ね司法試験に合格して法曹になれるという期待を若者に持たせることが必要だからである。これは、法科大学院に入学する者のとの間の一種の約束となるのであり、この約束を守らなければ法科大学院の信頼は地に落ちると考えるからである。

しかし、未習者は法曹としての資質があるかどうかを問われないまま入学するのであるから、期待を裏切る結果は避けようがない。これを避ける為には、法科大学院入学時に法曹としての基本的な素養を試すことが不可欠となる。しかし、それをするとなると、入学試験は結局司法試験と同じ資質を予め試すこととなり、法曹資質を試す司法試験の前に法曹資質を要求するのと同じことになってしまい、タウトロジーとなって、逆に法科大学院の存在意義がなくなるという自家撞着に陥ってしまう。

この矛盾は、法科大学院修了を司法試験の受験資格とするところから発している。すなわち法科大学院の制度に内在する欠陥である。

法科大学院は未習者を原則とするとされている。しかし、法学部以外の他学部出身であるとか、社会経験がある者を排除する必要がないことは

当然としても、そのような人たちを特別珍重がる必要もない。そのような人たちが、法学部出身者よりも幅広い人格をもち、法曹として打って付けであるかの如く考えるとすれば、それは根拠のない妄想である。

　法学部に入学して法律を学び、法曹を目指してきた人材を中心に制度を設計することこそが自然で、その中にこそ相応しい人材が多く存在すると見るべきである。

　未習者教育を原則とするとの方針が、アメリカの猿まねという以外にどどのような理念に基づいているのかは知らないが、社会一般に対して、法科大学院の必要性をアピールする為だったのではなかろうか。未習者コースの学生の多くが隠れ未習者である実情は、そのことを示している。

　7～8割の合格を実現しなければならないとの縛りがあるから、法的措置を講じてでも法科大学院を統廃合するなどという愚かな方針が出て来るのである。文科省は設置基準を作って、それに適合するとして法科大学院の設置を認めてきたのである。それを今になって、新たに特別な基準を設けて、それに適合しなければ認可を取り消すなどということが許されるのであろうか。学問の自由、大学の自治、法律不遡及の原則を踏みにじることにはならないのか。法曹を養成する制度が、このように権利侵害の上に築かれても良いのであろうか。それこそ大学に対する「国家的詐欺」ではなかろうか。

8　共通到達度確認試験

　検討会議においては、共通到達度確認試験なるものが議論されている。

　未習者が2年次に進級する際、振るい落とすことによって修了生の司法試験合格率を上げるということらしく、進んで既修者の進級時にも適用するとの議論もあるようだが、法科大学院生にとっては、折角入学しても途中で振るい落とされるという意味では、司法試験で振るい落とされるのも確認試験で振るい落とされるのも、同じことである。

　学生は入学試験に合格して、人生の貴重な一時期を費やし、また高額な授業料を払いながら勉学に励んでいるのであるから、少なくとも2年ない

し3年の規定の期間内は、合格水準に達するように法科大学院から教育を受ける権利を有するのではないだろか。そのような約束ではなかったのか。

7～8割の基準といい、共通到達度確認試験といい、甘い言葉で若者を誘って入学させておきながら、無情に切り捨てることに心が痛まないのであろうか。このような手前勝手な制度にすれば、若者が更に法科大学院を敬遠する契機になると思われるが、それをどう評価しているのであろうか。

以前の司法試験は完全に自己責任だから、受験生は誰にも文句を言えなかったが、7～8割の合格率という甘い言葉に誘われて入学して、厳しく振るい落とされる結果になった法科大学院生は、浪費した時間と費用を返してくれと言いたくなるのではないだろうか。

9 法科大学院修了を司法試験の受験要件から除外すべきである

すべからく国家試験は、広く国民に開かれたものでなければならず、やむを得ない場合に、必要最少限度の制限が認められるに過ぎない。全ての国民は職業選択の自由を有することからして、当然のことである。

従前の司法試験は、第1次試験、第2次試験に分かれていて、第2次試験の中に短答式試験・論文式試験・口述試験があった。大学の教養課程を修了しているなどの要件を充たす場合に、第1次試験が免除されるなどの特典はあったが、第1次試験を受験するには何らの資格を要せず、たとえ義務教育を経ていない者でも受験することが出来た。学歴や資力とは全く関係なく、誰でも受験することが出来たのであって、完全に解放された試験だったのである。

ところが現行の制度は、原則として（予備試験の例外はあり、この点は次に述べる）法科大学院を修了することが受験資格とされていて、高度な資格制限となっている。法科大学院を修了する為には、2～3年の時間と多額の費用が必要であり、この制限は大きなハードルとなっている。このような狭い道を造って、国民の職業選択の自由を厳しく制限する必要がどこにあるというのであろうか。

従前の法曹養成制度には欠陥があるとして法科大学院制度が生まれたが、

そこには本当の意味での職業選択の自由を制限するだけのやむを得ない必要性などはなかった。受験予備校で、暗記中心の一律的な答案技術偏重教育が行われていて、合格者の答案が金太郎飴のようだなどといわれたが、その点にしてもきちんとした検証が行われた訳ではなく、いわば濡れ衣をかぶせる形で予備校を悪者に仕立て上げたふしがある。従前の制度の下で法曹となった者に、能力的な欠陥が多く認められたなどというような問題があった訳でもない。

したがって、特別の必要性がないにも拘わらず法科大学院修了を受験要件とすることは、職業選択の自由を不当に制限するものであって、憲法違反の疑いが強い。法科大学院制度を擁護する者には、職業選択の自由を制限するに足る必要性を実証する義務がある。

もし、従前の法曹養成制度に不十分なところがあったのであれば、修習期間を2年から3年に延長するとか、財政的な援助をして専門教育を強化するなどの改善策が相応しかったものである。

10　予備試験

司法改革の責任者や法科大学院関係者は、予備試験の現状は、法曹養成制度にとって有害であり、このままでは法曹養成制度を根底から崩すことになるという。

法科大学院協会の専務理事である一橋大学法科大学院後藤教授が検討会議に招かれて公言しているのであるから、この認識が法科大学院関係者の一般的認識と見て差し支えはないだろう。

しかし、その様な矛盾は、法科大学制度に内在するものであることを理解すべきである。すなわち、法科大学院の教育が法曹養成にとって不可欠なものなどではないから、予備試験合格者が高率で司法試験に合格するのである。

上記の認識は、予備試験は経済的困窮者や社会人からの挑戦者の為にあるのだから、学生やロー生や予備校生の受験は制限すべきであるという意見につながっているが、経済的困窮者や社会人にのみ受験を認めることは、

法科大学院修了者に対する逆差別にあたることを理解していないものである。経済力のある者は法科大学院に行けばよいとして、経済力のない者に認められた予備試験受験の機会を奪うことには、何らの合理性もない。

経済力がある者には、なぜ予備試験を受けさせてはならないのか、経済力を有すれば不利益取り扱いを受忍しなければならないのかを合理的に説明することなど出来る筈がない。経済力がない人「でも」受験できる制度を作るということは許されても、経済力がない人「しか」受験させない制度を作るということは許されてはならない。生活力がない人にだけ社会保障措置を施すこととは、訳が違うのである。

したがって、予備試験は、誰でも受験できるものとしてしか存在し得ない。

ついでながら、経済力をどのように審査するのかを考えれば、技術的にも不可能であることは明らかである。このようなことを大真面目で議論する法律家とは何なのか。呆れる外はない。

この問題は、法科大学院終了を司法試験の受験資格とした基本政策の設計ミスから発生するもので、法科大学院終了を受験資格とする制度を廃止する以外に解決の道はない。

日弁連も、法科大学院擁護の為に、予備試験の受験資格を制限するべきだというが、人権擁護の殿堂たるべき日弁連が言うことではない。

11　給費制復活問題

司法試験に合格した者に司法修習を義務付けながら、その間の生活を保障しないでいいなどという考えが横行することは、理解できない。

法曹の役割の重要性からして、司法試験合格者に司法修習を義務付けることは当然であるが、司法修習を義務づけることは職業選択の自由に対する制限と見るべきであり、1年間の私生活を拘束するものであるから、その間の生活を保障すべきは当然で、それは国家の義務である。そもそも国家が修習生を「支援する」などという観念こそが間違いである。

修習生は、研修所によって「採用」されるものであり、準公務員という

べき立場にあるのであって、給費制には何らの不合理もない。
　司法修習生は結果として弁護士になれば私人なのであるから、そのような者を国費で養成する必要はないとの議論もあるが、司法修習は、修習生が法曹三者のどれになるかが決まっていないことを前提としているのであるから、裁判官や検察官になる者と弁護士になる者を区別することは出来ない（進路希望に拘わらず法曹三者を公平に養成する為、以前の修習では、指導者が修習生に進路希望を聞くことは差し控えるべきとされていた）。
　弁護士希望者を国費で養成するべきではないというのであれば、裁判官や検察官になる修習生を、弁護士会や指導弁護士が費用を負担して修習させる必要はないことにもなる。
　これとの関係で、弁護士は民間事業者であるから自由競争するのが当然で、競争の中から優秀な弁護士が生き残るとの考えに立つのであれば、弁護士が公益の為に費やされる多額の会費を拠出することも、弱者の為に献身的な業務をすることも（趣味でない限り）必要がないことになる。それでは、弁護士法１条の使命はどうなるのであろうか。論者は、本当にそれでよいと考えているのであろうか。
　給費制は不要であるなどという意見は、制度全体が見えていない近視眼的なもので、到底認められない。貸与制にすることとの関連で、修習専念義務を緩和すればよいなどの議論もあるが、専念義務を課す必要がないような修習であれば、本来それを義務づける意味もないことになってしまい、本末転倒も甚だしいものである。

12　各委員の意見の検討

　（　）内の①②③は検討会議の回数を、○○Ｐは議事録の頁を、（意見書）は該当者が会議に提出した意見書の記載であることを示す。

　１）伊藤委員は、フォーラム当時からの委員で、元検事で法科大学院教授である。
　現在の合格者数を基準として、その７～８割が合格するように法科大学

院の定員を規制すればよいとの意見であるが（⑩10P）、現状の2000人あまりの合格者から生み出される大量の弁護士が、如何に問題であるかが全く理解されていない。

　弁護士の潜在需要はまだまだ幾らもあるというが（同所）、司法審意見書以来需要は全く現実化していないという事実経過を無視していると共に具体性がないもので、到底評価できない。

　新しい活動分野として、法テラスの活用を考えるべき（⑨7P）というが、弁護士業が民間人に委ねられていることの意味を理解していない。法テラスという国営事務所に弁護士業を任せるとなれば、弁護士の国家対抗的機能はなくなってしまう。

　「まだまだ弁護士を必要としているところは非常にたくさんある」というが、どこにどの程度の規模の需要があるというのか、具体的に示してほしい。

　従前の効率的で懇切丁寧な法曹養成制度の下で、法曹の使命をたたき込まれて育った委員が、このような見解であることは理解しがたい。

2）井上委員は、元司法審の委員であり、法科大学院協会の副理事長でもあり、フォーラム当時からの委員でもある。

　今日の混乱状況については、一番責任のある立場であるが、その責任を感じさせる発言は全く見られない。

　未だに潜在需要が多いと考えており、現状で資格が認められている者が2000人程度いる（試験に合格している）ことは確かなのに、それを人為的に削っても良いものかという（②15P）が、2000人という人数こそが人為的に生み出されたものであり、しかも、3000人目標という縛りの中で、司法試験委員会が殆ど目をつむる思いで無理矢理合格させた人数であることは司法試験考査委員でもあった同委員は十分承知しているはずであるにも拘わらず、このような発言をすることは、為にするものであって無責任も甚だしいというべきである。

　予備試験の受験資格も制限するという（⑦3P）し、予備試験の問題状況は切迫しているから早急に対応するべきという（⑪29P）が、上記のとおり、資格制限は法の下の平等に反するもので、法律家として許されない

見解といわなければならない。

　若い人は、経済的な魅力などではなく、やりがいを求めて法曹になろうとしているともいう（⑧7P）が、殆ど根拠のない浮世離れした独断であるばかりか、真意であるとも思えない。

　アメリカでも、ロースクールの卒業生は日本の数倍の借金を背負いながら、就職できるのは50％程度に過ぎないとして（⑧31P）、だから問題はないとでも言いたげであるが、アメリカにおいても、そのような実情が問題にされている（元ワシントン大学ロースクール教授ブライアン・タマナハ著『アメリカ・ロースクールの凋落』花伝社）ことに触れないのは公正ではない。

　委員は、司法審委員としての責任を内心感じているからこそ、逆に司法審意見書の理想ばかりを強調して責任逃れをしようとしているものと思われ、現状の問題を真に解決しようとする意欲は全くないと見なければならない。

3）岡田委員は、フォーラム当時からの委員であり、消費者センターの相談員ということで、自ら国民の意見を代弁していると公言する（⑧28P）が、我が国の弁護士をどうすることが真に国民の為になるかの高次元での考察が欠けている。

　弁護士が余っているとはどうしても考えられないという（②18P）が、狭い自分の活動範囲内の経験で、しかも不採算ニーズを前提にした判断と思われる分析で、到底承認できない。

　消費者保護の分野で必要な弁護士が不足しているというのであれば、あふれている弁護士をどうして雇わないのであろうか。今時、安い給料で雇うことが幾らも出来るのにである。

　法曹になる人が、全部意欲があってエネルギーがあって頭が良くてという人ばかりになると困る、国民が利用する法曹三者は私たちの痛みや苦しみを理解できる人であってほしいという（⑦8P）が、法曹がエリートばかりになっては困るという意味と思われ、「国民法曹」の位置づけを間違っているらしい。

　企業法務や渉外事務を扱うよりも、町弁（まちべん）となって、あらゆ

る事案を適正に処理する事にこそ、優秀な人材が必要とされるのであり、頭が良くてエネルギーのある弁護士の多くが、庶民の側で仕事をしているのである。

弁護士会はノキ弁や即独に頭を悩ませているが、力のある有資格者が出てくればノキ弁でも即独でも充分仕事をやってゆけると言う（⑩19P）が、実情を理解しないものである。

給費制にも反対して、生活が大変ならばアルバイトでもすればいいという（⑧28P）が、前述のとおり司法修習の本質を理解しないものである。アルバイトの片手間でする修習でよいのなら、修習を強制する意味はない。

全般的に、本質を欠いた意見ばかりで、この問題の重要性が理解されていないと思える。「国民の代表」として、もう少ししっかりして貰いたい。

4）翁委員は、フォーラム当時からの委員で株式会社日本総合研究所理事である。

予備試験の資格制限は設けるべきではない（⑦12P）、現在の法曹養成課程は時間的に長すぎる（⑪26P）など、本質的に優れた意見を述べる点はあるが、出席率が悪く、しかも発言が非常に少なく、見解の全体像が分からない。

積極的な発言がのぞまれる。

5）鎌田委員は、法科大学院協会理事長でフォーラム当時からの委員である。

未だに3000人の目標はおろすべきではなく、社会人は現状に喜んでいる（②7P）という恐れ入った見解の持ち主である。

法科大学院でなければ身につかない教育もあるという（⑦9P）が具体性がなく、海外の交渉で弁護士が不足しているという（②15P）が、仮にそうだとしてもわずかな数で全体の法曹人口とは関係がない。経営的に成り立つかどうかを抜きにすれば、法的サービスは全く行き届いていないとしかいいようがない（⑩9P）、などに至っては、無責任な言いたい放題としか聞こえない。

合格者を減らすというのであれば、司法試験は資格試験であるという看板を下ろし、就職試験、実務家登用試験、開業認定試験に変えていくとい

う理念の転換を図らなければならないという（⑪19P）が、司法試験は昔から、単なる資格試験などではなく、実態は競争試験、選抜試験であったもので、最近の改革論者が激増を図る口実として勝手に資格試験と位置づけたに過ぎないものであるから、殊更に言い立てるのは誤りである。

委員の真意は、給費制に関して、「皆様がそういう人たち（修習生）により手厚い支援をすべきであると応援していただけることは大変ありがたいとは思っていますが、その原資を法科大学院に対する財政支援を削ってということについては絶対に賛成できないということだけ申し上げておかなければならないと思っています」（⑧17P）と発言している点に現れているように、法科大学院の権益保護と自己弁護のみがその動機と見るべきである。

その発言は、社会の隅々に法の支配を及ぼすという司法改革の理念は堅持すべき（⑩9P）など、抽象的な理念を振り回して法科大学院の利益を擁護しているにすぎず、我が国の司法の将来を本当に案じていると感じさせる発言は全くみられない。

法科大学院を修了して司法試験に合格した7～8割は天国であるが落ちた2～3割は地獄でよいのかと問い掛けている点は理解できるが、合格した7～8割のうちの2～3割が地獄を味わっている現状をどのように評価しているのであろうか。

6）清原委員は、検討会議になって新たに加わった委員で三鷹市長であるが、この問題をどの様に解決すればよいかを真摯に考え、自己の経験に照らして望ましいと考える方策を積極的に提言しており、好感される。

ただ、自治体は弁護士を必要としていながら財政的な理由から弁護士を採用できないでいるという（⑨8P）が、既に述べたとおり、現在では安価なコストで弁護士を雇い入れることが出来るのであるから、通常の採用枠の中で弁護士を採用することは容易である。実際には採用していないことからして、本当に必要性を感じてはいないものといわなければならない。

法科大学院修了を受験要件とし、プロセス教育に切り替えたのだから、その教育成果が現れるような司法試験にすべきというが、現実の法科大学院教育が想定された効果を発揮していないのであるから、司法試験を法科

大学院教育に合わせることには問題がある。

　弁護士業務の実情には通じていないと見えて、本当に重要なのは何かの観点では少しずれていると感じる。

7) 久保委員は、元読売新聞の論説委員でフォーラム当時からの委員である。

　マスコミは司法改革を手放しで礼賛し、これに異議を唱える弁護士を、既得権益の擁護だとか、ギルドの発想だとか口を極めて非難してきた経過があることからして、今日の事態については十分な責任を感じなければならない立場であるが、それを感じさせる発言は全くない。

　未だに、貸与制は採用からまだ1年しか経っていないから、給費制にすることは国民の理解が得られない（⑧29P）、国民の側から見れば、まだとても弁護士の供給過剰などとは言えない（⑩8P）などと、根拠もなく国民の目線を持ち出すが、従前の視点が間違っていたことが明らかとなった現在、このような無責任な発言を繰り返すことは許されないといわなければならない。

　今後とも、司法改革への取り組みを強化して、質・量共に豊かな法曹の養成という理念の下で、改めて法曹志願者の増加と多様性の確保に努力すべき（⑪10P）との結論は、今や不見識と評されるべきであろう。

8) 国分委員は、検討会議になってから新たに選任された委員で、医師である。

　委員は、この問題の重要性を十分に理解し、心を砕いて解決策を模索していることが議事録から読み取れる。

　検討会議は新しい組織であるから、フォーラムで議論済みとの態度は合点がいかないとの批判（意見書）は、当然である。

　政府が3000人と決めても、その目標が達成出来ないのは、クライアントの側にそれだけの財政的な裏付けがないからである（②17P）との指摘は、慧眼である。

　医師の養成と比較して、修習生に給費制を採るは当然との意見（⑧27P）であり、医師や弁護士を国民全体の利益という高みから眺めていることを伺わせる。

「恒産ない弁護士に恒心を求めることは酷である」(⑩5P) というが、酷であるというのではなく、制度論としては、「求めることは不可能」と言うべきであろう。

2000名前後の合格者数を前提にするとの意見 (⑪11P) は、現在生じている問題の深刻さに対する理解が未だ不充分というべきであろう。

9) 田島委員は、検討会議になって新たに選任された委員で、社会福祉法人の理事長であるが、非常に精力的に研究し、積極的に発言している。

弁護士に市場原理は妥当しない (②11P)、予備試験は充実させるべき (⑦3P)、弁護士が増えすぎて地域が疲弊している (⑧8P)、試験に合格した後のところがだんだん悪くなっていて、プロセスとしての制度が一番うまくいっていない (⑧24P)、法曹三者というのは国家の中枢を担う非常に大切な部分なのに、法曹になろうとする者が借金でスタートするというのはすごくおかしい (同所)、司法試験に合格した者にとって修習は義務であって、専念しなければならない (⑧25P)、3000人も2000人も何らの根拠がないことが分かった、司法改革の理念というが、司法界の現実とはかけ離れている、以前司法試験に挑戦したことがあり、法曹界にあこがれを持っていたが、こんないい加減なことが起こっていると思うと悲しくなる (⑩11P)、合格率が言えない法科大学院がざらざらあって何の反省もしていない、そんなものがなんで法科大学院なんだ (⑩12P)、法科大学院と司法修習がうまくいっているとは思えない (⑪34P)、弁護士が増えても採算面から手が届きにくい分野が残り、場合によってはそのような分野の切り捨てが起きる可能性がある (意見書)、現在の司法修習は優れた法曹を養成しようという国家の意思が足らず揺らいでいるというべき (意見書) など、問題の本質に鋭く迫る議論は、司法の門外漢とはとても思えない慧眼である。

ただ、法曹の活動領域はまだまだ多く存在しているので掘り起こすべき (意見書) との認識や、成績の上がらない法科大学院は、強制的にでも退場させるべき (同) と主張するところは、問題である。

10) 田中委員は、元裁判官で法科大学院の教官であり、フォーラム当時からの委員である。

法曹界の実情も法科大学院の実情も十分に理解しているはずであるにも拘わらず、法科大学院の目線でしかものが見えないと思われ、3000人目標は改革の理念が詰まったもので、大切にしなければならないという（⑪21P）が、抽象的な観念を現実に優先させ、法科大学院の権益を第一に考えるもので、全く説得力がない。

　法科大学院は制度導入から8年しか経っておらず、教育制度はめまぐるしく変えてはいけないという（②26P）が、この制度自体が、司法審の審議終盤にろくな議論もなく、アメリカの制度の猿まねで導入されたものであることを忘れた意見であろう。

11) 南雲委員は、日本労働組合総連合会の事務局長であり、フォーラム当時からの委員である。

　このとりまとめは、これから法曹を志す者にとって、将来の不安を払拭し質量共に豊かな法曹を養成してゆくという理念の実現を伝えるメッセージにならなければならない（⑪6p）などと司法審意見書のお題目を並べる程度で、自己の思想表明や独自の政策といえるような発言はない。

　12回の会議全体を通じて、殆ど発言がなく（4回程度）極めて不熱心である。

　委員は、労働組合の総元締めとして司法改革の基本目的が、司法審意見書どおりの理想的なものではなく、経済改革の矛盾を覆い隠す為の方便であったことを充分理解しているはずであるにも拘わらず（理解していなければ何をか言わんやである）、弁護士激増を単純に礼賛することは到底理解しがたい。

　それでは労働者階層の人々に対する責任を果たすことは出来ないであろう。

12) 萩原委員は、企業人でありフォーラム当時からの委員であるが、問題に真摯に取り組む姿勢が好感される。

　企業には、有資格者（弁護士）だからといって採用するとの姿勢はないし、優遇するとの考えもない（⑨4P）ことを明確に表明している。

　だから、この先、企業におけるインハウスローヤーが大幅に増加するとは思えないという（⑨5P）が、それが実情であろう。

大学時代を入れると、法曹になるまで7年半とか8年半とか掛かるプロセスの長さが問題（⑪26P）というが、全くそのとおりである。

13）丸島委員は、日弁連において司法改革に長く携わってきたもので、フォーラム当時からの委員である。

弁護士激増の病理現象の深刻さは充分認識しているが、改革を推進してきた立場からの責任があり、意見もその桎梏を感じさせるものである。

日弁連の意見書もあって、2000人では何ともならないことを強調はするが、法科大学院の擁護に徹していて、7～8割の合格率に固執しており、予備試験の受験資格を制限するというのも、弁護士として許されないものである。

14）宮脇委員は、フォーラム当時からの委員であり行政学・財政学の学者であるが、日本総研勤務の履歴を持つ。

会議の半分は欠席していて、殆ど発言しておらず、問題解決に取り組む熱意があるとは思えない。

給費制について、修習生の経済力が様々だから、それぞれの経済力に応じて支援すべきという（⑧21P）が、そのいうところの支援は、国家の恩恵と捉えているようで、根本的に間違いである。

15）山口委員は、フォーラム当時からの委員で、経済学の教授であるが、出席率が非常に悪く（第12回のうち4回）、殆ど発言がなく、個人の意見書の内容も問題の根幹については殆ど触れておらず、枝葉末節の事項ばかりで熱意が感じられない。

意見書では、弁護士と中小企業をつなぐコーディネーターのような法律職種を多数育成し、彼らが幅広い法的ニーズの開拓を担う様にすべきではないかとの意見を述べているが、思いつきの域を出ないものである。

16）和田委員は、検討会議になって新しく選任された弁護士委員である。

この問題の解決に掛ける熱意たるや、敬意措く能わざるものである。日弁連の責任者や、オブザーバーなども足元にも及ばない程である。のみならず、この問題の本質を見事に喝破し、十分な検討を踏まえたうえで、全く正しい意見を述べていて賞賛に値する。

枚挙に暇がないから、個別の指摘は控えるが、全面的に賛同するといっ

てほぼ差し支えがない。

　魑魅魍魎が跋扈するこの検討会議で、このような委員が存在することが、せめてもの救いである。

13　結論

　我が国の法科大学院制度は、アメリカのロースクール制度を殆ど無批判に丸写しで導入したものである。その結果、我が国の法曹養成制度は混乱の極みで、法科大学院制度は満身創痍というべき状況にある。

　大学に法学部がないアメリカで唯一の法教育期間であるロースクールと、膨大な法学部出身者を抱える我が国とを区別することなく同列に論じることの愚かさや、成文法主義の我が国と判例法主義のアメリカとの相違も無視して、制度を丸写しすることの愚かさが、今日浮き彫りとなっているのである。

　アメリカにおいてさえ、乱立したロースクールが大量の弁護士を生産し続けてきたにもかかわらず、中・下層階級にはリーガルサービスが行き届いてはおらず、どこの州においても、本人訴訟の割合が高いこと（『アメリカ・ロースクールの凋落』207頁）を思えば、我が国の法曹養成制度を、改めて一から築き直す必要があることは明らかといわなければならない。

　にもかかわらず、とりまとめにはそのような真摯な姿勢が全く見られない。

　とりまとめは、法科大学院の生き残りのみを唯一の目的としていると見ると、全体を矛盾なく統一的に理解することが出来る。

　法曹に対する社会の需要が今後飛躍的に増加することなど全く期待できず、むしろ需要は減少すると見るべきが当然であるにも拘わらず、潜在需要はいつか顕在化すると言い張るのは、需要が増えないのに司法試験合格者だけを増加させる矛盾を説明することが出来ないからであり、司法審意見書の理念を賞賛し続けるのは、法科大学院がこの意見書の上に築かれた制度で、その基礎がなくなれば法科大学院制度が崩壊するからである。法曹有資格者なる概念を持ちだして、その活用を論じるのは、司法試験に合

格しても法曹になれない層が今後も一層増大すると見られることから、その活用法を述べる必要があるからであり、予備試験の現状は問題で予備試験受験資格を制限すべきというのは、このルートが拡充されると、法科大学院に進学する者は激減して、制度の維持が難しいと見るからである。7～8割の合格率に固執するのは、法曹養成の中核機関としての法科大学院の存在意義が掛かっている（国家補助の下で法曹を養成するからには、ここを修了すれば基本的に法曹の資質を備えるに至るとの実績を示す必要がある）からである。受験回数制限も、合格率維持の為には、容易に合格しない層をどこかで切り捨てる必要があるからである。修習生の給費制に賛成すると、法科大学院に対する補助がその分削減される畏れがあると考えるから、反対するのである。

　法科大学院維持の為には、弁護士がちまたにあふれていようと、我が国の弁護士制度がどうなろうと、自分たちには関係がないことである。法曹志願者が減少している点は困るが、法科大学院の定員を削減すれば、供給が枯渇することはない。地方の弱小法科大学院のことまでは面倒見切れないから、早くつぶれてほしい。勝手につぶれないのであれば、法令を以てつぶせばよい（この真意を悟った地方の法科大学院が、適正配置の理念を掲げて抗議をしており、協会はいずれ分裂する運命にある）。司法試験や司法修習は、法科大学院の教育に併せて、そちらを変えればいいことだ。

　結局、このとりまとめの立脚点は、司法改革の過ちを出来るだけ矮小化し、法科大学院の生き残りを至上命題とするものであり、我が国の司法の将来に責任を持つものでは決してない。

　法曹養成制度検討会議には何らの期待もすることが出来ないことは、このとりまとめによって更に明らかとなったというべきである。

資 料 編

1 「法曹人口と法曹養成の連続学習会のご案内」(愛知県弁護士会)
2 「法曹人口と法曹養成の連続学習会のご案内(第2回、第3回)」(愛知県弁護士会)
3 「法曹養成制度検討会議・中間的取りまとめに対する批判意見の要旨」(法曹人口問題全国会議)
4 「数字で見る弁護士業界の大不況」(鈴木秀幸)
5 「日弁連会長選挙制度に関する意見書」(愛知県弁護士会司法問題対策委員会)
6 「日弁連会長選挙制度の変更に関する会員アンケート結果の図表」及び「日弁連会長選挙制度のアンケート結果と選挙制度のあり方について」(全国の弁護士有志)
7 「環太平洋戦略的経済連携協定(TPP)の司法分野に関する意見書」(愛知県弁護士会司法問題対策委員会)

法曹養成制度検討会議の審議内容を知ろう！　パブコメに意見を出し、政治家にも働きかけよう！

法曹人口と法曹養成の連続学習会のご案内

平成25年2月28日

愛知県弁護士会会長　　　纐纈和義
司法問題対策委員会委員長　鈴木秀幸

　法曹養成制度検討会議は、7項目の論点について、平成25年2月22日の第9回会議までに審議を進め、3月にも第10、11回の会議を行い、4月9日の第12回会議で法曹養成制度の要綱素案をまとめ、その後にパブリックコメントを実施する予定です。愛知県弁護士会は、この検討会議の審議内容及び素案を速やかに検討し意見を表明する必要があることから、「法曹人口と法曹養成の連続学習会」を企画しました。

　この連続学習会は、まず、検討会議の検討項目別に、報告者が検討会議の議事録と各種資料を使って、審議内容の報告を行い、出席者の間で議論を深め、最後に要綱素案を検討する方法で行います。

　文部科学大臣が2月22日の記者会見で合格者増員計画の間違いと弁護士過剰が大変なことを認めました。政治家もかなり変りました。今、戦後の司法改革時のように政治家に働きかけるべき時ではないかと考えます。

※検討会議の資料と議事録は、法務省のホームページの法曹養成制度検討会議のページをご覧下さい（1月30日第8回までの議事録を公表）。日弁連ニュースの法曹養成号外№1〜№9に要約が掲載されています。

1　**法曹人口と法曹養成の学習会（第1回）**
　　日　時　：平成25年3月23日（土）午後1時〜5時30分
　　場　所　：「TKP名古屋ビジネスセンター」（℡052-459-5051　中村区椿町1-16井門名古屋ビル）
　　テーマ　：検討会議の審議内容について（司会・鹿倉祐一）
　　　　　　イ　法曹有資格者の活動領域の在り方（武本夕香子［兵庫］）　ロ　法曹人口の在り方（鈴木秀幸）
　　　　　　ハ　法曹養成全体総論（立松彰［千葉］、打田正俊）　ニ　法科大学院（森山文昭）
　　　　〈特別報告と対策協議〉法曹養成制度見通しに関する政治情勢と対策

2　**法曹人口と法曹養成の学習会（第2回）**
　　日　時　：平成25年4月3日（水）午後5時〜7時30分
　　場　所　：愛知県弁護士会館4階（℡052-203-1651　中区三の丸1-4-2）
　　テーマ　：検討会議の審議内容について（司会・鹿倉祐一）
　　　　　　イ　司法修習（白浜徹朗［京都］）　ロ　司法試験、予備試験（森山文昭）

3　**法曹人口と法曹養成の学習会（第3回）**
　　日　時　：平成25年4月13日（土）午後1時〜5時30分
　　場　所　：「愛知県産業労働センターウインクあいち」（℡052-571-6131　中村区名駅4-4-38）
　　テーマ　：検討会議の法曹養成制度要綱素案に対する検討（司会・鹿倉祐一、鈴木秀幸）
　　　　　　イ　法曹有資格者の活動領域の在り方（鈴木秀幸、武本夕香子）ロ　法曹人口の在り方（鈴木博之）
　　　　　　ハ　法科大学院と司法試験（森山文昭）ニ　司法修習と継続教育（打田正俊、白浜徹朗）
　　　　〈特別報告〉アメリカの対日要求、TPPと司法権（岩月浩二）、民事司法改革推進本部のグランドデザイン、民事司法懇談会、日弁連会長選挙制度問題

我が国の司法と弁護士制度のために、当会及び他会の弁護士のご参加をお願い致します。

法曹人口と法曹養成の連続学習会のご案内(第2回、第3回)

平成25年3月27日

愛知県弁護士会会長　纐纈和義
司法問題対策委員会委員長　鈴木秀幸

　第1回学習会は、30名の参加を得て活発な議論が交わされました。第2回、第3回にご参加下さい。司法改革による制度のままでは、法曹養成と弁護士制度という司法の土台の崩壊を食い止めることができません。
　新聞報道の通り、文部科学大臣が、2月22日の記者会見で合格者増員計画の間違いと弁護士過剰が大変なことを認める発言をしましたが、法曹養成制度検討会議は3000人計画の撤廃を提言するも、新たな数値目標は設定しない方向です(朝日2月23日、3月17日)。
　当会は、3月18日の臨時総会において、司法試験合格者年間1000人以下を求める決議を可決しました(本人出席154名、代理出席121名、反対18名、棄権5名)。そして、日弁連の担当副会長が呼ばれた3月21日の第3回自民党司法制度調査会(棚橋会長、牧原事務局長、山下事務局次長は全て弁護士)において、ほとんどの国会議員(22人出席)が司法改革に疑問を呈し、相次いで弁護士の主張に理解を示す発言をしました。
　一方、法務省は、法曹養成制度検討会議の発足直前に現状維持の2000人案を発表しているので、検討会議の多数意見も現状維持を唱え、弁護士過剰及び法科大学院志願者の激減について、ひどく危機感を欠き、2000人以下に減員することを積極的に打ち出すことをしません。検討会議の17名の委員のうち7名が減員を唱えていますが、大学院関係者4名、元検事、元裁判官、元読売新聞論説委員、消費者相談員、連合事務局長、経済研究所理事各1名(以上10名)と法務官僚の事務局が合格者削減に強く反対しています。また、受験回数制限の緩和、予備試験の拡大、給費制の復活は提言されません(毎日3月27日)。
　この法曹養成制度検討会議は、3月27日の第11回会議で**法曹養成要綱素案(中間とりまとめ案)**を審議し、4月9日の第12回会議で決定し、その後にパブリックコメントを実施し、5月30日、6月6日、6月26日の会議を経て最終案を確定し、それを受けて法曹養成制度関係閣僚会議が8月2日までに決定します。
　そこで、多くの者が、弁護士過剰とその弊害などを訴え、政治家に働きかけ、パブコメに意見を出すことが極めて大切な段階に差し掛かっており、我が国の弁護士制度を守るために全力を尽くす必要があります。
※検討会議の資料と議事録は、法務省のホームページの法曹養成制度検討会議のページをご覧下さい(2月22日第9回までの議事録を公表)。日弁連ニュースの法曹養成号外№1〜№11に要約が掲載されています。

1 **法曹人口と法曹養成の学習会(第2回)**
　　日　時　：平成25年4月3日(水)午後5時〜7時30分
　　場　所　：愛知県弁護士会館4階(℡052-203-1651　中区三の丸1-4-2)
　　テーマ　：検討会議の審議内容と要綱素案(中間とりまとめ案)の検討(司会・鹿倉祐一)
　　　　　　　イ　法科大学院、司法試験、予備試験(森山文昭)
　　　　　　　ロ　司法修習(白浜徹朗[京都])

2 **法曹人口と法曹養成の学習会(第3回)**
　　日　時　：平成25年4月13日(土)午後1時〜5時30分
　　場　所　：「愛知県産業労働センターウインクあいち」(℡052-571-6131　中村区名駅4-4-38)
　　テーマ　：検討会議の要綱素案の検討(司会・鹿倉祐一)
　　　　　　　イ　法曹有資格者の活動領域の在り方(檜山正樹[第一東京]、武本夕香子[兵庫])
　　　　　　　ロ　法曹人口の在り方(鈴木博之、鈴木秀幸)
　　　　　　　ハ　法曹養成総論(打田正俊、白浜徹朗)
　　〈特別報告〉①アメリカの対日要求、TPPと司法権(岩月浩二)②民事司法改革推進本部のグランドデザインと民事司法懇談会③日弁連会長選挙制度問題

法曹養成制度検討会議・中間的取りまとめに対する批判意見の要旨
この提言では弁護士大幅過剰と法曹の質の低下の問題が解決せず、一層悪化する！
（取りまとめのパブリックコメントに意見表明を！　締め切り5月13日）

2013年4月15日

法曹人口問題全国会議　代表　伊澤正之（栃木）　小出重義（埼玉）　立松　彰（千葉）　辻　公雄（大阪）
事務局長　武本夕香子（兵庫）TEL 072(787)8010　次長　及川智志（千葉）TEL 047(362)5578

第1　「法曹有資格者の活動領域の在り方」について

1　法曹有資格者を社会の隅々に配置することが国民の幸福に結びつくかの如き理念自体を、根本的に見直すべきである。また、法学部のある我が国において、時間も金もかかる法科大学院を上乗せする制度が、設計ミスである。
2　活動領域について「広がりがまだ限定的」としているが、もともとそれほどニーズが無いのである。「社会がより多様化複雑化する中、法曹に対する需要は今後も増加していくことが予想される」との推測のもとに大増員が行われたが、嘘であり間違いであった。中間とりまとめには、誠実な総括と反省が一切なく、同じ誤りを繰り返そうとしている。
3　「関係機関、団体が連携して有資格者の活動領域の開拓に積極的に取り組むことが重要である」と言うが、法曹に対するニーズがあるとして増加させたはずで本末転倒である。また、法曹の増加（供給）が需要を顕在化させるという主張が間違いなのは、既に実証されている。専門家に対する費用支払の財源が無ければ需要は拡大しない。
4　企業法務、地方自治体、福祉分野、海外での活動領域の拡大と言うが、法曹資格が必要な領域ではない。司法試験や司法修習で要求される資質ではなく、法科大学院及び司法研修所で修練される分野でない。基本的には法学部の教育課程で対応すべきである。これまで平均年間約4万人合計約200万人の法学部修了者と、約20万人の弁護士隣接業種などが、適材適所に役割を分担し、それで十分足りる。
5　法テラス常勤、企業内、地方自治体、海外での活動領域の拡大と言っても、大幅な供給過剰は全く解消しない。財源の問題があり、多くが期限付きで立場が不安定である。

第2　「今後の法曹人口の在り方」について

1　司法試験合格者の年間3000人の大増員は大きな間違いであったが、この間違いを犯した原因を全く検証していない。法曹に対する需要拡大はなく、弁護士が大幅な過剰状態にある。今後も需要が増加する見込みがほとんどなく、法曹に対するニーズが増えるとする記述は虚偽である。
2　3000人目標は撤廃するが、新たに数値目標を設けずに、「その都度検討する」と言うが、無責任である。事件数と法律相談が減少し、就職難が年々became悪化しており、合格者数1000人以下の方向性を明示すべきである（1000人合格でも毎年500人増加し、法曹人口は5万人以上になる）。そうしなければ、法曹の職業的魅力（法曹資格の価値）が著しく低下し、そのために志願者激減という危機的な事態に歯止めをかけられない。今後、有為な人材が益々司法に来なくなり、法曹の質が低下し、独立して職務を適正に行うことが困難となり、司法の機能を低下させる。法曹過剰は司法と国民の権利と生活に重大な影響を及ぼす。
3　このような、極めて深刻な法曹の質の低下と弁護士過剰による過当競争の弊害について、全く議論されていない。法曹志願者の激減、就職難及び法律事務所の経営破綻に対する危機感が不足し、委員によっては、全く欠如している。
4　司法拡充のための財政的裏付けがない。裁判官や検察官の採用が減少傾向に転じ、司法予算は1割も減少している。
5　裁判所改革が全く触れられていない。裁判が被害救済に不十分で利用価値が低いままでは、弁護士需要は増加しない。

第3　法曹養成制度の在り方について

1　法曹志願者激減の分析が行われていない。旧試験で合格率が約2％でも志願者が非常に多く、志願者激減の原因は、低い合格率ではなく、弁護士の大幅な供給過剰である。
2　法学未修者の法的知識を受入時に、1年で既修者と同じレベルになることを求める制度設計自体が無理であり、未修者コースにおいても、法学既修者の割合が70％を越えること（全体では87％）について、検討が行われていない。
　成文法の我が国において、ソクラテスメソッド等双方向の議論を重視した教育は法曹養成課程として合理性がない。
3　受験資格要件は撤廃すべきである。予備試験受験者が多いので将来見直しを検討すると言うが、予備試験組の司法試験合格率が大学院組より約3倍も高いので、合格率が均衡するように予備試験合格者を拡大することが公平である。
4　受験回数制限の「緩和も考えられる」としたが、制限する理由に合理性がなく、制限は撤廃すべきである。「法科大学院の教育が薄れないうちに」と言うが、5年しか教育効果が持続しないなら法科大学院の教育を改善すべきである。
5　実務家の法曹養成の中核は、法科大学院ではなく司法修習である。OJTも重要である。法科大学院創設のための「点からプロセスへ」というスローガンは、誤導である。法曹養成全過程を検証し制度を根本的に見直す必要がある。
6　司法修習について「多様な分野について知識、技能を修得する機会がより多く設けられていることが望ましい」と言うが、専門性の高い養成を行うべきである。広く浅い教育をしかも1年で行おうとすること自体が間違いである。
7　前期修習は、実務修習の効果を上げるために必要不可欠である。強い復活の要求があるのに、十分検討していない。
8　司法修習生の貸与制を維持するとしたが、司法制度を担う法曹養成は国の責務であり、給費制は絶対に必要である。

法曹人口・法曹養成問題シンポジウム
　検討会議中間取りまとめの批判的検討と養成制度再構成問題
　　2013年6月8日（土）午後1時～4時
　　場所　主婦会館プラザエフ（東京中央線四ッ谷駅麹町口前）
　　講師　弁護士和田吉弘（法曹養成制度検討会議委員）
　　　　　ほか2名ほど予定

※カンパのお願い。（振込先）三菱東京UFJ銀行大宮支店・普通預金・口座番号 0178531　口座名義「法曹人口問題全国会議 弁護士 小出重義（コイデシゲヨシ）」

※メーリングリストにご加入希望の方は、氏名・所属・期を明記のうえ件名「法曹人口問題全国会議ML」で
「veritas7@abeam.ocn.ne.jp」にメールして下さい。

数字で見る弁護士業界の大不況
司法試験合格者1500人案は無理・無責任、適正規模は1000人以下である！

1　**弁護士人口**　2000年3月末の1万7126人から2013年3月末の3万3624人と、13年間で96.3％増加
　　（弁護士人口は2007年2万3000人で飽和状態、2008年2万5000人で過剰現象）
2　**司法試験合格者**　1000人でピーク時に弁護士4万6000人、1500人で6万3000人、2000人で8万人
3　**弁護士一括登録日の未登録者**　2007年から年々増加し、2012年12月は546人（26.3％）
4　**2012年1月の愛知県弁護士会の会員アンケート調査**
　　年間1000人以下への減員の回答65.5％、1500人に減員し更なる減員は検証しつつ対処27.4％
　　仕事量の減少の回答61.9％、増加の回答4.1％。弁護士過剰の回答78.9％、不足の回答0.6％
5　**2012年10月の中弁連の会員アンケート調査の愛知県弁護士会分**
　　年間1000人以下への減員の回答合計84％（500人17％、800人16％、1000人51％）、年間1500人に
　　減員の回答15％。仕事量の減少の回答62％、増加の回答8％。弁護士過剰の回答84％、不足の回答1％
6　**裁判所の全事件数**　2003年611万5202件から2011年405万9773件に34％も減少
7　**地裁民事ワ号事件**　2009年23万5508件から2011年19万6380件、2012年16万1312件に減少し、
　　　　　　　　　　　過払金事件を除くと10万件を下回り、弁護士1万人以下の1970年代前半に戻る件数
8　**破産事件**　2003年25万4761件（既済）、2011年11万0477件（既済）、2012年9万5543件（既済）
9　**裁判官と検事の数**　2012年裁判官2880人（4月1日）、検察官1810人（3月末）
　　　　　　　　　　　　2013年検察官1822人（3月末）
10　**任官者の数**　　　　2012年65期の修了者2080人、裁判官92人、検察官72人
11　**裁判官と弁護士の人数比**　1965年頃の1対4から、現在1対11に拡大
12　**裁判所予算**　　　　2006年3331億円から2012年3150億円、2013年2988億円へ減少
13　**弁護士会の有料法律相談**　ピークの2003年の約25万件から2011年の約10万件と40％に激減。
　　ひまわり基金法律事務所（公設事務所）112設置、41事務所が定着、2事務所は廃止、
　　2013年1月7日現在69事務所。2013年1月7日現在、弁護士ゼロ支部は0、ワン支部は1箇所
14　**顧問先を持つ弁護士**　1990年の85.7％から2009年に63.5％に減少。顧問料も減少
15　**渉外・企業法務系の5大法律事務所の弁護士**　2011年3月1684人に過ぎず（全体の約5.5％）、増加率は
　　　　　　　　　　　　　　全体の増加率よりやや低く、更に現在は採用数が半減以下
16　**企業内弁護士**　2001年の64人から2012年に771人、年平均54人の増加
17　**任期付公務員の弁護士**　2012年6月現在、全国で106人
18　**日弁連の10年毎の業務の経済的基盤調査**
　　弁護士の年間所得（中央値）は1999年の約1300万円から2009年の約900万円（過払金事件を除くと約
　　750万円）と大幅に減少（回収率18％）。予測として2012年700万円、2014年に年間所得500万円台。
19　**国税庁統計年報の弁護士所得**
　　弁護士の年間所得（中央値）が概算で2008年900万円、2009年800万円、2010年700万円と減少。
　　年間所得70万円以下の弁護士が、2008年に2661人（申告人員全体の11.3％）、2009年に4920人（同
　　19.3％）、2010年に5818人（同22％）と急増
20　**18歳の人口**　1992年度の約205万人から2012年度の約120万人に減少（40％減）
　　総人口　　　2010年1億2800万人から2060年8674万人に減少（32％減）
21　**法科大学院志願者**　2003年の大学入試センター試験受験者3万9350人
　　　　　　　　　　　　2010年の適性試験受験者8650人、2011年7211人、2012年5801人
22　**法科大学院入学者**　2004年5766人から、2011年3620人、2012年3150人、2013年2698人
23　**新司法試験受験者と合格者**　2011年8765人と2063人、2012年8387人と2044人
24　**予備試験受験者と合格者**　2011年6477人と116人、2012年7183人と219人
25　**法学部入学者**　1998年4万7743人、2012年3万5920人（22歳〜72歳累計約200万人）
26　**弁護士隣接業種**　2012年弁理士9145人司法書士2万0670人税理士7万2635人行政書士4万2177人
　　　　　　　　　　土地家屋調査士1万7328人社労士3万6850人会計士2万3119人の合計22万1924人。
　　　　　　　　　　アメリカとドイツは税理士制度がある。会計士を弁護士隣接業種から除くこともある。
27　**医師**　2010年12月末29万5049人（届出数）、2012年2月国家試験受験者8521人、合格者7688人

日弁連会長選挙制度に関する意見書

平成 24 年 12 月 7 日

愛知県弁護士会司法問題対策委員会
委員長　鈴　木　秀　幸

第 1　意見の趣旨

　日弁連会長選挙の再投票、再々投票において、当選要件としての「3 分の 1 を越える弁護士会で最多票を得ること」(3 分の 1 要件) という日弁連の会則の条項を撤廃することについては、反対である。

　日弁連会長選挙制度のあり方は、会内民主制及び弁護士自治の根幹にかかわる極めて重要な問題であり、そのために、拙速に会長選挙制度の変更を行うべきではなく、十分に時間をかけ、他の連合体の例を調査・検討し、会員の間で議論を尽くし、そのうえで、制度変更の要否を判断すべきである。

第 2　意見の理由

1　問題の所在

　日弁連の会長選挙制度は、昭和 49 年に、大規模な弁護士会が数で押し通すことを抑えて、中小規模の弁護士会の弁護士との最低限の調整 (格差の是正のための拒否権) をするために、当選要件としての「3 分の 1 を越える弁護士会で最多票を得ること」(3 分の 1 要件) という条項が設けられたうえで成立した経緯がある。ところが、本年度の日弁連執行部において、にわかに、極めて重要な決選投票 (再投票) に突入以後には、この条項を撤廃することが検討されている。

　しかし、再投票以後であれ、当選要件から「3 分の 1 要件」をはずすことは、日弁連が大規模会と中小規模会により構成される連合体であり、会則上、自然人とともに単位会も会員とされていることを無視し、少数者の尊重の精神を欠くものであり、先人の英知を踏みにじり、日弁連の団結と弁護士の自治を危うくするという極めて重大な問題を発生させる。

2　一般会員の軽視の会長選挙と会運営の実態

　日弁連は 52 単位会で構成されているが、東京三会と大阪の 4 つの大単位会の会員数が日弁連の全会員の 59.0% を占めている。会社の本社や政治が東京と大阪に集中し、他と経済力に大きな差があることから、単位会の間の人口や面積の比より、弁護士の会員数の差の方が大きくなっている[※1]。そして、これらの大単位会において派閥選挙が繰り返されてきた。そのために、これまで、多くの場合、東京・大阪の大きな派閥から推薦を受けた者が、派閥と資金力により会長に当選してきた[※2]。加えて、1990 年代の「司法改革」以後、諮問委員会的組織を多く作り、人事権を振り回し、日弁連は、中央集権的な体制を強め、中小規模の弁護士会及び一般会員の意見が尊重されてこなかった。

　このような人的体制により、日弁連は、「司法改革」の時代から、大単位会の大派閥の支配的な層の考え方とそれ以外の多くの単位会の多数の会員との間に大きな意見の相違が生じ、対立を拡大してきた。しかも、東京・大阪においても、執行部を形成する集団と一般会員の間に大きな意識ギャップが生じ、多くの会員が日弁連に関心を失い、弁護士会から離れ、現在、

自治の担い手であるという実感を持ち得ない状況に陥れられている。
　この日弁連と会員のギャップを埋めるため、これまで何度も、日弁連の委員会や会員から、重大なテーマについて、最も直接民主制と言える会員投票的な会員アンケートを実施することが要求されてきたが、日弁連執行部はこれを拒否し続け、本当の会員の多数意見が、少数者によって否定されてきた。また、1994年から2000年の司法試験合格者数などをめぐる4回の日弁連の臨時総会において、東京・大阪以外の単位会では、執行部案に反対する票の方が多かったが、東京・大阪の派閥が執行部支持の大量の委任状を集め、押し切ってきた。「一票の平等」という形式的平等が強者の支配を許し、格差を拡大してきたのである。

3　日弁連の統治能力を疑問視する批判の不当性
（1）　「司法改革」の始まった1990年以後、日弁連の執行部は、会員の意見を尊重するという姿勢を次第に失って行き、自分達の政策を推し進める路線をとってきた。そして、他の業界では考えられないことであるが、日弁連自らが、「自己改革」と称して弁護士の大量増員という自滅的な政策を唱え、現在の弁護士の経済的危機及び法曹養成制度の破綻を招来させた。この「司法改革」の結果とこの間の日弁連政治の病理が、現在、誰の目にも明らかになってきた。

（2）　そこで、今必要なことは、司法改革を正しく総括することである。しかし、この司法改革を推進した人々は、正しい総括を怠り[※3]、むしろ逆に、会長選挙制度を改変しようとしているのである。即ち、今年の春、初めて新年度にずれ込む再選挙になったことについて、「日弁連の組織としてのあり方やその統治能力について、会内外から疑問が投げかけられている。的確な改革を行うことなく、このような事態を繰り返すと、日弁連への信頼が更に傷つくことになる」（平成24年10月10日付の日弁連の会長選挙制度に関するワーキンググループの答申書3頁）とし、それを口実に、急遽、日弁連の会長選挙の規定を改変しようとしている。そして、注目すべきことは、この口実が、法務省が1987年に、「司法改革」の発端と言うべき法曹基本問題懇談会を発足させた時に、法務省の幹事が、「弁護士会は自らを改善する能力を失っている」と日弁連を批判したときと同じ批判であることである。司法が時代に適合していないのは、司法制度調査会意見書（昭和39年）を批判し抵抗してきた弁護士、新自由主義改革に反対した既得権擁護の守旧派の弁護士らが原因であるという不当な批難が、司法改革を唱える者らから浴びせられてきた。最近では、司法改革に対する批判及び給費制や前期修習復活の要求に対して、「日弁連も同意して決めたことではないか」という批判が加えられている。

　このような日弁連の統治能力に対する外部の疑問視及びそれに呼応する日弁連内部の動きは、弁護士大量増員策の提唱と同様、自治権の制限及び日弁連による弁護士統制という道を開き、それを容易にするもので、重大かつ深刻な問題を含んでいる。

4　「3分の1要件」を充足しない原因と立法趣旨
（1）　本年度の日弁連会長選挙は、東京の4人が立候補し、第1回投票（2月10日）、再投票（決選投票、3月14日）を経て、初めて再選挙（4月27日）が行われた[※4]。山岸候補が最多得票をとった単位会の数は、最初の投票では、東弁、一弁、大阪の他は、函館、釧路、茨城、新潟、三重、和歌山、長崎、大分、徳島の9単位会、再投票では、東京・大阪の4単位会の他は、函館、旭川、茨城、和歌山、山口、長崎、宮崎、香川、徳島、高知の10単位会、再選挙では、東京・大阪の4単位会の他は、釧路、仙台、茨城、新潟、三重、和歌山、

広島、鳥取、長崎、宮崎、沖縄、香川、徳島、高知、愛媛の15単位会と非常に少なかった（3回の投票とも、山岸候補が最多得票であった単位会は茨城、和歌山、長崎、徳島のみであった）。そのため、弁護士会の総数の3分の1を越える単位会において最多票を得ることを要するという「3分の1要件」を撤廃しようとする動きとなったのである。

　しかし、まずもって、なぜ大きな東京の大きな派閥の推薦を受けた候補者が、3分の1要件（全体で52単位会、東京3会、大阪1会を除くと地方会48会、そのうちの14会、約29％の地方会にすぎない）を満たすことができないのか、その原因を考えて、それを改めることの方が先である。

　原因は明らかであり、東京・大阪の大きな派閥の力で日弁連の方針を決めて突っ走った結果、弁護士、修習生、法曹志願者及び研究者の多くが大変な苦境に立たされ、「司法改革」の破綻状況が完全に明らかになったにもかかわらず、これまで「司法改革」を推進してきた者らは、未だ司法改革推進だと言っているからである。

（2）　日弁連会長の直接選挙は、昭和40年に日弁連機構改革委員会が設置されて以後、激しい意見の対立により、なかなか決まらず※5、再選挙もあり得るとして、「3分の1」を絶対的な当選要件とすることにより、やっと昭和49年2月に可決され、昭和50年度から実施されることになった制度である。52単位会のうちの3分の1という要件を課した立法趣旨は、もちろん、日弁連が会員と単位会により構成されていることを基礎的な根拠として、大単位会の横暴を抑止し、「3分の1要件」すら満たさない候補者は日弁連の会長になれないとし、3分の1を越える単位会の支持を得られるような政策面での譲歩や軌道修正を求めたところにある。

　例えば、今回の選挙においても、現会長は、選挙の数ヶ月前まで、「弁護士需要はどれだけでもある」と言い、司法試験の合格者数を削減する必要はないと発言していたが、「3分の1要件」が、1500人削減案に政策変更させた。それでも、司法改革の推進論者であったために、その責任を問われ、再投票でも当選が確定しなかったのである。

　もともと、日弁連の連合体という性格を重視すれば、「2分の1要件」とすることもあり得ることであり、各単位会に各50票を与える案が唱えられたり、「4分の1要件」は緩やかすぎるとして一度否決されるという経過の後、やっと中間的な「3分の1要件」が圧倒的多数で決議されたのである。

5　「3分の1要件」撤廃の意味と不当性、動機と悪影響

（1）　1回目の投票で「3分の1要件」があっても、この要件を大一番の決選投票（再投票）の際に撤廃すれば、1回目投票の結果である最多票獲得だけを維持しさえすれば当選できるので、それを見越せば、最多票側が政策的な譲歩をすることを不要と考えることになり、「3分の1要件」が日弁連会長選挙制度に期待した効果を全く発揮しないことになる。要するに、決選投票という意味を失うことになる。更には、対立候補の立候補をますます困難にする。

　「3分の1要件」制度は、第1回投票に適用するが、より重要な決選投票の局面で、その適用をはずしていいとするような性格のものではない。第1回投票で必要な要件で、決選投票で不必要な要件というものではない。むしろ、決選投票は候補者2人に限られるから、「2分の1要件」と厳しくしてもいいくらいであり、再投票以後の「3分の1要件」の撤廃は理屈に合わず、不当である。

（2）　「3分の1要件」制度は、ささやかな調整制度であるが、それなりに多数派である強者

を抑制し、少数である弱者を保護し、組織の団結を図らせる機能をもつ。決選投票以後に「3分の1要件」をはずすことは、少数者保護と連合体の団結の機能を奪い、連合組織をバラバラにする。

　特に現在、会長選挙は会員に対する求心力を弱め、かつて80％を超え、最近まで70％以上であった投票率が、約50％に落ち込んでいる。一般の会員の意識に合致し、投票したいと思う候補者がいない。「民意」の受け皿がいなかったのである。今回の制度改変が行われることになれば、ますます立候補者が限られて、更に会員の多くが弁護士会に対する関心を失い、会務への参加を低下させ、投票率を落とす事態になる。日弁連の「統治能力」以前に、自治組織の体をなさなくなる。

　結局、大規模単位会の大きな派閥が、一般会員や地方会の意向を尊重することなく、自ら改める動機・きっかけの機会を失い、実質的に会員間の格差を拡大し、中央集権的体制を強めることになる。

　政策譲歩の機能を失った中央集権的体制は、日弁連が単位会の抑え込みを強め（下部組織化）、また単位会の立場を弱め、弁護士自治の名のもとに、独立した弁護士を統制することを容易にする。このような意味で、今回の会長選挙制度の改変は、今回の弁護士弱体化を狙った「司法改革」の総仕上げ的な意味を持つことになる。

　（3）　今回の東京弁護士会の大きな派閥を中心とする再選挙又は再々選挙での「3分の1要件」の撤廃の動きは、これまでの「司法改革」路線を全く反省せず、今後も「司法改革の失敗」の現実に目をつむり、これまでの路線を会員に強いて行こうとする表れとみるべきである。しかし、日弁連政治におけるこのような体質が続くならば、会の会員に対する求心力を低下させ、ますます弁護士会と会員とが乖離し、会内民主制が形骸化し、会員の自治意識が希薄化し、自治組織の連合会という体をなさなくなり、弁護士自治は空洞化、無力化して行くであろう。会長選挙制度の改変を唱える者は、このことをどのように考えるのであろうか。

　「政権交代」は、それが行われればいいと言うわけではないが、完全な直接選挙制度により、「政権交代」がほとんど期待できないような制度変更は不当であり、そのような改悪をすべきではない。

6　「3分の1要件」と直接投票制度の関係と積極的意義

　現行制度は、全国単一の獲得票の数だけではなく、単位会別の得票数を根拠とする要件（「3分の1要件」）も当選の要件にし、「3分の1要件」を満たさない候補者は、日弁連会長になれないとしている。

　この「3分の1要件」は、単位会ごとに、直接投票の最多得票者という投票の結果にもとづく要件であり、その意味で、間接選挙ではなく、直接投票制である。そして、それ以上に、日弁連が単一体ではなく連合体であること及び単位会の規模の大きな格差に配慮した積極的な意義をもつ制度であり、日弁連の会内民主制にとって、決して単純な直接投票制に劣後するものではない。最多得票者は、東京・大阪の大きい派閥の力が発揮されただけのことであるから、「3分の1要件」を満たさない候補者は、全国の会長としてはふさわしくない、即ち、当選できないとすることは、適当な制度である。

7　会長選挙制度のワーキンググループの委員人選と答申内容の不公正と他の選択肢

　（1）　現在の東京弁護士会出身の日弁連会長は、会長選挙制度の改正を選挙公約に掲げてい

なかった。それにもかかわらず、会長就任後、直ちにこれに取り組み始め、急遽、本年8月に、「会長選挙制度に関するワーキンググループ」を立ち上げた。このワーキンググループは28人の委員で構成され、会長指名8名、選挙管理委員会の2名、弁護士制度改革委員会の2名及び全国8ブロック16名であり、新年度にずれ込むことを理由として「3分の1要件」を撤廃して再選挙を否定する者ばかりが集められ、8月30日から10月初旬までの極めて短期の委員会開催で早々と結論を出し、14名の委員が再投票において3分の1要件を撤廃する意見を述べている。

このワーキンググループの平成24年10月10日付答申を受けて、日弁連会長は単位会に対し、同月25日付で意見照会を行っている。しかし、そのやり方は、A案として再投票の要件撤廃、B案として再々投票の要件撤廃の二つだけを選択肢として呈示し、他の選択肢は、「その他御意見」という扱いをして、意見を集約しようとしている（もともと、会長の諮問が、短期間での変更と再選挙否定を前提とした諮問であった）。

しかし、再投票で「3分の1要件」を撤廃する案に対する有力な対抗案は、5項及び次に述べる通り、現行制度維持説、抽選案及び連合体の逓減比例原則を適用した案である。この三つのいずれをも選択肢として呈示せずに意見照会をするのは、ひどく不公正なやり方である。

（2）そして、再投票で「3分の1要件」を撤廃する案は、理由として、新年度にずれ込む支障を強調するほか、①制度はシンプルで「市民の理解」が得られやすいものにすべきである、②2回目の選挙で決定すべきであり、そのためには直接選挙の原則に戻って最多得票者とすべきである、③3分の1要件は当選の消極的要件であり、最多得票者でない者が当選する可能性を含意していない、④代議員、理事、正副会長は地方単位会の比率が高いので中小の単位会が尊重されている、⑤地方会の支持がほとんどない候補者が当選することは起こり得ないなどを挙げている。

しかし、上記の①は筋違いの理由である。改変案においても、1回目では「3分の1要件」自体を残すのであるから、市民にとってシンプルで理解が得られやすいかどうかという問題は同じことであり、シンプル強調の危険な論法である。

②の直接選挙制を強調して、1回目の投票で課した要件を2回目及び3回目の一番重要な決選投票で要件から外すことには、理論的根拠がない。また、2回目以後にこの要件を外してしまったのでは、3分の1要件を1回目の投票のときに課した意味がなくなる。3分の1要件は、少数者への配慮や少数者のささやかな抵抗を認めた拒否権である。この拒否権の存在は、日弁連会長選挙において、連合体としての側面と直接選挙制との調整を図ることにより少数者の人権擁護システムを担保する日弁連の組織運営の根幹をなす、極めて有効かつ合理的な制度である。

③の理由も成り立たない。「3分の1要件」は、直接投票制に対し、連合組織という性格を反映させるために設定した積極的要件である。最多得票だけでは当選しないことは、もともと「3分の1要件」を設けるときに「含意」されていたことである。

④は、代議制度が形骸化している実態を無視した議論である。

⑤も東京・大阪の4つの大規模会と、極めて少数の中小規模会で勝つだけで当選することは起きる。多くの中小規模会が反対する中で、実質上、東京・大阪だけの派閥選挙で会長の地位を得ることが起きたし、今後、その傾向を強めるであろう。

近年の日弁連会長選挙において、もともと最多得票でありながら「3分の1要件」すら満たすことができないことが問題であり、全国の会長としては、「当選」ではないのである。

これまで、日弁連執行部派が、大単位会の派閥の力により、会員に一定の路線を押し付けたことに対する強い反発が生じているという会内民主主義のあり方の問題を全く改善しようとせず、選挙制度の方を改変しようとすること自体が間違っている。
(3) 一方、「3分の1要件」を満たさなかった者と戦った対立候補者は、組織の人材が劣化する中で、東京・大阪の大きな派閥と戦い[6]、3分の2以上という圧倒的多数（いわゆるダブルスコア）の単位会で最多得票を獲得した人で、「3分の1要件」を満たさなかった候補者と比較して、当選者にふさわしくない候補者とは言えない。但し、今回の選挙で最多得票者になれなかったことには明らかな原因があり、それは、一般会員の司法試験の合格者数の削減の強い要求を十分に取り入れなかったために、「民意」の受け皿がなく期待を寄せた数千人が投票に行かなかったからである（投票率が大幅に低下）。

そこで、1回又は2回の延長戦でも決着しない場合には、連合体という性格を重視して、「3分の2」近くの単位会の支持を受けた候補者を当選とする制度[7]、期限の都合から引き分けの戦いとして抽選とする制度及び単位会の会長による投票による制度も選択肢として有り得る。当選者確定の期限という特殊な制理由から、抽選制度を選択しても、この方法は直接投票制の理念を越えて、より積極的な意義のある「3分の1要件」を維持しているから、少数者保護のために政策的譲歩を求めるという効果が残り、「3分の1要件」撤廃案より良い制度である。

8 連合組織の有機的民主制のあり方の調査・検討の必要性

「3分の1要件」撤廃案は、新年度に1か月程度ずれ込むことを回避することを絶対視したうえ、それを回避する方策の検討を安易に放棄している。しかし、現状で一番に考えなければならないことは、人材確保（なりたい人より、なって欲しい人を選べること）のために、これまでのように東京・大阪の派閥の選挙体制からの出馬ではなく、一般の会員の意識を代表するような人が日弁連会長に立候補できるようにハードルを下げることである。「3分の1要件」撤廃案は、それに逆行している。闇雲に、再選挙以後において「3分の1要件」を撤廃するのではなく、その撤廃は、より良い代替案への移行が決められたときにすべきである。

即ち、まずは3分の2を越える単位会で最多票を得たことや抽選でも構わないが、今後、会長選挙制度の本格的な改正としては、連合組織の有機的民主制のあり方として、単位会に代議員の3人枠のように一定の票数を割り振る方法[8]及び単位会の会員数の違いに配慮した何等かの計算方式で獲得票を調整する方法[9]などにより、小規模会又はその会員が大規模会と比較して会員数の割合よりも尊重される方式（逓減比例原則[10]）を採用して調整する制度を調査・検討し、議論を尽くし、本格的な制度変更の要否を判断すべきである。

以上の制度論も必要であろうが、根本は人である。数をもって、上に立とうとする者の責任は重い。会員の自覚も欠かせない。[11]

[1] 平成24年3月末現在の日弁連の会員は3万2088名、多い単位会の上位5つは、東弁6686名、第一東京4110名、第二東京4294名、大阪3857名、愛知1545名、少ない単位会5つは、函館44名、旭川63名、釧路64名、鳥取60名、島根64名である。平均約615名、平均以下の単位会は42であり、企業の本社が東京・大阪に集中し、弁護士需要が偏在しているという理由などから、日弁連は非常に会員数の差の大きな連合体になっている。

[2] 日弁連の会長選挙は、全国区でありながら政党のような全国組織がない。それに似たような弁護士の任意の全国組織や全国的なつながりのある弁護団、委員会などが選挙運動をする力を持つことになる。これまで圧倒的に力を発揮してきたのは、それらのメンバーと、親弁・

イソ弁関係、仕事の紹介及び猟官的目的などのからみで形成されている、旧態依然とした東京・大阪の大きな派閥組織が組み合わされたときである。彼らが、数の力により、「司法改革」を推進した責任は重い。

※3　日弁連司法改革実施対策ワーキンググループは、平成24年2月付の意見書で、日弁連執行部の1500人減員案に対して、「司法改革の意義を前向きに捉えつつ、法曹養成制度の改革、弁護士の業務領域の拡大、市民・中小企業の弁護士利用度の向上、法教育の拡充なども含めた総合的な政策の1つとして、取りまとめを行うべきである」として反対し、また、同年7月に「これからの司法像に関する基本的提言」をまとめ、大幅増員論を唱えている。

日弁連執行部は、平成24年9月20日付でこのワーキンググループに諮問を出し、現在、このワーキンググループは「司法制度改革検証ワーキンググループ」と名称を変え、設置要綱の「目的及び任務」を、「司法制度改革全般にわたる課題について、今後の司法改革に関する中・長期的課題を探りつつ、検証を行い、その結果を報告する」とし、平成25年6月28日までに答申することになっている。新たに少し委員が追加されたが、旧委員及び新委員の一部から、この委員会は、依然として単位会やブロック会に根ざした委員構成に全くなっていないために、日弁連全体の意見を反映した意見になるはずがないと、全く期待薄の感想が述べられている。本当に検証するならば、委員をがらりと変えねばならない。

※4　平成24年2月～4月の日弁連会長選挙の結果

	山岸憲司	宇都宮健児	尾崎純理	森川文人	投票率
第1回	7958票（12単位会）	6608票（37単位会）	3318票（2単位会）	1805票	62.34%
第2回	8558票（14単位会）	7486票（37単位会）			50.83%
第3回	8546票（19単位会）	7673票（32単位会）			51.10%

※5　昭和49年までの日弁連会長制度は、代議員会において会長を選出する方法であった。昭和40年代の初めから会長直接選挙制が議論されるようになり、昭和40年に日弁連機構改革委員会が設置され、100回を越える委員会、2回にわたる全国会員アンケート、全国11箇所の公聴会など、会員の意見を聴取し、慎重審議を重ね、昭和45年に会長に最終の答申が提出された。しかし、その後も、直接選挙制については、「単位会に投票権を認めないことは単位会の権利を奪うものである、あるいは、地方小単位会の存在が無視され、大都市単位会の横暴を招く虞れがあるとの反対があり、各単位会に一定数（30～50）の投票権を与え、地方単位会の地域的利益を保証すべきであるという意見が強く主張され」（「日弁連三十年」47頁以下）、理事会審議は、昭和45年度、46年度と持ち越された。昭和47年2月の理事会で、「4分の1要件」を付すという修正案が可決されたが、同年3月の代議員会で3分の2以上の賛成が得られずに否決された。その間の議論では、東弁は単純な直接選挙制の案、二弁は一定数の単位会の賛成を要件とする案、名古屋など中小単位会は各単位会に50票の投票権を認める案（名古屋の委員の山本正男私案）を支持する傾向にあった。そして、関係者の努力により、昭和48年8月の理事会内の小委員会において、名古屋提案による現行の案が圧倒的多数で採択されるまでにこぎつけ、昭和49年2月の日弁連臨時総会で圧倒的多数で可決された（名古屋弁護士会会報昭和42年6月号、43年5月号、47年10月号、48年5月号、8月号、49年1月号）。会長直接選挙の実現の経過及び目的について、昭和49年11月の「自由と正義」が特集している。

※6　東京弁護士会の今回の選挙の結果は、第1回投票において、山岸3150票、宇都宮1025票、森川408票、尾崎269票、再選挙において、山岸2469票、宇都宮980票であった。一つの単位会で約1500～2000票の差が生じたのでは、如何ともしがたい。

※7　国連は、大小さまざまな国で構成されているが、国連総会の議決権は、1国1票である。日弁連会長の決選投票で当選者が決まらない場合に、候補者2人について、新年度の単位会の会長の間で投票を行う方法もある。権力の介入が心配であるところ、民主制の根拠を持ち

ながら，手っ取り早く年度内の決着が可能となる。但し、単位会の会長の意思と単位会での投票結果の関係が重要な問題となる。

※8　日弁連の組織の性格について、「(昭和24年7月に)制定された会則による運営機構は、ある意味では弁護士会相互の妥協の結果であり、日弁連を弁護士会の連合体として捉える考え方が、特に代議員会の権限・構成に強く現れているということができよう」「以上の機構は、基本的には、そのまま現在の運営機構をなしている」と述べられている（昭和45年発行の「日弁連二十年」58〜59頁）。会長を選任する代議員会の代議員は、昭和45年以前から、各弁護士会に各3人と、会員50名ごとに1人の代議員とすることが定められている（会則43条）。昭和40年代に直接選挙制が議論されたとき、代議員制の支持の立場から、「直接選挙制の実施によって起こりうる弊害を考慮するとき、抽象的、理念的には民主的であっても、具体的、現実的には大都市の弁護士および弁護士会の優位性を一層助長し、却って民主的とはなしえない結果となりうることはいうまでもない。一方民主的団体とみられる有力な政治団体、労組等においても現実に代議員制を採っている事実もあり、直接選挙制がより民主的であるからというだけでは、余りにも観念論的議論のそしりを免れない」（「日弁連二十年」78頁）とする反対が唱えられた。日弁連を連合体とすることから、直接選挙後も、代議員会が存続された。

そして、日弁連が、それぞれ自治組織である単位会の連合体の性格を有することから、52単位会に50票を割り振る方法が唱えられた。当時の会員数は8000人程度で、現在はその4倍であるから、200票に相当する。今年の会員数約3万2000人の3割相当の9400票を52単位会に割り振るとして、単位会約180票となるという具合である。

※9　アメリカ合衆国の大統領選挙では、例えば、州毎の選挙人数と選挙人1人当りの人口は、カリフォルニア州（人口3725万人、選挙人55人、選挙人1人当り人口約67万人）、オハイオ州（1153万人、18人、約64万人）に対し、ハワイ州（136万人、4人、約34万人）、アラスカ州（71万人、3人、約23万人）である。

※10　有名なのは欧州議会の議員選挙であるが、人口規模が小さい国に厳密な人口配分数より多く議席が割り当てられている。

※11　1994年12月から2000年11月までの法曹人口と法曹養成に関する4回にわたる日弁連臨時総会での議論は、執行部案を支持する意見より、批判する意見が圧倒的に優っていたが、東京・大阪の「派閥の集票力」により、いつも委任状の数は逆であった。会員アンケート調査結果は、執行部の方針に反対する回答の方がずっと多かった。自治の主体である各人の自覚の程度を越えて、中央集権の民主集中の体制が進行すると、最も危険な事態に陥ることになる。

問１．日弁連会長選挙制度を変更する必要性について

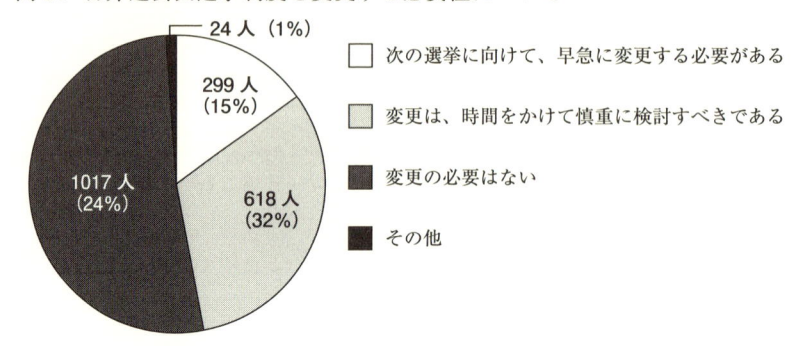

- 24人（1％）：次の選挙に向けて、早急に変更する必要がある
- 299人（15％）
- 618人（32％）：変更は、時間をかけて慎重に検討すべきである
- 1017人（24％）：変更の必要はない
- その他

問２．もし、日弁連会長選挙制度を変更するとした場合、以下のどの案に賛成ですか

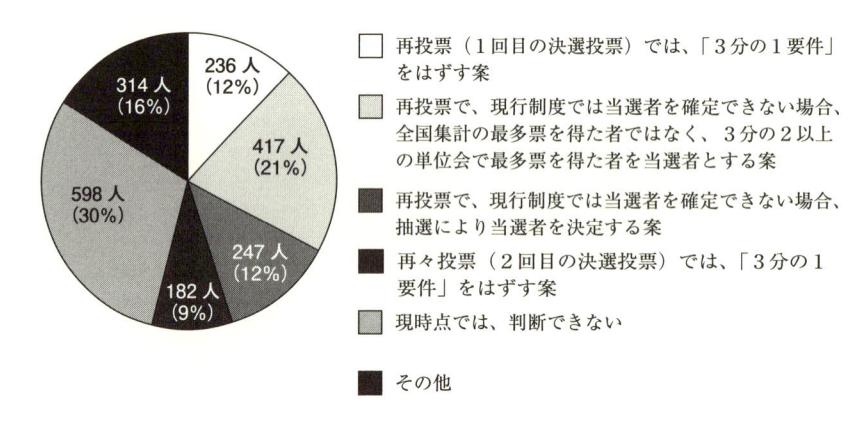

- 236人（12％）：再投票（1回目の決選投票）では、「3分の1要件」をはずす案
- 417人（21％）：再投票で、現行制度では当選者を確定できない場合、全国集計の最多票を得た者ではなく、3分の2以上の単位会で最多票を得た者を当選者とする案
- 247人（12％）：再投票で、現行制度では当選者を確定できない場合、抽選により当選者を決定する案
- 182人（9％）：再々投票（2回目の決選投票）では、「3分の1要件」をはずす案
- 598人（30％）：現時点では、判断できない
- 314人（16％）：その他

問３．中小規模の単位会の意見を十分に反映させる方法として、「3分の1要件」（及び「抽選」）以外の別の方法を検討する必要性について

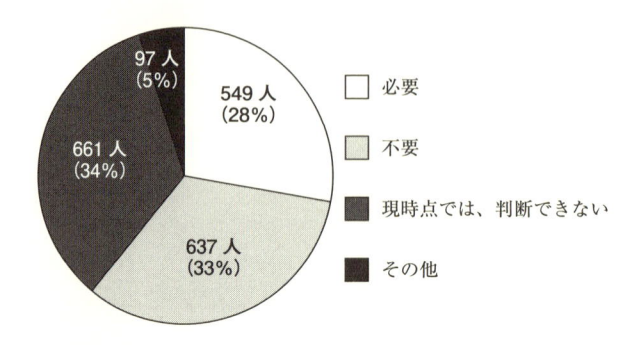

- 549人（28％）：必要
- 637人（33％）：不要
- 661人（34％）：現時点では、判断できない
- 97人（5％）：その他

日弁連会長選挙制度のアンケート結果と選挙制度のあり方について
　　　　　　　　　　　　　　　　　　　　　　平成２５年１月２２日
　　　　　　　　　　　　日弁連会長選挙制度の変更問題を考える弁護士有志
　　　　　　　　　打田正俊　鈴木秀幸　野間美喜子　森山文昭　武本夕香子
　　　　　　　　　高橋清一　松浦武　辻公雄　岸本由起子　牧野聡（賛同者１９２名）
　　　　　　　　　　　（アンケート回答数１９２１通、回答率６．４％）

1　日弁連会長選挙制度について、「次の選挙に向けて早急に変更する必要がある」とする回答は１５％にとどまり、「変更の必要はない」の回答が５２％と過半数を占める。
2　もし、選挙制度を変更するとした場合に、抽選制度を支持する回答は１２％と少なく、３分の１要件を撤廃した単純な直接選挙制度を支持する回答も、１回目の決選投票が１２％、２回目が９％で合計２１％と少ない。抽選及び単純直接選挙の二つの制度について、同じ時期に実施した回収率の高い中弁連の別のアンケート調査によれば、抽選制に反対の回答が７２％、１回目の決選投票の単純直接選挙制に反対の回答が７８％、２回目の決選投票の単純直接選挙制に反対の回答が６２％であるため、制度改定の選択肢から除かれることになる。
　　設問の選択肢の中では、「３分の２以上の単位会で最多票を得た者を当選者とする案」に賛成の回答は２１％であるが、中弁連の別のアンケートによれば、賛成の回答は３２％、反対の回答は３９％、わからない２１％で、反対が比較的少ない。
3　「３分の１要件」及び「抽選」以外の方法を検討する必要性についても回答が分かれており、「不要」が３３％であるが、「必要」２８％と「現時点では判断できない」３４％が合計６２％となる。中弁連では、「不要」３４％、「必要」３４％、「わからない」２８％である。
　　もし将来１回目の決選投票で決着できる制度を考える場合には、「３分の２要件当選案」のほか、昭和４０年代にも議論され、今回のアンケートの回答でも指摘されている、単位会に一定の票を割り振る方法及び単位会に国民人口の比以下になる票を割り振る方法など、中小単位会に票を上乗せする方法が検討対象となる。
4　我が国では、あらゆる分野で国民の人口が大都市に集中する政策がとられてきたが、単位会の弁護士数は、この国民人口の偏在状況と比較して、何倍も東京・大阪に集中している（東京の人口約１３００万人と大阪約９００万人で全国の約１８％、一方弁護士数は全国の約６０％を占める。東京の弁護士数の人口比は、京都の５．５倍～岩手の１８．１倍と極めて多い）。その一番の理由は、企業及び各種団体の本社や本部が集中していることである。このひどい集中状況がそのまま日弁連会長選挙に反映されてしまうような制度が、我が国の弁護士制度として妥当かどうか、これが会長選挙制度の一番の根本問題である。加えて、全国の選挙運動となると、大単位会の大派閥という大きな組織や全国的組織を持つ層が力を発揮することになり、一般会員の意見が反映されにくい状況にある。これらの問題が、１９９０年の中坊日弁連執行部以後の司法改革問題に対する対応と深く関連してきた。
5　１月１８日の理事会で、報告事項として、会長選挙制度の件について、山岸会長が長時間の演説を行い、「年度内に次年度会長を決める必要性」を強調しつつ、「大方の賛同を得るに至っていない」として、「改正案を取りまとめてお諮りすることはしない」（今回、提案しないという趣旨）と発言した。しかし、年度内当選確定の必要性を言うならば、強引に司法改革を推進した路線を顧みて、現行の「３分の１要件」の制度より、もっと中小単位会（の会員）の意思を反映させる制度を提唱してみるべきである。会長選挙問題について、自治団体であるはずの日弁連が、今後、司法改革の時のように、外圧を利用して強行突破するという間違った方法をとらないことを強く希望する。
※単位会の回答は、３分の１要件撤廃に賛成７（東京、二弁、三重、香川、京都、和歌山、高知）、
　反対４１、意見不統一２（福岡、釧路）、未提出２（一弁、大阪）

環太平洋戦略的経済連携協定（ＴＰＰ）の司法分野に関する意見書

平成 25 年 5 月 10 日

愛知県弁護士会司法問題対策委員会
委員長　鈴木秀幸
同委員会ＴＰＰ部会
部会長　岩月浩二

意見の趣旨

1　環太平洋戦略的経済連携協定への参加は、我が国における法曹養成制度（司法修習制度など）及び弁護士制度（適正な弁護士人口、強制加入制、弁護士自治など）を改変したり、外国の弁護士が日本の弁護士を実質的に支配することにつながりかねず、弁護士法1条によって国民から付託された弁護士の使命の実現が阻害される恐れがある。

2　同協定の投資家対国家紛争解決制度は、外国投資家が、同協定違反を理由に、我が国を相手取って国際投資仲裁を申し立てることができる制度を採用している。この紛争解決制度は、我が国の司法主権を侵害するとともに、我が国の立法・行政をも制約し、国民主権原理を外国投資家主権に転換させるもので、日本国憲法の基本原理に違反する恐れがある。

3　よって、日本政府は、同協定の交渉に参加すべきではなく、既になされた参加表明を直ちに撤回すべきである。

意見の理由

第1　環太平洋戦略的経済連携協定とＧＡＴＳ

1　環太平洋戦略的経済連携協定

　環太平洋戦略的経済連携協定（以下、ＴＰＰという）は、ブルネイ、チリ、ニュージーランド、シンガーポールが2005年に締結した経済連携協定(同年6月3日調印、翌年5月28日発効。以下、P4協定という)を基本として、その後の参加国及び対象分野についての拡大交渉を経て、P4協定を発展させる協定である。現在、当初の4カ国の他、アメリカ、オーストラリア、マレーシア、ベトナム、ペルー、カナダ、メキシコの合計11カ国が、ＴＰＰ交渉に参加している。
　このＴＰＰは、関税及び非関税障壁を撤廃し、包括的な市場アクセスを実現して、モノ、サービス、人、投資など21分野にわたって貿易の高度な自由化を実現することを目的とする。ＴＰＰは、協定本文による自由化に対して例外を認める方法として、例外リスト（ネガティブ・リスト）方式を採用し、全加盟国の同意を要件としている。この点が、ＴＰＰが従来の世界貿易機関（ＷＴＯ）、自由貿易協定（ＦＴＡ）・経済連携協定（ＥＰＡ）と異なる。
　ＴＰＰ交渉の対象分野の中に、弁護士制度に関わるサービス貿易が含まれる。司法権に関わる投資家対国家紛争解決制度が採用される。そのために、司法に与える影響を検討する必要がある。

2　サービス貿易に関する一般協定（ＧＡＴＳ）

（1）これまで、我が国における外国の弁護士の受け入れについて、アメリカの対日要求及び1995年1月1日に発効したＷＴＯの「サービス貿易に関する一般協定」（ＧＡＴＳ）などにより、幾度も制度の変更がなされてきた（なお、ＧＡＴＳは世界貿易機関＝ＷＴＯを設立するための

1994年のマラケシュ協定の一部をなす）。
　この「サービス貿易に関する一般協定」（ＧＡＴＳ）は、サービス提供の国内規制の在り方として、6条（国内規制）1項で合理的、客観的かつ公平な態様でサービスの提供をすること、同条4項、5項で規制は客観的かつ透明な基準に基づき、必要以上に負担とならないことを要求している。また、対外的な加盟国に対するものとしては、16条（市場アクセス）のａ項でサービス提供者の数の制限、ｅ項で拠点の形態の制限を取ってはならないことを要求ししている。この１６条は、外国のサービス提供に対する制限の禁止を定める規定で、日本の弁護士数の制限などを禁止するものではない。更に、17条（内国民待遇）で、内外無差別の原則を定めている。
（２）しかし、ＧＡＴＳは、国内事情を尊重し、市場開放を強制せず、また、市場アクセス及び内国民待遇について、各国が約束表により約束した分野のみ自由化（ポジティブ・リスト方式）すればよいとしているから、我が国も、外国法の弁護士について、ＧＡＴＳの条項に対し、受け入れを拒否したり、約束表に留保をつけることにより、完全適用を免れてきた。

第２　我が国の弁護士制度に対する新たな侵害

４　ＴＰＰのサービス貿易

　ＴＰＰは極秘交渉とされ、限られた国家機関・直接の利害関係者を除いては、交渉中の草案を見ることができないので、協定が締結されるまで、ＴＰＰの草案にもとづいて検討すること自体ができない。
　しかし、弁護士制度に関わる「サービス貿易」の分野については、当初の４カ国で発効した原協定（Ｐ４協定）に規定されている内容から推測し、基本的なことは知ることができる。そこで、このＰ４協定の規定に基づいて、ＴＰＰと我が国の弁護士制度との関係を検討する。

５　司法試験合格者数の制限

（１）我が国の弁護士が、日本国内で活動する加盟国企業に対して日本法のサービスを提供することや加盟国の領域において日本法のサービスを提供することも、Ｐ４協定の第12章1条の「サービスの貿易」に該当することから、同章の6条の「サービス提供者の数を制限」する措置を禁止している。
（２）我が国では、「司法改革」以後、深刻な状況にある法曹人口及び法曹養成問題が大きな問題になっているが、この問題に関連する規定は、Ｐ４協定の第12章10条（国内規制）の、「合理的、客観的かつ公平な態様であること」（１項）、「客観的、透明性のある基準に基づく、質の確保以上の大きな負担にならないこと」（２項）の２つの規定である（但し、前記の通りＧＡＴＳにも同様の規定はあるが、後記の通り、ＴＰＰでは例外リスト方式を採用していることから、問題視される可能性が大きくなる）。
　即ち、まず、司法試験の年間合格者数を制限する措置が、この第12章10条の国内規制の規定の要件を満たさないとして、協定違反とされる恐れが出てくる。
　　（注）①　10条１項の要件
　　　　　「各締約国は、一般に適用されるすべての措置であって、サービスの貿易に影響を及ぼすものが合理的、客観的かつ公平な態様で実施されることを確保する。」
　　　　②　同条２項の要件
　　　　　「資格要件、資格の審査に係る手続、技術上の基準及び免許要件に関連する措置がサービスの貿易に対する不必要な障害とならないことを確保するため、各締約国は、それらの措置が次の基準に適合することを確保する。
　　　　（ａ）客観的な、かつ、透明性を有する基準（例えば、サービスを提供する

能力）に基づくこと。
　（b）サービスの質を確保するために必要である以上に大きな負担とならないこと。
　（c）免許の手続については、それ自体がサービスの提供に対する制限とならないこと。

（3）米国は、ロースクール制度をとり、国内で弁護士の新規参入の総数を制限する措置をとっていない。米国は、1990年頃から自由貿易至上主義を掲げて強く対日要求をし、我が国の司法試験年間合格者数について、1994年倍増、1996年1500人、1998年2000人、2001年3000人と具体的な数値を挙げて増員を要求してきた（1989年構造協議、1993年包括経済協議、1994年〜2008年年次改革要望書、2011年〜日米経済協調対話）。現在、この米国がTPP交渉を主導しているのである。

　我が国は、GATSの6条について、日本法弁護士に関する約束表に記載して自由化を受け入れているが、幸いなことに、これまで我が国が司法試験の年間合格者数を制限してきたことは問題とされてこなかった。これは、GATSが極めて多数国間の利害を調整しなければならない組織的な理由から、規定の順守についても各国の事情を踏まえ、柔軟な解釈がとられてきたという事情に基づくものと考えられる。

　しかし、1995年のGATS以後18年が経過し、この間世界の自由貿易体制が大きく変化し、ブロック化が進み、GATSとは違うレベルの経済協定ができている。TPPもその一つであり、しかもTPPは、少数国間の協定であり、加盟国の経済力を踏まえれば、米国の経済力が圧倒的で、実質的には米国主導の日米FTAとみなされる。米国が、1990年代から一貫して日本法弁護士の増加を求め続けてきたことは前記の通りである。そのために、TPPに加盟すれば、適正な弁護士人口と司法修習制度を保つ目的で、司法試験の年間合格者数を予定して法律事務サービス分野へ参入する総数を制限することは、前記のP4協定の第12章10条が、GATSの6条と同じ規定内容であっても、2項（a）の「客観的で透明性を有する基準（例えば、サービスを提供する能力）に基づくこと」という要件に違反し、また、同項（c）の「免許の手続については、それ自体がサービスの提供に対する制限とならないこと」という要件に違反し、更に、10条1項の「合理的、客観的かつ公平な態様」とみなされない恐れがある。

（4）我が国において、司法集制度と適正な弁護士人口を維持することは、国民生活や企業活動等を健全に保つために必要なことであり、TPP協定によってこれが妨げられることを絶対に避けなければならない。

6　司法修習制度

（1）我が国では、弁護士資格の要件として司法研修の修了を要件としている（弁護士法4条）。

（2）米国では、ロースクール修了者が極めて合格率の高い試験を受け、弁護士資格が付与される制度をとっていて、司法研修のような制度が存在しない。

　そのために、司法研修の修了を弁護士資格の要件とすることは、上記のP4協定の第12章10条2項（b）の「サービスの質を確保するために必要である以上に大きな負担」また、同項（c）の「免許の手続については、それ自体がサービスの提供に対する制限」とされる可能性があり、更に、10条1項の「合理的、客観的かつ公平な態様」とみなされない恐れがある。

　GATSにおいても、P4協定と同じ規定について、我が国は、これを約束表に記載して履行を約束しているが、これまで司法修習制度が問題とされてこなかった。しかし、上記の通り、GATSとTPPでは規定の解釈がより厳格に解釈される可能性が高く、司法集制度が上記規定に違反するとされる可能性は、一層増大する。

（3）我が国の法曹養成過程において、司法修習制度が果たしている役割は極めて大きく、こ

れを維持することは、法曹の質を保つために不可欠なことであり、ＴＰＰ協定によってこれが妨げられることを絶対に避けなければならない。

7　登録制度と監督・懲戒権、外国事務所の日本人弁護士雇用と共同経営

（１）外国弁護士による法律事務の取扱に関する特別措置法（以下、外弁法という）には、次のような規制が定められている。

① 「外国法事務弁護士となる資格を有する者が、外国法事務弁護士となるには、日本弁護士連合会に備える外国法事務弁護士名簿に、氏名、生年月日、国籍、原資格国の国名、国内の住所、事務所、所属弁護士会その他の日本弁護士連合会の会則で定める事項の登録を受けなければならない」（外弁法24条１項、現地拠点設置要求）。そのために、外国法事務弁護士も日本国内に住所、事務所を有し、単位弁護士会に入会する。

② 所属弁護士会から監督を受け（外弁法21条により準用される弁護士法31条１項）、日本弁護士連合会の懲戒に服する（外弁法51条）。

③ 懲戒請求の手続については、所属弁護士会は請求ないし職権で調査をなした上、日弁連に対して、懲戒請求できる（外弁法53条１項）。

④ 「外国法事務弁護士は、一年のうち百八十日以上本邦に在留しなければならない」（外弁法48条）。

　　そして、我が国の弁護士が、現地拠点設置の条件を満たさない海外の弁護士から「事件の周旋を受け」「自己の名義を利用させ」ることは、非弁護士との提携として禁止される（弁護士法27条）。

（２）これに対し、Ｐ４協定第12章７条は、「締約国は、サービス提供のための条件として、自国の区域内に代表事務所若しくは何らかの形態の企業を設立し、若しくは維持し、又は居住することを求めてはならない」としている（現地拠点要求の禁止）。

　そこで、この規定に、上記の外弁法の国内の住所要件、国内事務所の設置要件及び滞在要件（上記（１）の①及び④）が抵触するとされ、例外リスト（ネガティブ・リスト）として認められない限り、撤廃せざるをえないことになる。

（３）この外弁法の現地拠点設置規制の撤廃により、外国法事務弁護士は、本国に所在するまま日本国内の外国法事務を扱い、必要な時に必要なだけ日本国内に滞在し、短期かつ集中的に外国法事務を扱うことが可能になる。所属弁護士会を介した外国法事務弁護士に対する監督は、あり得ないこととなり、外国法事務弁護士に対する監督に著しい欠缺が生じる。

（４）また、外弁法第24条１項の拠点主義が廃止されれば、海外のローファームが、日本人弁護士を直接に雇用し、あるいは共同経営をなすことが可能になる。米国ローファームの規模・資金力は日本の弁護士をはるかに上回るものであり、実質的に日本の弁護士がアメリカのローファームに支配される事態を招くことになる。

（５）我が国における弁護士会及び日弁連に対する登録義務（会費支払義務も伴う）及び弁護士自治は、我が国の独特の歴史に由来しているため、Ｐ４協定第12章10条１項の「合理的、客観的かつ公平な態様」ではないとされる恐れがある。

8　弁護士法１条の弁護士の使命と弁護士自治

（１）前記の通り、Ｐ４協定は、弁護士業務をもっぱら経済的視点にのみ着目してサービス専門職として位置づけ、サービス貿易の項で扱い、第12章10条を規定している。これに対し、我が国の弁護士法１条１項は、「弁護士は、基本的人権を擁護し、社会正義を実現することを使命とする」と規定している。そこで、弁護士業務がもっぱらサービス業として位置づけられた場合に、弁護士法１条１項が「合理的、客観的かつ公平な態様」ではないとされる恐れがある。

（2）我が国において、弁護士法及び外弁法により一律に登録義務を認め、弁護士に対する監督・懲戒権が認められていることは、弁護士自治の基盤である。弁護士自治は、戦前司法大臣の監督下にあった弁護士が治安維持法違反被告事件の弁護活動を理由に懲戒され、弁護士資格を剥奪され、国家権力による国民の基本的人権に対する侵害を防ぐことができなかった歴史的教訓を踏まえ、戦後の弁護士制度に導入された制度である。ＴＰＰ協定の参加によって、弁護士自治が崩壊させられ、弁護士制度が質的変化を受ける恐れがある。

9　例外リスト（ネガティブ・リスト）方式

これまで、ＧＡＴＳのもとで、我が国は、弁護士制度についてはポジティブ・リストに挙げたうえで、上記の諸問題について条件を付けることによって、適用を免れてきた（約束表に条件留保）。しかし、ＴＰＰ協定においては、例外リスト（ネガティブ・リスト）方式が採用されているために、ＷＴＯにおけるような条件留保が極めて困難となる。弁護士会への登録義務に関しては、諸外国と比べて格段に高い会費の支払義務が課されていることも問題にされ、第12章10条1項に違反する非関税障壁に該当するとされる可能性もある。

第3　投資家対国家紛争解決制度による憲法破壊

1　投資家対国家紛争解決制度

投資の分野に関する協定（投資協定）には、実体規定と手続規定が定められているが、投資家対国家紛争解決制度（Investor-State Dispute Settlement、以下、ＩＳＤ条項という）は、投資協定に附随する手続条項である。外国投資家と投資受入国政府（地方自治体や独立行政法人等を含む）の投資協定に違反する作為・不作為の問題について、外国投資家に対して、直接に国際投資仲裁に付託する権利を包括的に認め、投資受入国政府に国際投資仲裁を受けることを強制する制度である。

ＴＰＰは投資分野も対象の1つの分野としていることから、このＩＳＤ条項が設けられることは必至である。

2　投資協定の実体規定と紛争の多発

投資協定の実体規定は、投資後の保護だけでなく、外国投資家の日本国内への投資の自由や、外国投資家の円滑な活動を保障する趣旨を含み、内国民待遇義務、最恵国待遇義務、間接収用を含む収用の禁止及び適正な補償、公正・衡平待遇最低義務等の規定がある。しかし、規定の文言が漠然としている。外国投資家の活動の範囲は、今日、極めて広汎に及んでいて、外国投資家と政府・地方政府の間の投資の章にかかわる紛争は極めて広汎に及び、多発する。

3　司法主権の侵害

（1）日本国憲法76条1項は「すべて司法権は、最高裁判所及び法律の定めるところによって設置される下級裁判所に属する」と規定し、司法権を一元化している。また、日本国憲法は、最高法規であり（憲法98条1項）、公務員に憲法尊重擁護義務を課している。内閣による条約の締結、国会による条約の批准は、憲法の尊重擁護義務を課された公務員によって行われる。そして、我が国はアメリカと違って、条約遵守義務（憲法98条）があり、仲裁機関の判断を受容せざるを得ない。

（2）ＩＳＤ条項は、極めて曖昧な文言で表現されている投資協定に関する実体法に、国際法としての規範性を付与したうえ、法律の制定を含む政府の作為・不作為が違法であるかどうかの判断権限を国際仲裁制度に与えるものである。

ＩＳＤ条項は、司法権に属する重要な権力行為を国際仲裁判断に付託すること、即ち、司法権の重要部分を国際仲裁に付託することを認めることになる。従って、内閣がこのような司法

主権侵害のＩＳＤ条項を締結し、国会が批准することは、憲法に違反すると言わざるを得ない。

4　国民主権の侵害と憲法破壊

（1）日本国憲法は、国民主権原理に立脚し、国民の選挙によって選ばれる議員によって構成される国会が国権の最高機関であり、唯一の立法機関であるとしている。

国際投資仲裁制度における仲裁人は、国民に対して何らの責任をも負わない。このような仲裁人に対して、国会の立法すら左右する権限を付与する制度は、国民主権原理と相容れない。

（2）米韓ＦＴＡの締結に先だって、韓国の法務部がＩＳＤ条項について検討した結果、「租税、安保、公共秩序、保険等すべての政府（地方自治体及びび政府投資機関、司法府等を含む）の措置に対して提訴可能」であるとしている。この検討結果では、ＩＳＤ条項は、巨大な多国籍企業によって濫用される傾向にあり、そのことによって、国家機関等の諸活動に対して、萎縮効果を及ぼすとされている。ＴＰＰにおけるＩＳＤ条項も訴訟大国アメリカが相手国となる以上、同様の結果が予想される。

（3）このように、ＩＳＤ条項は、我が国においても、自律的な立法・行政・司法活動を著しく阻害する恐れがある。このことは、我が国の国民主権に基づく統治機構を、外国投資家の支配下に置くに等しく、国民主権原理から投資家主権原理への転換をもたらすもので、それは、憲法破壊的な事態と言わざるを得ない。

第4　結び

実際のところは、ＷＴＯから始まる自由貿易・投資協定の全ての草案は、多国籍企業から送り込まれた企業弁護士とロビイストによって作られてきた。また、多国籍企業や投資家が、協定違反を理由に相手国を訴える制度として任意仲裁制度もあるが、主たる仲裁の場は、投資紛争解決国際センターであり、同センターは、世界銀行傘下に置かれたアメリカの支配力が強い機関である。

我が国の司法制度を守るためには、法曹養成制度と弁護士制度をネガティブ・リストに掲げることが必要であり、また、司法制度のみならず、立法・行政をも含む我が国の主権を守るためには、ＩＳＤ条項を排除すべきである。

あとがき

　愛知県弁護士会は、法曹養成制度検討会議が「中間的取りまとめ」を発表する時期に合わせ、2013年3月23日、4月3日、4月13日の3回にわたって連続学習会を開催した。法曹有資格者の活動領域問題、法曹人口問題、法曹養成制度・法科大学院問題、司法試験問題、司法修習問題の各テーマについて、全国から専門家の弁護士に集まっていただき、報告を受けた。そして、全国の弁護士会に参加を呼びかけたところ、地元の愛知、三重、岐阜はもとより、札幌、東京、千葉、栃木、群馬、長野、金沢、大阪、京都、兵庫の各単位会から主催者の予想を上回る多数のご出席をいただき、椅子が足りなくなるのを心配しなければならなくなるほどの大盛況となった。

　この学習会に参加しておられた花伝社の平田勝社長から、「この内容を出版しませんか」というお誘いを受けたのが、本書を世に問うことになったそもそものきっかけであった。しかし、時間がない。4月9日に「中間的取りまとめ」が発表された後、5月13日までのパブリックコメント募集を経て、6月中には最終取りまとめが発表される予定になっている。何とかそれより前に発刊して、最終取りまとめにも可能な限り影響を与えたい。ちょうど6月8日に、弁護士の有志団体である「法曹人口問題全国会議」が主催する「司法制度改革はどこへ行く?! ～法曹養成制度検討会議中間的とりまとめを問う～」というシンポジウムが東京で開かれることになっていた。そこで、このシンポジウムの日に発刊できるよう、大急ぎで準備しようということになった。

　こうして、連続学習会の主立った講師が、4月末から5月にかけての大型連休を返上して、本書の執筆を担当することになった。しかし、すでに連休中の予定が詰まっていた人もいた。連休中に風邪を引いてしまった人もいた。とにかく、四苦八苦の冷や汗の連続で、綱渡りのような企画であった。しかし、できあがった原稿は、いずれも連続学習会の記録という

性格をはるかに超える力作揃いであった。それは、単なる「中間的取りまとめ」に対する批判的検討にとどまらず、現在の法曹養成制度に見られる危機的状況がなぜ生まれたのかという根本原因にメスを入れ、法曹人口・法曹養成制度に関する今後の改革の方向はどうあるべきかを考える、1つの材料を提供することができたのではないかと自負している。

なお、本書の刊行にあたっては、前述したような限られた準備期間しかなかったため、執筆の内容に関する打ち合わせや議論等を執筆者間で行う余裕がなかった。したがって、本書の内容に関しては、各執筆者がそれぞれの執筆部分について単独で全ての責任を負うものであることをお断りしておきたい。

さて、法曹養成制度検討会議の前身である法曹の養成に関するフォーラム（法曹養成フォーラム）は、法科大学院関係者がかなりの数を占め、司法制度改革審議会（司法審）の意見書に対して批判的見解を持つ人は排除されていた。司法審が提起した法曹養成制度改革、すなわち弁護士人口の急増と法科大学院を柱とする改革が失敗だったのではないかという問題意識に基づいて組織されるはずの審議会が、このような委員構成であったことは歴史上の不幸であった。そもそも、司法審の改革が正しかったのかどうかが検討されなければならなかったはずなのに、そのような議論は一切行われることなく、「法曹人口増員と法科大学院は堅持しなければならない」ということが所与の前提とされた。このような現状肯定・現状維持を基調とする議論からは、何も生まれない。

こうした批判を受けて、法曹養成フォーラムは解散し、新たに組織される法曹養成検討会議に審議の場が移されるはずであった。ところが、法曹養成検討会議の委員は、法曹養成フォーラムの委員が全員横滑りし、新たに4人の有識者委員が追加されただけであった。しかし、新委員の活躍はめざましく、法曹養成フォーラムとは打って変わった議論も展開された。ただ、多勢に無勢で、法曹養成フォーラム以来の現状肯定・現状維持を基調とする議論を根本的に打破するには至らなかった。

法科大学院関係者が、現在の法科大学院をなんとしても維持する方向で物事を考えようとするのは当然のことである。これは、文部科学省も同様

であろう。そして、法曹養成検討会議の事務局を務める法務省も、その官僚的体質から現状肯定・現状維持に傾く傾向がある。

　しかし、現在の法曹養成制度を巡る状況は、もはや「待ったなし」の状態になっている。この危機的状況を一刻も早く打開しないと、日本の司法は人的側面から崩れ落ちていくことになるであろう。「人は城」のたとえを引くまでもなく、どのような制度も、それを動かす人あってのものである。

　法科大学院のために法曹養成があるのではない。法曹養成のために法科大学院があるのである。その法曹養成が危機的状況を迎えているとき、法科大学院はこのままでよいのかが根本的に問題とされなければならない。弁護士人口の急増が様々な弊害を生んでいるとき、それを強力に推し進めることを提唱した司法審の考え方自体が正しかったのかどうかが吟味されなければならない。

　今、何よりも必要なのは、こうした根本問題をしっかり議論し直すことである。それをしないで、表面を取り繕うだけの弥縫策に終始するならば、取り返しのつかないことになるであろう。「日本の司法を救う」という1点に基づいて、全ての関係者がこれまでのいきさつや立場を離れ、共通の基盤に立った議論を進めることが望まれる。本書が、そのための1つの問題提起として意味あるものになり得れば、望外の幸せである。

　本書の刊行にあたっては、花伝社の平田勝社長、編集担当の佐藤恭介氏に大変お世話になり、ご無理をお願いした。両氏をはじめとする花伝社の方々のご指導とご協力がなければ、このような短期間で出版にこぎ着けることはできなかったと思う。ここに、深く感謝の意を表する次第である。

森山文昭

鈴木秀幸（すずき・ひでゆき）
1970年、東京大学法学部卒業。1973年、司法研修所入所（27期）。1975年、名古屋弁護士会登録。現在、愛知県弁護士会所属。鈴木秀幸法律事務所所長。
〈主な経歴〉
日本弁護士連合会司法問題対策委員会委員、日弁連司法シンポジウム委員（第11回、第16回大会基調報告者）、日弁連法曹養成センター委員、愛知県弁護士会司法問題対策委員会委員長、同会憲法問題委員会委員、中部弁護士会連合会司法問題対策委員会委員長、戦争と平和の資料館ピースあいち理事・運営委員、弁護士会野球部員。

武本夕香子（たけもと・ゆかこ）
京都大学大学院法学研究科修士課程（法学修士）修了。1994年、司法研修所入所（48期）。1996年、兵庫県弁護士会登録。現在、兵庫県弁護士会所属。ウェリタス法律事務所所長。
〈主な経歴〉
近畿弁護士会連合会理事、日本弁護士連合会国際刑事立法委員、兵庫県弁護士会消費者保護委員会委員長、同会法曹人口問題プロジェクトチーム座長、日本弁護士連合会法曹人口政策会議委員、兵庫県弁護士会副会長、同会法曹養成制度検討プロジェクトチーム座長。

立松　彰（たてまつ・あきら）
1977年、早稲田大学法学部卒業。1984年、司法研修所入所（38期）。1986年、千葉県弁護士会登録。現在、千葉県弁護士会所属。県民合同法律事務所所属。
〈主な経歴〉
日本弁護士連合会刑事弁護センター委員、日弁連法曹養成センター副委員長、千葉県弁護士会副会長、同会刑事弁護センター委員長、同会裁判員制度対策委員会副委員長、同会日本司法支援センター対策委員会委員長、同会法曹人口・法曹養成制度検討委員会委員。

森山文昭（もりやま・ふみあき）
1977年、京都大学法学部卒業。2001年、名古屋大学大学院法学研究科博士後期課程満期退学。1977年、司法研修所入所（31期）。1979年、名古屋弁護士会（現在の愛知県弁護士会）登録。ソレイユ法律事務所。2002年、名城大学教授。2004年、愛知大学教授。
〈主な経歴〉
（審議会）法曹養成制度等改革協議会協議員、法曹三者協議会協議員。（日弁連）法曹人口政策会議副議長、司法問題対策委員会委員、法曹養成センター委員。（中弁連）理事、司法問題対策委員会委員、司法制度調査委員会委員。（愛知県弁護士会）副会長、常議員、司法問題対策委員会委員、司法制度調査委員会委員、法科大学院委員会委員、研修センター運営委員会委員。

白浜徹朗（しらはま・てつろう）
佐賀県出身。1985年、京都大学法学部卒業。司法研修所入所（39期）。1987年、京都弁護士会登録。現在、弁護士法人白浜法律事務所所長。
〈主な経歴〉
日弁連公設事務所・法律相談センター副委員長、同司法修習委員会副委員長、同法曹人口政策会議委員、同業務改革委員会委員、京都弁護士会副会長、同司法修習委員会委員長、同法律相談センター運営委員会委員長、同業務推進委員会委員長、法務省京都人権擁護委員会会長。

打田正俊（うちだ・まさとし）
1968年、中央大学法学部卒業。1971年、司法研修所入所（25期）。1973年、名古屋弁護士会登録。現在、愛知県弁護士会所属。打田法律事務所経営。
〈主な経歴〉
日弁連司法制度委員会委員、名古屋弁護士会地方法廷委員会委員長、愛知県弁護士会司法問題対策委員会委員、同会法曹人口政策協議会委員。

司法崩壊の危機 ── 弁護士と法曹養成のゆくえ
2013年6月10日　初版第1刷発行

著者 ── 鈴木秀幸、武本夕香子、立松　彰、森山文昭、白浜徹朗、打田正俊
発行者 ── 平田　勝
発行 ── 花伝社
発売 ── 共栄書房
〒101-0065　東京都千代田区西神田2-5-11 出版輸送ビル
電話　　03-3263-3813
FAX　　03-3239-8272
E-mail　kadensha@muf.biglobe.ne.jp
URL　　http://kadensha.net
振替　　00140-6-59661
装幀 ── 黒瀬章夫（ナカグログラフ）
印刷・製本 − シナノ印刷株式会社

Ⓒ2013　鈴木秀幸、武本夕香子、立松　彰、森山文昭、白浜徹朗、打田正俊
ISBN978-4-7634-0667-5 C3036

アメリカ・ロースクールの凋落

ブライアン・タマナハ　著
樋口和彦　大河原眞美　共訳　　　定価（本体2200円＋税）

●日本の法科大学院のモデルになったアメリカ・ロースクールの惨状
高騰する授業料、ロースクール生の抱える高額の借金、法律家としての就職率の低下、ロースクールへの志願者の減少、格付け競争のもたらした虚偽の数字操作……。
ここ数年の間に暴露されつつあるアメリカ・ロースクールの危機的状況を、ロースクール学長を務めた著者が、自らの体験を踏まえて怒りを持って告発！　日本の法科大学院、法曹関係者必読の書。

緊急提言 法曹養成制度の問題点と解決策
——私の意見

法曹養成制度検討会議委員・弁護士
和田吉弘　著

定価（本体1000円＋税）

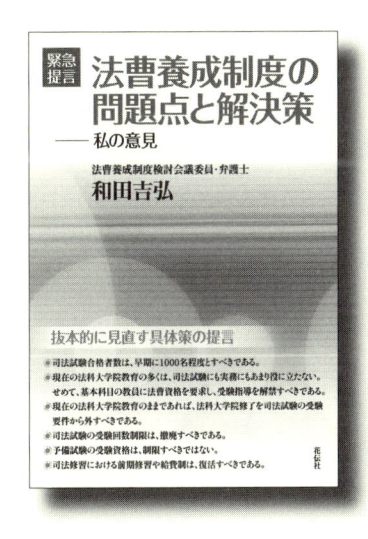

●抜本的に見直す具体策の提言
・司法試験合格者数は、早期に1000名程度とすべきである。
・現在の法科大学院教育の多くは、司法試験にも実務にもあまり役に立たない。せめて、基本科目の教員に法曹資格を要求し、受験指導を解禁すべきである。
・現在の法科大学院教育のままであれば、法科大学院修了を司法試験の受験要件から外すべきである。
・司法試験の受験回数制限は、撤廃すべきである。
・予備試験の受験資格は、制限すべきではない。
・司法修習における前期修習や給費生は、復活すべきである。

司法改革の失敗
―― 弁護士過剰の弊害と法科大学院の破綻

鈴木秀幸・武本夕香子・鈴木博之・打田正俊・松浦武　著

定価（本体 3200 円＋税）

●**弁護士大増員政策は、国民にどのような影響を及ぼすのか？**
日弁連の熱狂と暴走 vs 会員の反対運動の全過程。事実を冷厳に見つめ、政策の転換を図るべきではないか？
新自由主義的国策の「大きな司法」から国民のための「適正な規模の司法へ」――
弁護士大増員政策に対する批判の決定版。
法曹、法律学者、学生、報道関係者必読の書！